Cape Wrath
Durness
Thurso
Wick
Bettyhill
NORD-
Kinbrace
Altnaharra
Ledmore
Lairg
Ullapool
Durnoch
HIGHLAND
Ross
Loch Maree
Garve
Achnasheen
Moray Firth
Cullen
Fraserburgh
Elgin
Fochabers
Nairn
Peterhead
INVERNESS
River Spey
Craigel-lachie
Huntly
Drumnadrochit
Carrbridge
Grantown on-Spey
Inverurie
Loch Ness
Shiel Bridge
Aviemore
GRAMPIAN
ABERDEEN
Laggan
Ballater
River Dee
Braemar
Stonehaven
Dalwhinnie
Grampian Mountains
Ben Nevis 1344
Montrose
Kinlochleven
Pitlochry
River Tay
Arbroath
Tyndrum
TAYSIDE
DUNDEE
Oban
Crianlarich
Comrie
Crieff
PERTH
Loch Awe
Callander
Cupar
St Andrews
Kinross
Loch Lomond
Rowardennan
Stirling
Alloa
KIRKCALDY
Firth of Forth
North Berwick
Drymen
CENTRAL
DUMFERM-LINE
Dumbarton
Milngavie
Falkirk
Cockburnspath
GREENOCK
EDINBURGH
Grantshouse
GLASGOW
MOTHER-WELL
Penicuik
LOTHIAN
BERWICK upon-Tweed
STRATHCLYDE
River Clyde
Innerleithen
Isle of Arran
Kilmarnock
Biggar
Galashiels
River Tweed
Ayr
Jedburgh
Hawick
Firth of Clyde
Sanquhar
Dalmellington
BORDERS
Moffat
Girvan
DUMFRIES & GALLOWAY
Bargrennan
NEWCASTLE upon-Tyne
Dumfries
Newton Stewart
New Abbey
Longtown
Glenluce
Solway Firth
CARLISLE
ENGLAND
Port William
25 km

Titelbild: Blick vom River Dee auf die Grampians
Titelvignetten unten: Galloway-Rind, Birnam Highland Games, Keodale am Kyle of Durness
Bild Seite 9: Am Loch More

Über die Autoren:
Friederike Poziemski, geboren in Essen, schloß ihr Studium der Anglistik und Philosophie mit der Promotion an der Ruhr-Universität in Bochum ab und ist heute an einem Bochumer Gymnasium tätig.
John Poziemski, geboren in Perth/Schottland, studierte Anglistik und Germanistik in Stirling/Schottland. Seit 1977 ist er Lektor an der Ruhr-Universität in Bochum.

Die Deutsche Bibliothek-CIP-Einheitsaufnahme
Poziemski, Friederike:
Schottland/
Friederike und John Poziemski
Köln: DuMont, 1995
[Richtig Wandern]
ISBN 3-7701-3417-6
NE: Poziemski, John

Druck und buchbinderische Verarbeitung: Boss-Druck, Kleve

Printed in Germany ISBN 3-7701-3417-6

Inhalt

Die Wanderungen

Die Highlands

Scotland – so near, so different

Dudelsack-Spieler bei den Birnam Highland Games

Schon nach der ersten Reise weiß man, daß Schottland nicht ganz so nah, dafür aber wohltuend anders ist. Diese Andersartigkeit beginnt bereits mit dem Dialekt: Mit aufgefrischtem Schulenglisch fühlt man sich in Schottland vermutlich so wie ein Engländer in Bayern. (»So ah says tae him, listen here, mister, ah says, if ye think ye kin talk tae me like that ye've anuther think comin', so ye huv. I wis fair livid, so I wis.«) Kontaktschwierigkeiten gibt es dennoch selten, da die schottische Wesensart der deutschen durchaus verwandt ist, vorausgesetzt, man läßt einmal Hektik und Penibilität zu Hause.

Wer von Süden kommend durch Schottland fährt, erlebt die Landschaft zunächst nicht so, wie man sie von Kalendern kennt: keine atemberaubenden Highlands, sondern liebliche Hügel, statt verfallener Burgen überwiegend Ruinen von Klöstern, statt karger Moorlandschaft fruchtbare Wiesen und Felder. Nur die zerklüftete Küstenlinie bietet bereits einen kleinen Vorgeschmack auf nördlichere Gefilde.

Was die Lowlands an Naturgewaltigem nicht aufweisen können, gleichen sie mit Kultur aus. Edinburgh, das feine »Athen des Nordens«, und Glasgow, die etwas hemdsärmelige große Schwester (wenn man in Edinburgh wohnt, sagt man lieber Aschenputtel), haben für jeden kulturellen Geschmack etwas. Und auch wandern läßt sich in ihrer Umgebung, so daß man rundum auf seine Kosten kommt.

Wo im Norden die Berge höher, die Straßen enger und die Häuser seltener werden, machen sich auch kulturelle Einrichtungen rarer. Aber bis dahin liebt man diese einzigartige Landschaft so sehr, daß man die Kultur nicht mehr vermißt – solange nur der Pub noch geöffnet ist, wenn man ausgetrocknet (zumindest von innen) von der Wanderung zurückkehrt.

Auch der sprichwörtliche schottische Geiz findet kaum eine Entsprechung in der Realität. Je länger man im Land weilt und schottische Gastfreundschaft genossen hat, desto mehr regt sich der Verdacht, daß die Engländer dieses Gerücht gestreut haben könnten. Die alte Erbfeindschaft zwischen den beiden Nationen ließ sicherlich nach der erzwungenen Vereinigung (s. S. 24) keine freundschaftlichen Gefühle entstehen. Und wenn sich die englischen Herren sowieso das Beste nehmen konnten, was sie auch taten, warum sollte man ihnen noch irgend etwas freiwillig geben?

Naturraum und Landschaft

Faltung und Verwerfung, Feuer und Eis

FALTUNG UND VERWERFUNG

Geographisch und geologisch gliedert sich Schottland in drei Zonen: das südliche Hügelland, das zentrale Tiefland und das nordwestliche Hochland. Ursprüngliche Ursache für die unterschiedlichen Oberflächenformationen sind zwei Gebirgsbildungen, die in Großbritannien im Paläozoikum oder Erdaltertum (vor ca. 600 bis 225 Mio. Jahren) stattgefunden haben. In den Phasen der kaledonischen Gebirgsbildung im Silur-Devon und der später einsetzenden variszischen Faltung im Karbon-Perm wurde Schottland entlang einer Linie von Fort William im Südwesten nach Inverness im Nordosten fast zweigeteilt. Das Tal in dieser Bruchlinie oder Zerrungsspalte, Glen Mor oder Great Glen genannt, wird von drei Seen eingenommen, deren größter Loch Ness ist. Aus dieser erdgeschichtlichen Phase stammen auch die Verwerfungslinie oder Hochlandbruchstufe *(Highland boundary fault)*, die die nördliche Grenze zwischen dem Hochland und der mittelschottischen Senke bildet, sowie die südliche Verwerfungslinie als Abgrenzung zum südlichen Hügelland.

VULKANISMUS

Die heutige Oberflächengestalt wurde maßgeblich von Vulkanismus und Eiszeit in bedeutend späteren Erdzeitaltern mitbestimmt. Fast überall in Schottland findet sich Vulkangestein – vor allem Granite und Basalte –, die Insel Skye besteht fast ausschließlich daraus. Viele markante Erhebun-

Im Glen Coe

gen sind aus diesem harten erosionsbeständigem Gestein und haben deshalb im Lauf der Zeit kaum an Höhe eingebüßt (so z. B. der höchste Berg Schottlands, der Ben Nevis).

EISZEIT

Die Nachwirkungen der letzten Eiszeit vor ca. 10000 v. Chr. sind vielfältig und überall in Schottland gegenwärtig. Fast jeder höhere Gipfel war Zentrum einer lokalen Vergletscherung mit eigenem Nährgebiet. Betroffen waren vor allem die Cairngorm-Berge und das Ben Nevis-Massiv, wo das Eis bis auf den nackten Felsen vordrang. Aber auch die Merrick-Gruppe im südwestlichen Hügelland zeigt diese typischen glazialen Spuren. Von den Gipfeln ziehen Halden aus Gesteinsschutt und Geröll talwärts. Kare nagen die Gipfel an, deren Böden oft von einem kleinen See eingenommen wird. Hängetäler münden, z. T. mit spektakulären Wasserfällen wie beim Grey Mare's Tail in der Nähe von Moffat, in U-förmige Täler, in denen nicht selten Schotterterrassen und Seitenmoränen zu finden sind. Drumlins, d. h. eiszeitliche Aufschüttungen von Grundmoränenmaterial, sind in der mittelschottischen Senke und im südwestlichen Küstentiefland verbreitet.

Diese tektonischen und glazialen Kräfte haben Schottland einen großen landschaftlichen Abwechslungsreichtum beschert. Die Namen für die Grobeinteilung des Landes sind dabei etwas irreführend. Denn weder ist das südliche Hügelland durchgängig hügelig noch das Tiefland überall flach. Jahrtausendelange Hebungen und Senkungen haben die ursprüngliche Folge der Gesteinsschichten verändert. Erosion und Auswaschung haben weiches Gestein abgetragen und zu Rinnen, Tälern und Senken geformt, während das an die Oberfläche gehobene ältere Gestein Erhebungen unterschiedlicher Größe bildete. Im Zusammenwirken mit den besonderen klimatischen Bedingungen in Schottland entstanden die unterschiedlichen Vegetationsformen, die heute als typisch gelten.

Überleben der Natur zum Trotz

BEVÖLKERUNGSDICHTE

Schottland macht ungefähr ein Drittel der Fläche Großbritanniens aus. Das Festland, auf dem 5,2 Mio. Menschen leben – durchschnittlich 170 pro km² –, bedeckt eine Fläche von 77169 km². Aufgrund der sehr unterschiedlichen Lebensräume variiert die Bevölkerungsdichte erheblich von teilweise unter einem Einwohner pro km² im Westen und Nordwesten bis zu über 800 in den Ballungsgebieten des zentralen Tieflands. Die schottische Hauptstadt Edinburgh ist mit einer knappen halben Million Einwohner zweitgrößte Stadt des Landes nach Glasgow (über 1 Mio. Einwohner) und vor Aberdeen (ca. 212 000) sowie Dundee (ca. 207 000).

Von Cape Wrath im Norden bis zum Mull of Galloway mißt Schottland 440 km mit einer größten Breite von 246 km zwischen Applecross im Westen und Buchan Ness im Osten (auf der Höhe von Inverness). Zwischen dem Firth of Clyde und dem Firth of Forth liegen nur knapp 50 km, und die meisten Orte sind nicht weiter als 60 bis 80 km von der Küste entfernt, die insgesamt eine Länge von 4800 km erreicht.

Berge, Seen, Flüsse und Hochmoore, d. h. ausgerechnet die bei den Touristen so beliebten Naturformen, sind für die Wirtschaft unüberwindliche Hindernisse. Sie verteuern den Aufbau einer intakten Infrastruktur bis an und über die Grenze der Rentabilität und reduzieren die landwirtschaftliche Nutzfläche auf ca. 70 %. Davon sind aber nur 8 % Ackerland und fast 50 % Rauhweide, die sich nur für extensive Schafhaltung eignet. Das erklärt auch die geringe Bevölkerungsdichte in diesen Gebieten, wo es kaum für Schafe genug zum Beißen gibt.

BODENSCHÄTZE

Über Schottlands hauptsächliche Bodenschätze, Kohle und Erz, braucht man nicht viel zu sagen. Die Stahlkrise hat hier wie auf dem Kontinent zur Schließung unrentabler Betriebe geführt, mit dem erschwerenden Umstand, daß die Politiker in England fast alle schottischen Betriebe als unrentabel einstuften, es andere Industriezweige in Schottland aber kaum gibt. Eine schottische Autoindustrie existiert nicht mehr, der Schiffbau ist schwer angeschlagen, und die Textilbranche leidet stark unter der Konkurrenz von Billigimporten.

FISCHFANG

Auch der Fischfang scheint seine beste Zeit hinter sich zu haben. Die Modernisierung der Schiffe und Fangmethoden sowie die Konzentration auf wenige Häfen haben die Fischbestände und die Flotte schrumpfen lassen und viele Arbeitsplätze vernichtet. Tröstlich war, daß mit Peterhead und Ullapool die zwei größten Häfen im Norden Schottlands lagen und dort Arbeitsplätze schufen, wo fast jeder Versuch von Industrieansiedlung fehlgeschlagen war. Nun naht aber wohl mit der Auflösung der ehemaligen UdSSR das Ende der

Hummerkörbe

Räucherei in Inverawe

klondike era (die Zeit der Fabrikschiffe). Und mit dem Wegfall der osteuropäischen Hauptabnehmer beginnt der Überlebenskampf aufs neue.

Vielerorts hat die Fischzucht die Bedeutung des früheren Fischfangs übernommen, nicht ohne entsprechende Proteste von Natur- und Tierschützern. Was für viele die einzige Möglichkeit der Überlebenssicherung ist, erscheint den anderen als unzumutbare Verschandelung der Natur und Zerstörung des ökologischen Gleichgewichts, da z. B. bislang unbekannte Fischkrankheiten, die durch die Massenhaltung auftreten, nur mit überproportionalem Einsatz von Chemikalien bekämpft werden können.

FORST-WIRTSCHAFT

Insgesamt ergibt sich ein düsteres Bild von Schottlands Wirtschaft. Nur zwei Branchen expandieren, deren Belange aber nicht immer harmonieren: Forstwirtschaft und Tourismus. Glücklicherweise gibt es auch hier Schwerpunkte im industriell stark benachteiligten Norden. Die staatlich gelenkten Aufforstungsprogramme schaffen Arbeitsplätze, da die Moorböden erst aufbereitet und entwässert werden müssen, und sie erwirtschaften Gewinne durch den Verkauf des Holzes an die Industrie. Der Wanderer ist über diese Initiativen nicht so froh, da jede Aufforstung neue Zäune mit sich bringt, meist schneller, als sie auf Karten verzeichnet werden können. Und nicht immer bedeutet eine Aufforstung eine Verschönerung der Natur. Denn wo gearbeitet wird, braucht man Wirtschaftswege; Wald, der angepflanzt wird, um ihn wirtschaftlich verwerten zu können, bleibt auch nicht lange stehen, und einem Kahlschlag kann man normalerweise nichts Liebliches abgewinnen.

TOURISMUS

Auch wenn Naturschützer es nicht wahrhaben wollen, ein Stück ursprüngliches Schottland wird gerade durch den Tourismus bewahrt. Viele bäuerliche Kleinbetriebe *(crofts)* wären schon längst aufgegeben worden, wenn nicht die Vermietung von Fremdenzimmern (Bed & Breakfast) eine zusätzliche Einnahmequelle erschlossen hätte. Vielleicht wäre die Landschaft unberührter, aber sicherlich auch menschenleer und wenig beachtet.

Ein Tief von den Britischen Inseln

Fast immer, wenn Europa schlechtes Wetter droht, scheint es von den Britischen Inseln herüberzukommen. Landläufig verbindet man mit Schottland Regen, Wind und Nebel, wenn man Glück hat, ein oder zwei Sonnentage mit Höchsttemperaturen von 20 °C. Beim ersten Schottland-Besuch fröstelt es den Betrachter, wenn er Kinder in Shorts und Frauen ohne Strümpfe herumlaufen sieht, während er sich überlegt, ob er auf seinen Spaziergang neben Mantel und Schal nicht lieber auch noch Handschuhe und Mütze mitnehmen soll.

Glen Coe und The Three Sisters

TEMPERATUR

Insgesamt ist das Wetter jedoch nicht so schlecht wie sein Ruf. Schottland hat überwiegend ozeanisches Klima, d. h. die Temperaturunterschiede zwischen dem kältesten und dem wärmsten Monat sind gering, in der Regel zwischen 8 und 11 °C. Das bedeutet, daß nach einem milden Winter der Frühling nur langsam für Wärme sorgt, der Sommer kühl, der Herbst lang und mild ist. Der Golfstrom, der durch die zahlreichen Meeresarme und Buchten bis weit ins Landesinnere wirksam werden kann, verzögert die Erreichung der Extremwerte um durchschnittlich einen Monat, so daß der kälteste Monat nicht Januar, sondern Februar, der wärmste nicht Juli, sondern August ist.

WIND UND REGEN

Da Schottland im Einflußgebiet der Westwinde liegt, herrschen Winde aus nordwestlichen bis südwestlichen Richtungen vor. Besonders im Winter werden die schottischen Inseln und die Nordwestküste häufig von heftigen Stürmen heimgesucht, die nicht selten Orkanstärke annehmen. Hier im Westen fallen auch die meisten Niederschläge im Winter, während es in den anderen Regionen in der zweiten Jahreshälfte am meisten regnet. Überhaupt ist festzustellen, daß durch die unterschiedlichen Oberflächenstrukturen das Wetter regional äußerst divergieren kann und Wetterlagen sich durch die gesteigerte Tiefdrucktätigkeit sehr schnell ändern.

Küstennähe und Oberflächenrelief nehmen starken Einfluß auf die Niederschlagsmenge. Steigungsregen an der Westküste beschert Ben Nevis mit 4338 mm/Jahr überreiche Niederschlagsmengen. Von Fort William nach Norden in Richtung Ben Nevis nimmt der Niederschlag pro km um 317 mm zu. Dementsprechend verkürzen sich die Zeiten mit Sonnenschein. Dafür gibt es aber auch nur drei bis acht Tage mit geschlossener Schneedecke im Jahr, mit plötzlichen Schneefällen dagegen muß man besonders im Spätwinter und einsetzenden Frühjahr rechnen. In den Grampians liegt in 1000 m Höhe an 150 bis 200 Tagen eine geschlossene Schneedecke. Überhaupt sorgt einströmende Kaltluft aus dem Norden und Nordosten an der Ostküste für häufige Schneefälle bis weit ins Frühjahr hinein. Würde die klimatische Schneegrenze um 270 m und die Sommertemperatur um 1,6 °C sinken, würden am Ben Nevis und in den Grampians Gletscher entstehen. Während kühlerer Klimaperioden haben sich in den höchsten Teilen des schottischen Hochlands Schneeflecken über mehrere Jahrzehnte gehalten, so z. B. in der Zeit von 1830 bis 1933.

NEBEL

Nebel entsteht im Winterhalbjahr, wenn sich feuchtere und wärmere Luftmassen von See mit kälterer Luft über dem Festland mischen, vor allem an der Küste. Im Herbst tritt Nebel vor allem am frühen Morgen auf. Ursache ist die zunehmende Luftfeuchtigkeit bei gleichzeitiger längerer Dauer der Nächte und Abnahme der Temperatur. Nebel ist in Schottland nicht unbedingt häufiger als im nördlichen Europa, obwohl es starke regionale Unterschiede gibt. Die heftigen Winde sorgen jedoch meist für eine nur kurze Dauer der Nebelphasen. In tiefen Tälern oder Senken und auf exponierten Gipfeln kann sich Nebel jedoch auch lange halten. Glen Coe und der Criffel sind für Nebel berühmt und gefürchtet, genauso wie für plötzliche Wetterumschwünge.

Aus allen Klimadaten ergibt sich, daß die besten Reisemonate März/April und September sind. Dann ist es relativ niederschlagsarm, Winterstürme und Schneefälle sind vorüber, und Nebel hält sich in Grenzen. Allerdings sind die Temperaturen auch relativ niedrig, so daß an Sonnenbaden nur bedingt gedacht werden kann.

Moor und nichts als Moor

Die Vegetation richtet sich nach Gestein, Klima und Dränage. Je härter das Gestein, je größer der Niederschlag, je schlechter die Entwässerung, desto höher die Wahrscheinlichkeit, daß außer Moor, Heide und Gras nichts gedeihen kann. Eine Kombination dieser ungünstigen Bedingungen findet sich vor allem im westlichen Hochland, wo Decken- und Hochmoore weite Geländeformen überziehen, oft bis an die Küste hinunter. Hier gedeihen nur anspruchslose Pflanzen, vor allem Sphagnum-Arten.

Wollgras

In etwas niedrigeren Lagen und auf Torf entwickelt sich Heidemoor. Das größte, nahezu geschlossene Gebiet der Heidemoore erstreckt sich mit einer Ausdehnung von rund 8000 km² über die Grampians, doch findet es sich auch im östlichen Teil des nördlichen Hochlands. Dieser Vegetations-

Schottische Pinien

typ ist wohl das Ergebnis menschlicher Eingriffe in die Natur, mit denen seit prähistorischer Zeit der ursprüngliche Wald zerstört wurde. Heute nutzt man diese Flächen vor allem als Jagdreviere für Moorhühner. Am ›Glorious Twelfth‹ (12. August) beginnt jedes Jahr die Saison. Für Wanderer ist dann abseits der Wege Vorsicht geboten.

Auf sandigen bis kiesigen und insgesamt besser entwässerten Böden gedeiht Heide mit verschiedenen Erica-, Ginster- und Grasarten. Ähnlich wie bei Hochmooren dürfte es sich auch bei Heideflächen größtenteils um vom Menschen herabgewirtschaftete Waldflächen handeln. Auch auf dem sauren Grasland, der sogenannten Rauhweide, in den Gebirgsregionen hat früher wohl Wald gestanden. Heute breitet sich dort Farn aus, der – vor allem durch das ozeanische Klima im Westen begünstigt – nicht selten mannshoch wird und sich kaum ausrotten läßt. Aufforstung scheint das beste Gegenmittel zu sein.

Interessanter als diese insgesamt niederen Vegetationsformen sind die subalpinen und arktisch-alpinen Pflanzen, die in den Gipfelregionen des nordwestlichen Hochlands vorkommen. Dabei handelt es sich um die arktischen Varianten von Seggen, Binsen, Hainsimse, Fingerkraut, Schafschwingel und Alpen-Frauenmantel. Arktisch-alpine Arten, die sich z. B. in den Schweizer Alpen nur in Höhen über 2400 m finden, treten im zentralen schottischen Hochland schon ab etwa 500/600 m auf, im Westen aufgrund der feucht-kühlen Sommermonate und der starken Windexposition schon vom Meeresspiegel an aufwärts.

Auf niedrigeren, besser entwässerten Böden finden sich noch Wälder bzw. Zwergstrauchheiden, die den ursprünglichen Wald aus Eichen, Schottischen Pinien, Kiefern und Birken ersetzt haben. Aufforstungen – meist mit ausländischen

Nadelhölzern – sind in vollem Gang, wo immer der Boden es gestattet.

Nur gut 20 % der Grundfläche eignen sich für Ackerbau und Viehzucht. Begünstigt sind das südöstliche Hügelland der Borders, das zentrale Tiefland und die schmalen Küstenstreifen. Demgegenüber taugt ungefähr die Hälfte des Bodens nur zur extensiven Schafhaltung, vornehmlich in den gebirgigen Regionen des Westens. Das restliche knappe Drittel bedecken Seen, Flüsse, unbewachsene Gesteinsformationen und urbane Siedlungsgebiete. Es sind nicht zuletzt diese geringen Bodennutzungsmöglichkeiten, die Schottland zu einem idealen Wanderland machen.

Was da kreucht und fleucht

Schottisches Hochlandrind

Die langgezogene Küstenlinie beschert Schottland einen ungeheuren Reichtum an Vogelarten. Eissturmvogel, Tölpel, Papageientaucher, Kormoran, Seeschwalbe, Lumme, Tordalk, Krähenscharbe sind die häufigsten Küstenbewohner. Ihre Existenz ist gefährdet durch die ständige Zunahme von Möwen aller Arten, die nicht nur weite Nistflächen für sich beanspruchen und aggressiv gegen andere Vogelkolonien verteidigen, sondern auch die Eier und Jungtiere anderer Vogelarten fressen. Viele Gänse- und Entenarten sind ebenfalls als ständige Bewohner oder ›auf der Durchreise‹ in Schottland vertreten. Am Strand tummeln sich u.a. Austernfischer, Brachvogel und Regenpfeifer. Auf den weiten Moor- und Grasflächen ist das Moorhuhn ansässig. Besonders in den Höhenlagen ziehen dort aber auch Schneehuhn, Sperber, Falken und Adler ihre Kreise, in der Nähe von Seen auch Fischadler, von denen mittlerweile wieder etliche Paare in Schottland überwintern.

Eine Bereicherung für den Speisezettel sind nicht nur die Meeresfische, die man auch auf dem Kontinent erhält, sondern vornehmlich Lachs und Forelle aus den schottischen Flüssen.

Das Hochland ist nicht nur Heimat für die allgegenwärtigen Schafe, sondern auch für riesige Rotwildherden, Berghasen, Wildkatzen und wilden Ziegen. In einigen Gebieten ist das Rentier mittlerweile wieder heimisch. Rotwild und Rentiere bekommt man relativ häufig zu Gesicht, während sich die anderen Tiere eher rar machen. Das gilt auch für Wiesel und Hermelin im Grasland.

Singvögel, Schmetterlinge und andere Insekten, Klein- und Kriechtiere finden sich in großer Zahl und unterschiedlichen Arten, wie man sie auch vom Kontinent her kennt. Nattern und Kreuzottern finden sich nur vereinzelt in Gras- und Heideland und kreuzen darum nur selten den Weg des Wanderers.

»Aufstieg und Niedergang des schottischen Reiches«

Die Besiedlung Schottlands von außen

Die schottische Geschichte ist so verworren und kompliziert wie die Geschichte fast aller Staaten, die in exponierter Lage die begehrliche Aufmerksamkeit umliegender Nationen auf sich ziehen. Als die **ersten Siedler** kamen, war soviel Platz, daß sie sich kaum gegenseitig störten. Und selbst wenn sie sich hätten stören wollen, wäre es ihnen aufgrund mangelnder Werkzeuge und Waffen lange Zeit schwer gefallen. Bis zur Zeitenwende hatten sich jedoch die Pikten gesellschaftlich organisiert und Techniken der Eisenverarbeitung entwikkelt (s. S. 59).

Das wiederum war anderen Eroberungswilligen nicht verborgen geblieben, die während der folgenden 800 Jahre Schottlands Schicksal bestimmten. Als erstes kamen die **Römer.** Diese hatten in England Fuß gefaßt und sich mit Hadrian's Wall 122 bis 128 n. Chr. ein Bollwerk nach Norden gegen die Pikten geschaffen. Trotz mancher militärischer ›Ausflüge‹ ins Piktenreich gelang es ihnen aber nicht, in Schottland seßhaft zu werden (s. S. 118f.).

Anders die **Skoten,** die ab 220 n. Chr. aus Irland nach Argyll, damals Dalriada genannt, einwanderten und sich eine Gesellschaft schufen, deren aristokratisches, aber nicht feudales Clan-System schon einige demokratische Züge aufwies. Ab 500 n. Chr. kamen die **Angelsachsen** aus Norddeutschland und ließen sich in den Lothians und Borders im damaligen Northumbria nieder. Zu diesem Zeitpunkt hatten die Römer schon das Land verlassen. Vom 8. bis zum 11. Jh. machten norwegische **Wikinger** die Orkney- und Shetland-Inseln, später auch die schottische Ostküste unsicher.

Die Entstehung des schottischen Königreiches

Diesen Invasionen folgten zwei Jahrhunderte der Konsolidierung. Der Skoten-König Kenneth MacAlpine (843–858) hatte die von Wikinger-Überfällen geschwächten Pikten unterworfen und in Mittel-Schottland das vereinigte Königreich Alba geschaffen (s. S. 106). In dieser äußerst schwierigen Phase erbitterter Kämpfe gegen Norweger, Engländer und Dänen war es günstig, daß die Pikten kein Erstgeburtsrecht kannten, das auch unfähige Könige auf den Thron gebracht hätte. Sie konnten den Herrscher nach Eignung aus vier Generationen in weiblicher Abstammungslinie aussuchen. Bis zur Mitte des 11. Jh. war es so gelungen, Northumbria und Strathclyde in das schottische Königreich zu integrieren. Zu dieser Zeit regierte Duncan I., der von Macbeth getötet wurde – nicht ganz aus den unedlen Motiven, die Shakespeare ihm unterstellt (s. S. 114).

Die böse Stiefschwester – Schottland im Kampf gegen England

In den nun folgenden Jahrhunderten gab es nur noch einen Hauptfeind: England. Auch was sich den Zeitgenossen anfangs als Fortschritt darstellen mußte, war letzten Endes nichts anderes als ein Vorspiel zur endgültigen Unterwerfung Schottlands unter englische Fremdherrschaft.

Macbeths Nachfolger auf dem schottischen Thron war Malcolm III. Canmore, unter dem sich Edinburgh zur eigentlichen Hauptstadt Schottlands entwickelte. Er war im Exil am englischen Königshof erzogen worden. Vor allem unter dem Einfluß seiner zweiten Frau, der später heiliggesprochenen Margaret, gelangten englische Vorstellungen von Politik und Religion nach Schottland. Grundprinzip dieser neuen Auffassungen war politisch wie religiös die straffe hierarchische Gliederung nach normannischem Vorbild. Der Feudalismus, basierend auf dem Erstgeburtsrecht, löste die sippenorientierte Clan-Struktur ab, und die Bischofskirche unter dem Primat des Papstes ersetzte die unabhängigen *Culdees,* klosterähnliche Gemeinschaften, deren Disziplin jedoch weit weniger straff war als in katholischen Häusern.

Erbitterter Widerstand gegen diese Neuerungen kam aus dem Norden, der am stärksten keltisch geprägt war, vor allem aus Moray, dem Macbeth-Land. In diese rauheren Gefilde schienen feine Sitten genauso wenig zu passen wie gesellschaftspolitische Strukturen, die nicht auf gemeinsamer Daseinsbewältigung basierten. Der Widerstand war aber zwecklos. In den folgenden zwei Jahrhunderten stärkten neugegründete Abteien die Macht der Kirche, und die Landvergabe nach feudalem Recht stützte die Position des Königs. Neuerungen in Handel, Recht und Verwaltung stabilisierten die Verhältnisse im Alltag und förderten den Wohlstand der Bürger in den Städten. Das rebellierende Moray-Land und die traditionsverhafteten und somit politisch unsicheren Gebiete im Westen fielen an anglo-normannische Adlige, nachdem die Rebellenführer drakonisch bestraft worden waren.

So schien es zunächst, daß Schottland im 13. Jh. einer friedlichen, von Nationalstolz und Reichtum getragenen Zukunft entgegensehen könnte. Man hatte sich mit England versöhnt, die Wikinger vom Festland vertrieben und die Hebriden und die Isle of Man von Norwegen gekauft. Doch am Ende des Jahrhunderts hatte sich das Blatt gewendet. Durch den frühen Tod aller Thronerben war 1290 der schottische Thron verwaist, und der englische König Eduard I. nährte erneut Hoffnungen auf eine Einverleibung Schottlands ins englische Reich. Und die naiven schottischen Adligen unterstützten ihn auch noch nach Kräften, als sie ihn aus Unsicherheit über die Rangfolge der möglichen Thronanwärter zum Schiedsrichter beriefen. Durch geschickte Manipulation herrschte am Ende Eduard in Schottland.

Stirling, Denkmal für Robert I., The Bruce

Fast das gesamte 14. Jh. dauerte der Kampf um Schottlands Unabhängigkeit, bis 1371 mit Robert II. der erste Stuart-König den Thron bestieg. Die Helden dieses Freiheitskampfes waren William Wallace und Robert I., The Bruce, Enkelsohn des früheren Thronkandidaten. Die Schlacht von Bannockburn im Jahre 1314 brachte Schottland die Unabhängigkeit zurück, die in der Erklärung von Arbroath 1320 nochmals beschworen wurde: »Nicht für Ruhm, Reichtum oder Ehre kämpfen wir, sondern allein für Freiheit, die Freiheit, die kein guter Mann verliert außer mit seinem Leben.« (s. S. 74).

Nicht alle, die Robert I. auf den Thron folgten, waren gute Männer oder nur an der Freiheit interessiert. Heimliche Bündnisse mit den englischen Königen waren ebenso an der Tagesordnung wie andauernde, meist verlustreiche Kämpfe gegen die Engländer. Auch die ersten Stuart-Könige konnten kaum für Ruhe und Ordnung sorgen, weil sie viel zu sanft und ineffektiv regierten (s. S. 98).

Die Kind-Könige der Stuart-Dynastie

Jakob I. wäre der erste Stuart-König gewesen, der im Kindesalter den Thron hätte besteigen können, doch befand er sich in englischer Gefangenschaft, und es war so recht kein schottischer Adliger an seiner Rückkehr interessiert. 18 Jahre hatte er Zeit, über mögliche Rache nachzusinnen, bevor er wieder schottischen Boden betrat. Erbarmungslos bestrafte er alle, die von seiner Abwesenheit bewußt profitiert hatten, holte der Krone zurück, was die einflußreichen Adelsfamilien ihr entwendet hatten und sorgte mit einer Gesetzesflut für Recht und Ordnung im Land.

Er selbst überlebte seine Rache nicht lang. 1437 wurde er von drei unzufriedenen Adligen ermordet. Das löste eine ungewöhnliche Thronfolge aus: Wie Jakob I. kamen auch seine sechs Nachfolger als Kinder auf den Thron, kaum ein Herrscher starb eines natürlichen Todes: Zwei wurden getötet, zwei ermordet, eine hingerichtet, nur zwei starben im Bett.

Es war der Anfang unruhiger Zeiten. Die Clan-regierten Gebiete im Norden und Westen verbündeten sich gegen jegliche Zentralgewalt, rivalisierende Adelsgeschlechter kämpften um Macht und Einfluß und nutzten die Minderjährigkeit der Könige bedingungslos aus. Überdies forderte Frankreich Schottlands Unterstützung im Gegenzug für die *Auld Alliance,* in der Frankreich Schottland im Kampf um die Unabhängigkeit unterstützt hatte. Denn Papst Julius II. hatte 1511 die Heilige Liga gegen Frankreichs Expansionsbestrebungen ins Leben gerufen. Nun sollte Schottland mit einem kleinen Ablenkungsmanöver den englischen König Heinrich VIII. von Frankreich fernhalten. Flodden wurde zum Schauplatz einer vernichtenden Niederlage der Schotten gegen die Engländer. »The Flowers of the Forest are a'wede away.« Eine der betrauerten verwelkten Blumen des Waldes war Jakob IV., der 1513 auf dem Schlachtfeld starb.

Elisabeth I.

Es war auch die Zeit der Reformation, die Europa in ein katholisches und ein protestantisches Lager teilte, die jeweils erbittert um Einfluß kämpften. In England versuchte Elisabeth I. einen Mittelkurs zu steuern, um möglichst viele Untertanen auf einem gemeinsamen Glaubensfundament zu vereinen. Vielen Protestanten war das Ergebnis jedoch zu papistisch, und sie wanderten nach Schottland aus, wo sie in dem streitbaren John Knox einen radikalen Führer fanden.

Schottland war nicht nur religiös, sondern auch politisch zerrissen. Die Adligen hatten sich in einer pro-englischen und einer pro-französischen Gruppe formiert. Als der frankophile Jakob V. starb, hatte von seinen drei Kindern nur Maria, die spätere *Queen of Scots,* überlebt. Sie war bei seinem Tod eine Woche alt. Um sie entbrannten die Intrigen der beiden Fraktionen. Ihre französische Mutter ließ sie nach Frankreich bringen und katholisch erziehen.

Maria Stuart

1561 kehrte Maria Stuart nach Schottland zurück, wo sie zunächst freundlich aufgenommen wurde. Doch ihr stärker von Leidenschaft als von Vernunft geprägter Lebenswandel entfremdete sie ihrem Volk. Unrühmlicher Höhepunkt ihrer privaten Fehlentscheidungen war die überstürzte Ehe mit James Hepburn, dem vermeintlichen Mörder ihres Mannes Henry Stewart, Lord Darnley. Während Hepburn, der vierte Graf von Bothwell, nach Dänemark entkam, sperrten die aufgebrachten Adligen Maria ein und zwangen sie zur Abdankung zugunsten ihres Sohnes. Das Volk verlangte, die ›Hure‹ zu verbrennen *(burn the whore),* die damals übliche Strafe für Gattenmörderinnen. Als Dienstbote verkleidet entkam sie aus ihrem Gefängnis in Loch Leven bei Kinross und suchte ausgerechnet bei Elisabeth I. Zuflucht, deren Krone sie für sich beanspruchte.

Die Stuarts auf dem englischen Thron

1567 bestieg Jakob VI. offiziell den schottischen Thron, minderjährig wie sein Vorgänger. Er war ein Verfechter des Gottesgnadentums und der Bischofskirche nach englischem Vorbild. Denn er war beseelt von dem Wunsch, König von England zu werden und an der Spitze der anglikanischen Kirche zu stehen. Aus diesem Grund unternahm er auch keine Anstrengungen, seine Mutter aus der Gefangenschaft von Elisabeth I. zu befreien und reagierte nur mit einer formellen Protestnote auf ihre Hinrichtung im Februar 1587.

1603 ging Jakobs Wunsch nach dem Tod Elisabeths in Erfüllung. Als Jakob I. regierte er über England und Schottland, die aber außer dem neuen Namen Großbritannien, der Fahne (nach ihm populär *Union Jack* benannt) und dem Monarchen kaum etwas gemeinsam hatten. Jakob strebte die politische und religiöse Vereinheitlichung seiner beiden Regierungsbereiche an, was bei den Schotten jedoch nur auf begrenzte Gegenliebe stieß. Vor allem unter seinem wesentlich ungeschickteren Sohn Karl I. kam es zum offenen Konflikt mit dem Parlament in Westminster, der im Jahr 1649 mit einer Niederlage für Karl und seiner von Oliver Cromwell befohlenen Enthauptung endete.

Das ging den Schotten entschieden zu weit. Kein Parlament durfte den Tod eines regierenden Monarchen beschließen. Kurzerhand rief man Karls Sohn Karl II. zum König aus. Sofort marschierte Cromwell nach Norden, schlug die schottischen Truppen und unterwarf das Land zehn Jahre der englischen Regierung.

Vom Ideal einer presbyterianischen Kirchenverfassung ohne bischöfliche Hierarchie und einer parlamentarischen Monarchie war man nie weiter entfernt als zum Zeitpunkt der Restauration der Stuart-Könige im Jahr 1660. Der lange Bürgerkrieg unter Cromwell hatte das Volk und die Adligen zur Überzeugung kommen lassen, daß die Monarchie kaum schlimmer sein konnte. Doch Karl II. zeigte offen katholische Tendenzen, sein Bruder Jakob II., der ihm auf den Thron folgte, war schon 1668 zum Katholizismus konvertiert. Die Rückkehr zu alten Praktiken der Priesterernennung empörte die Gläubigen und führte zu Aufständen und Protestmärschen, die blutig niedergeschlagen wurden. Nicht umsonst hieß die Zeit seit 1685 *Killing Time.*

1688 hatten die Engländer genug von den katholischen Stuarts und riefen in der ›Glorreichen Revolution‹ den Protestanten Wilhelm III. von Oranien aus Holland ins Land, der über seine Frau – eine Tochter Jakobs – Rechte auf den englischen Thron geltend machen konnte. In den Highlands sah man das allerdings anders und hielt an der alten Stuart-Dynastie fest. Im Gegenzug verlangte Wilhelm von allen Clan-

Oberhäuptern den Gefolgseid bis zum 1. 1. 1692, um endlich Ruhe im Norden zu haben. Drakonische Strafen erwarteten alle, die diesem Aufruf nicht nachkamen (s. S. 192f.).

Die Jacobite Rebellions

Die politische Unterdrückung war aber nur ein Aspekt der Fremdherrschaft. Die englische Wirtschaftsstruktur schloß Schottland vom lukrativen Überseehandel aus. Englische Handelsgesellschaften wachten argwöhnisch über ihre Monopole, und nach dem *Navigation Act* von 1651 durften für England bestimmte Handelsgüter nur auf englischen Schiffen transportiert werden.

Politische Unzufriedenheit und wirtschaftlicher Neid entluden sich in den Jakobiter-Rebellionen, jenen letzten, vergeblichen Zuckungen im Kampf um nationale Unabhängigkeit, die man spätestens in der Vereinigung der Parlamente 1707 verloren hatte. Die Engländer konnten nicht zulassen, daß das katholische Frankreich über die dort im Exil lebenden Stuarts in Schottland oder Irland Fuß faßte. Von 1689 bis 1746 dauerten die Kämpfe, auf schottischer Seite romantisiert – auch heute noch – in Versen und Liedern über den Stuart Bonnie Prince Charlie und Flora MacDonald, jedoch sehr grausam in ihrer Realität (s. S. 145).

Mit der Niederlage in der Schlacht von Culloden im Jahr 1746 waren die jakobitischen Rebellionen beendet. Wie sein Vater, *The King over the Water* (der König jenseits des Wassers, d. h. in Frankreich), kehrte auch Bonnie Prince Charlie enttäuscht auf den Kontinent zurück, und mit ihm verließ ein Teil schottischer Tradition das Land.

Schottland in der Neuzeit

Nach dem Tod von Königin Anna im Jahr 1714 übernahmen die nicht sonderlich beliebten Hannoveraner die Regierungsgeschäfte in England, aber an Schottland waren sie nicht interessiert. Erst Georg IV. stattete Edinburgh einen Besuch ab, der unter der Planung Sir Walter Scotts zum Erfolg wurde. Sein Auftritt in traditioneller Schotten-Kleidung beendete das Tartanverbot, also das Verbot, Kilt zu tragen, und sofort machten sich die geschäftstüchtigen Tiefländer an den Entwurf neuer Muster mit phantasievollen Namen, ohne Tradition, manchmal ohne Geschmack.

Im 19. Jh. wurde Schottland salon- und vorzeigefähig. Im Schlepptau Königin Viktorias, die – anders als Georg – freiwillig nach Schottland kam, weil sie das Land liebte und seine Schönheit bewunderte, setzte ein bescheidener Tourismus ein, der zwar vergangenen Ruhm nicht zurückbringen konnte, aber Schottland wieder positiv ins Bewußtsein mancher Engländer rief (s. S. 133).

Daß ein Schotte heute recht ungemütlich werden kann, wenn man ihn als Engländer bezeichnet, hat nicht nur mit seinem ungebrochenen Nationalstolz zu tun, sondern eher mit dem, was er als jahrhundertelange Ausbeutung und Unterdrückung durch die böse Stiefschwester England begreift. Seit der Vereinigung der Parlamente im Jahr 1707 ist Schottland von Englands Gnaden abhängig, und die meisten Entscheidungen sind seitdem nicht zugunsten der kleinen Schwester im Norden gefallen. Die Hoffnung, daß mit den Ölfunden in der Nordsee vor Aberdeen aus dem Aschenputtel doch noch eine Prinzessin werden könnte, vielleicht sogar mit wiedergewonnener politischer Unabhängigkeit, haben sich hingegen nicht erfüllt: Die Gewinne aus den Ölfunden fließen überwiegend nach London, die Devolution-Bewegung der schottischen Nationalpartei SNP konnte in einem Volksentscheid im März 1979 nicht die erforderliche Mehrheit für eine Loslösung von England erlangen.

Ölbohrung in der Nordsee am Cromarthy Firth

Schottlands größter Exportartikel: Künstler und Gelehrte

Es wird behauptet, daß die Schotten mehr berühmte Persönlichkeiten pro Einwohner hervorgebracht haben als jedes andere Volk, nur daß die meisten nicht im Land geblieben sind oder wegen der gemeinsamen Sprache einfach als Engländer geführt werden. Über die Hälfte der amerikanischen Präsidenten haben schottische Vorfahren. Viele englische Premierminister waren Schotten ebenso wie John Paul Jones, der Begründer der amerikanischen Marine. Andrew Carnegie, der Milliardär und Philanthrop, stammt aus Dunfermline, James Watt, der die Dampfmaschine entscheidend weiterentwickelte, aus Greenock. Carnegie machte seinen Reichtum in Amerika, Watt schaffte den Durchbruch in England.

Viele Gelehrte sind jedoch in Schottland geblieben: Adam Smith und Thomas Carlyle, beide Historiker und Moralphilosophen, Smith auch der Begründer der modernen Nationalökonomie; der Philosoph David Hume, den Lexika als berühmtesten Vertreter der ›englischen‹ Aufklärung bezeichnen; James Young Simpson, Entdecker der Wirkung von Chloroform, und Alexander Fleming, Entdecker des Penizillin.

Im Bereich technologischer Erfindungen läßt sich eine ähnlich imposante Reihe aufstellen: Thomas Telford, der Erbauer zahlreicher Brücken, Straßen und Kanäle, allerdings überwiegend in England; John Dunlop, Erfinder des Luftdruckreifens; John Macadam und Charles MacIntosh, deren Namen sich für Teerbelag bzw. für regenfestes Material eingebürgert haben; James ›Paraffin‹ Young, der als erster Öl aus Schiefer gewann; Alexander Graham Bell, der Erfinder des Telefons.

Auch im Bereich der Wissenschaft gibt es viele Schotten, die bahnbrechende Entdeckungen gemacht haben. Genannt werden soll nur einer, von dem Einstein sagte, er habe zu einer Veränderung in der Wahrnehmung der Realität geführt, wie es das seit Newton nicht mehr gegeben habe, und den Max Planck als göttlich begnadet bezeichnete. Gemeint ist Clerk Maxwell, der im 19.Jh. die Gesetze der Elektrodynamik formulierte, auf denen unser heutiges Wissen von Elektrizität, Elektronik und Nuklearphysik basiert.

Manche der erwähnten Namen werden unbekannt gewesen sein. Nicht so die Namen von Sir Walter Scott, Robert Burns und Robert L. Stevenson, den drei schottischen Dichtern und Romanciers, deren Leben und Werk von Schottland geprägt wurde und die alle aus den südlichen Gefilden des Landes stammen. Ebenso dürfte die Architekten-Familie Adam ein Begriff sein, die auch für einige Häuser in der New Town in Edinburgh verantwortlich zeichnet, allerdings auch viele Inneneinrichtungen in England entworfen hat.

Es ist erstaunlich, daß Schottland keine bedeutenden Komponisten hervorgebracht hat, obwohl kontinentale Musiker wie Bruch, Chopin und Mendelssohn von Schottlands Landschaft zu Symphonien und Fantasien inspiriert wurden. Auch Maler von Rang sind nicht vertreten, selbst wenn Porträtisten wie Raeburn, Wilkie und Ramsay zur Zeit eine Aufwertung erfahren.

Die zeitgenössische Literatur hat den schottischen Dialekt wiederentdeckt, der sich für Themen rund um die schottische Geschichte, Gegenwart und Mentalität gut eignet. Ein Problem ist die Schreibung dieses Dialektes, ein noch größeres für Ausländer, ihn zu lesen und verstehen. Manchmal – nicht immer – hilft lautes Vorlesen. Der wohl bekannteste schottische Alleinunterhalter, Billy Connolly aus Glasgow, gestaltet alle seine Programme auf ›schottisch‹. Sein spezieller Humor, mit dem er die typischen schottischen Eigenheiten, vor allem die der hinterwäldlerischen Hochländer (*teuchters,* gesprochen Tschuchters) liebevoll und die englischen etwas bissiger aufs Korn nimmt, lebt nicht zuletzt von diesem Dialekt. Es dauert allerdings etwas, bis man seine Scherze auf Anhieb versteht und nicht erst eine Übersetzung ins Englische braucht, um lachen zu können.

Land und Leute

Wie die Feste fallen

In Schottland wird viel und gern gefeiert. Musik und Tanz gehören traditionell zu schottischen Festen. *Ceilidhs* (gesprochen Kälies) sind örtliche Zusammenkünfte mit schottischer Musik, schottischem Gesang, Tanz und Geselligkeit, oft auf Gemeindeebene, manchmal auch für wohltätige Zwecke organisiert. Seit neuestem gibt es in Großstädten wie z. B. Glasgow sogenannte Ceilidh-Clubs, die sich besonders bei jungen Leuten großer Beliebtheit erfreuen. In St Andrews kann man sogar in einer internationalen Summer School die Feinheiten des Scottish Country Dance lernen.

Auf regionaler und überregionaler Ebene finden die *Highland Games* statt, die bis in das 14. Jh. zurückreichen. Sie bieten eine Mischung aus traditionellen Sportarten, wie z. B. Baumstammwerfen *(tossing of the caber)* und Tauziehen *(tug o' war)*, sowie Dudelsackmusik und Tanz. Auch auf dem Kontinent wenig bekannte Wettkämpfe gehören zum Standardrepertoire, wie z. B. Gummistiefelweitwurf *(chuckin' the wellie)* oder der Kampf mit dem Federkissen um den Platz auf einem Schwebebalken. Die Spiele finden über einen Zeitraum von acht Monaten statt, angefangen von kleineren Hallenspielen im Februar bis zu den großen Freiluftveranstaltungen von Mai bis September. Als Höhepunkt der Saison gelten immer noch die Spiele in Braemar, denen oft auch Mitglieder der königlichen Familie beiwohnen. Bei mittlerweile über 80 solcher Spektakel mit überwiegend professionellen Wettkämpfen ist jedes Wochenende mehrfach belegt.

Folk music beherrscht Schottlands Hauptstadt während des *Edinburgh International Folk Festival* Ende März. Daneben gibt es noch zahlreiche kleinere Veranstaltungen, z. B. in

Highland Gathering, Bramaer, Putting the Shot

Girvan, Glasgow, Kinross und Lerwick. Die große Popularität dieser Musik reicht jedoch für die meisten talentierten Sänger und Gruppen als Existenzgrundlage im eigenen Land nicht aus, so daß schon lange eine Abwanderung auf den Kontinent oder in die Commonwealth-Länder eingesetzt hat.

Kultureller Höhepunkt ist zweifellos das *Edinburgh International Arts Festival,* das alljährlich im August stattfindet. Parallel dazu verläuft *The Festival Fringe,* ein weniger formelles und finanziell weniger aufwendiges Randprogramm, das ein breites Spektrum von abstrusen bis profihaften Amateurproduktionen abdeckt und mittlerweile bei vielen Besuchern beliebter, auch wesentlich erschwinglicher ist als das Hauptprogramm. Auf der Burg-Esplanade findet zu dieser Zeit jeden Abend das *Military Tattoo* statt, eine Mischung aus traditioneller Militärschau mit sportlichen Einlagen und Paradeformationen mit schottischer Dudelsackmusik.

Das ganze Jahr hindurch gibt es kulturelle Veranstaltungen mit unterschiedlichen Schwerpunkten von lokalem, regionalem oder internationalem Ausmaß über ganz Schottland verstreut. Von Robert Burns' Geburtstag und dem nordischen Sonnwendfest im Januar geht es über verschiedene Prozessionen, Mai- und Dudelsackfeste bis zu Halloween, der Zaubernacht Ende Oktober. Der Juni ist der Monat der *Common Ridings* in den Borders. Diese historischen Reiterumzüge sollen an die Grenzlandkämpfe vergangener Jahrhunderte erinnern. Silvester bleiben die Türen der Häuser unverschlossen. Nach einem guten Essen nimmt man eine Flasche unter den Arm und sucht Freunde und Nachbarn auf (heim?). Einem alten Aberglauben zufolge entscheidet der erste Besucher nach Mitternacht über Glück oder Unglück im folgenden Jahr. Gefragt ist ein »tall dark handsome stranger«.

Nur Sattwerden oder auch Genießen? – Die schottische Küche

Edinburgh, Pub auf der Royal Mile

Die britische Küche – ohne Differenzierung zwischen englischer und schottischer Cuisine – hat einen traditionell schlechten Ruf. Dabei sind einige kulinarische Leckerbissen aus Schottland unschlagbar. Vor allem Fischgerichte (Lachs, Forelle, Schellfisch, Hering) sind zu empfehlen, doch auch das Lammfleisch ist erstklassig. Beeren (vor allem Himbeeren), Käse, Pasteten und Backwaren können Mahlzeiten vorzüglich abrunden. Zu der unvermeidlichen, herrlichen Tasse Tee mit Milch, die man zu jeder Tages- und Nachtzeit genießen kann, gehört ein Plätzchen aus einem überaus reichhaltigen Angebot oder ein Scone, ein Gebäckstück, das mit Marmelade und Sahne oder Butter gegessen wird. Schottlands Nationalgericht *Haggis* schmeckt weitaus besser, als mancher, der die Zutaten kennt, vermutet. Die Mischung aus Schafsinnereien, Zwiebeln, Haferflocken und Gewürzen wird stilgerecht mit Steckrüben und Kartoffelpüree ›gereicht‹. Dieses Gericht ist unverkennbar ein ›Arme-Leute-Essen‹ und stammt aus der Zeit, als die besseren Lebensmittel für Adlige und Engländer reserviert waren.

Verglichen mit der angebotenen Qualität sind Hotelrestaurants meist zu teuer. Mahlzeiten, die man mittags und abends in Pubs erhält, sogenannter *Pub Grub*, bieten häufig mehr Abwechslungsreichtum für weniger Geld. Probleme kann es geben, wenn man mit Kindern unterwegs ist und Pubs über keine Lounge verfügen. Denn Kindern und Jugendlichen unter 16 Jahren ist der Zutritt zu Pubs nicht gestattet, oft selbst zum Essen nicht. Dann sollte man es in einem der vielen Spezialitäten-Restaurants probieren, die von Indern, Chinesen oder Italienern geführt werden und meist auch deutlich unter dem Preisniveau der einheimischen Hotels liegen.

In einem Kapitel über kulinarische Genüsse darf natürlich ein Hinweis auf die berühmt-berüchtigten *fish & chips shops* nicht fehlen. *Haggis,* Würstchen, Fisch, Steakburger oder sogar Pizza auf *chips* – das alles für unter 8 DM, Salz, braune Soße und Essig (für die Pommes Frites!) inbegriffen. Man ißt die nicht ganz gesunden, aber überaus nahrhaften und auch schmackhaften Gerichte mit den Fingern.

Die Schotten gehören zu Europas ausdauerndsten Trinkern, besonders wenn es um Whisky und Bier geht. Richtiges *ale,* d. h. Bier ohne Zusätze von Kohlensäure oder chemischen »Geschmacksverfeinerern«, erfreut sich dabei immer größerer Beliebtheit.

Den schottischen Trinkgewohnheiten kommen die Öffnungszeiten der Kneipen entgegen. In vielen großen Städten bleiben die Pubs durchgehend von 11 bis 23 Uhr geöffnet. Traditionell ertönt kurz vor Schluß eine Glocke mit der Aufforderung: *Last Orders!* (letzte Bestellungen). Die Getränke müssen dann innerhalb von wenigen Minuten bewältigt werden, oder sie finden den Weg in den Abfluß.

Wanderer im Glen Dee

Hinweise und Tips fürs Wandern

Wandern macht Spaß, auch wenn man nicht damit groß geworden ist, zu den Untrainierteren gehört und eigentlich Laufen zu den unproduktiven Methoden der Fortbewegung zählt. Man muß nur einmal damit anfangen, und das nicht gerade mit Trainingsschuhen oder Gummistiefeln. Denn bei Blasen an den Füßen hört der Spaß schnell auf, besonders wenn man den Rückweg noch vor sich hat.

Die richtige Ausrüstung, d. h. vor allem bequeme, wasserdichte Wanderstiefel mit einer dicken Profilsohle, wind- und regenundurchlässige Oberbekleidung, darunter je nach Witterung mehrere Schichten von Baumwoll- oder Wollpullis, Woll- oder Cordhosen, die auch bei Nässe noch Wärme halten (anders als Jeans, die sich deswegen nicht eignen) und eine Kopfbedeckung gegen Wettereinflüsse von oben (Regen genausogut wie Sonne), fördert sehr das Wohlbefinden und schafft die Stimmung, in der man das genießen kann, wofür man die Strapazen auf sich genommen hat: die Landschaft. Sonnenbrand im Nacken ist diesem Genuß genauso abträglich wie kleine Rinnsale von Schweiß, die sich am Körper entlang einen Weg nach unten suchen.

Für alle längeren Wanderungen ist ein Rucksack unerläßlich, schon weil man die Thermoskanne für die verdiente Pause schlecht in der Hand halten kann. Für Bergtouren gehört noch einiges mehr zur Standardausrüstung: Ersatzpullover und -socken; Schnürsenkel; wasserfeste Hose, die man anziehen kann, ohne die Stiefel auszuziehen – man kann sich leicht vorstellen, daß man sonst nicht nur seinen Begleitern ein schönes Schauspiel liefert, sondern bei diesem Unternehmen auch so naß wird, daß man auf die Hose besser gleich verzichtet; Notration aus Schokolade, Trokkenfrüchten, Plätzchen; die schon erwähnte Thermoskanne mit warmem Getränk; Verbandszeug; Taschenlampe; Trillerpfeife; Karten und Kompaß sowie die gewünschte Verpflegung.

Man sollte nach Möglichkeit nicht allein wandern und vor Beginn jemandem Bescheid sagen, wohin man geht und wann die Rückkehr geplant ist. Faustregel: 4 km pro Stunde zuzüglich 10 Minuten pro 100 m Höhenunterschied (und die Pausen natürlich).

Wenn man vornehmlich wandert, um Regionen zu sehen und Natur zu erfahren, die sich vom Auto aus nicht erschließen lassen, und nicht um Kilometer zu sammeln, wenn Wandern also eher der ästhetischen als der athletischen Befriedigung dient, sollte man nicht bei schlechter Sicht losmarschieren oder Jahreszeiten wählen, die für abrupte Wetterumschwünge bekannt sind, wie z. B. das Frühjahr. Im dichten Nebel haben sich schon manche Unfälle ereignet, ebenso bei plötzlich einsetzendem Schneefall.

Wanderer sind in Schottland fast immer willkommen, wenn sie folgende Regeln beachten:

Take nothing but photographs,
Steal nothing but time,
Leave nothing but footsteps.

Noch besser als nur selbst darauf zu achten, daß man die Natur so verläßt, wie man sie vorgefunden hat, ist es, auch Kinder und Hunde stets zu überwachen. Man darf keine Lämmer oder trächtige Muttertiere erschrecken, seltene Blumen pflücken, Gatter aufstoßen, Müll verstreuen, auch nicht organischen, der vermeintlich schnell verrottet, oder mit Feuer spielen. Sonst werden in nicht zu ferner Zukunft hohe Zäune dem Wanderer den Zutritt zu weiten Gebieten verwehren. Außerdem ist es kein Urlaubsvergnügen, sich mit gerichtlichen Schadensregulierungen befassen zu müssen.

Hinweise zu den Wanderungen

Zwei Begriffe tauchen in den Beschreibungen häufiger auf: *cairn* und *stile.* Unter *cairn* versteht man unterschiedlich hohe Steinhaufen, die als Weg- oder Gipfelmarkierung dienen. Manchmal sind die Steine nur lose aufgeschichtet, und wer Lust hat, legt noch einen Stein oben auf. Manchmal sind die Steinhaufen auch gemauert. *Stile* bezeichnet jede Form von hölzerner oder steinerner Hilfestellung über Zäune und Mauern. Kleine Stiegen, Leitern oder aus der Mauer herausragende Trittsteine erleichtern dem Wanderer das Überwinden von Hindernissen.

Cairns dienen als Weg- oder Gipfelmarkierung

Anders als in den Alpenregionen sind Einkehrmöglichkeiten auf den Wanderungen äußerst selten. Auch Wegmarkierungen mit farbigen Symbolen auf Pfosten oder Bäumen beschränken sich auf die Fernwanderwege oder kürzere Naturlehrpfade. Das bedeutet, daß die Orientierung überwiegend nach Landschaftsmerkmalen erfolgen muß. Die Beschreibungen versuchen immer da, wo die Wege nicht breit ausgetreten und unverkennbar sind, möglichst eindeutige Orientierungspunkte und Richtungen anzugeben, so daß man sich nach menschlichem Ermessen bei guter Sicht nicht verlaufen oder aber eine Verirrung möglichst schnell korrigieren kann. Die Wanderungen wurden auch unter diesem Gesichtspunkt ausgesucht. Dennoch ist es ratsam, sich vorab den groben Verlauf der Wanderung klarzumachen.

Schwierig gestaltet sich auf vielen Wanderungen, zumal im Norden, die Anreise mit öffentlichen Verkehrsmitteln. Zwar gibt es Busse, teilweise auch Züge zu den größeren

Orten, die allerdings in sehr unterschiedlichen Intervallen verkehren. Oft liegen die Anfangspunkte der Wanderungen noch etliche Kilometer von dem nächsten Bahnhof oder der nächsten Bushaltestelle entfernt, so daß längere Wanderungen dann wirklich sehr lang werden können. Da die Busbetriebe in privater Hand sind, werden Fahrpläne nach überwiegend wirtschaftlichen Gesichtspunkten erstellt und können sich dementsprechend schnell ändern. Jährlich erscheinen neue Pläne, und man sollte sich unbedingt in den Touristenzentralen oder den Zug- und Busbahnhöfen nach den aktuellen Fahrzeiten erkundigen.

Die Wanderungen auf einen Blick

Die Wanderungen beginnen im Südosten Schottlands und folgen im wesentlichen der Küstenlinie über den Norden und Westen in den Südwesten zur Grenze mit England. Die einzelnen Regionen werden von zentralen Orten aus bewandert, in denen man auch ohne Probleme Unterkunft finden kann. Die Wanderungen sind so gewählt, daß die Vielfalt der schottischen Landschaft zur Geltung kommt und die Zielpunkte nicht mit dem Auto erreichbar sind. Davon ausgenommen sind natürlich die beiden Stadtwanderungen in Edinburgh und Stirling (3, 7), auf die man aber aus kulturgeschichtlichen Erwägungen nicht verzichten kann.

Viele der vorgeschlagenen Wanderungen bieten außer der landschaftlichen Schönheit auch Kulturelles oder Kulturgeschichtliches, z. B. wenn der Besuch von Abteien, Burgen oder Schlössern – als Ruinen oder intakte Anwesen – in die Wanderungen integriert ist oder mühelos einbezogen werden kann. Eine Abteiruine als Ausgangspunkt einer Bergwanderung findet sich am Anfang und Ende des Buches (1, 35), doch gibt es auch die Kombination Burg in Berg- und Moorlandschaft (9) oder Burg und Küstenwanderung (5, 16). Trotz dieser Gemeinsamkeiten wiederholen sich die Eindrücke nicht, da sich die Landschaft von Region zu Region verändert. Die sanft geschwungenen Linien der Borders (1) unterscheiden sich deutlich von den schärferen Konturen im südwestlichen Hügelland (35), ähnlich wie auch der Küstenstreifen im Südosten (5) durch den breiten Sandstrand sanfter wirkt als im Norden (16). Bei einigen Wanderungen, auf denen vor allem bestimmte Landschaftsformen (Moor, Wald- und Weideland) vorgestellt werden sollen, führen kleine Abstecher zu einem Herrenhaus oder Schloß zu einer kulturellen Abrundung (2, 12). Auch mit Überresten aus Schottlands frühester Geschichte wird der Wanderer konfrontiert. Hügelfestungen, Brochs (steinerne Wohntürme) und Fundamente von Hütten finden sich an der Ostküste bis hinauf nach Inverness (1, 6, 8, 13, 15).

Je weiter man nach Norden vordringt, desto ausschließlicher steht die Schönheit der Natur im Mittelpunkt der Wanderungen. Berge (11, 13, 18, 21, 22, 25, 27, 31, 32), Seen (20, 26, 29), Täler (14, 17, 19, 24, 30, 33) und offenes Moor- und Rauhweideland (23, 28, 34) werden erklommen, umrundet und durchstreift, wobei auch hier durch die sich stets wandelnde Landschaft keine Langeweile aufkommt. Manche Berge ragen einsam aus flachem Umland hervor, andere liegen eingebettet in ebenso majestätische Gipfel; einige werden nur umrundet, andere bestiegen; manche Seen sind klein und lieblich, andere groß und rauh; manche Täler laden eher zu einem Spaziergang ein, während andere schwieriger zu bewältigen sind als ein Hügel in den Borders. Insgesamt sind die Wanderungen im Norden anstrengender als in den südlichen Gefilden, und nicht alle eignen sich für ungeübte Wanderer oder Kinder. Ausgesucht wurden aber durchgängig Wanderungen und nicht Kletterpartien, für die mehr Ausrüstung erforderlich wäre, als anfangs beschrieben wurde.

In den Borders bei Gordon

Schottland auf einen Blick – Zahlen und Fakten

Und nun noch einige statistische Superlative: Mit 1344 m ist der Ben Nevis bei Fort William Schottlands höchster Berg, vielleicht auch derjenige, der am häufigsten von Nebel umhüllt ist; die größte zusammenhängende Gebirgsregion über 900 m bilden die Grampians, gleichzeitig Schottlands größtes Skigebiet. Die drei längsten Flüsse sind Tay (188 km), Spey (177 km) – in seinem Tal befindet sich der sogenannte ›Whisky-Trail‹, der (gut ausgeschildert) von einer Destillerie zur nächsten führt – und der Clyde (170 km), der durch Glasgow fließt. Der längste See heißt Loch Awe (41 km), der tiefste Loch Morar (310 m), tief genug, daß sich Nessies Schwester in ihm verbergen kann; die größte Ausdehnung besitzt der vielbesungene Loch Lomond (71 km^2), die größte Wassermenge Loch Ness (7447 Mio. m^3), damit sich Nessie ungestört tummeln kann.

The Rolling Hills of the Borders

Anmut und Liebreiz der sanft gewellten Konturen des südöstlichen Hügellandes haben anscheinend nicht immer friedlich auf den Betrachter gewirkt, sonst hätte es nicht so viele Überfälle, Schlachten und Brandschatzungen in dieser Region gegeben, die die südliche Grenze Schottlands markiert. Die sanften Erhebungen konnten die politischen, religiösen und wirtschaftlichen Zentren des zentralen Tieflands, vor allem Edinburgh und Stirling, nicht vor den von Süden anstürmenden Eroberern schützen. Ruinen von Burgen, Abteien und Herrensitzen legen Zeugnis von dieser von Gewalt, Intrigen und Fehden gekennzeichneten Vergangenheit ab.

Das fruchtbare Acker- und Weideland zog früh Siedler an. Auch die Römer versuchten, sich hier niederzulassen, scheiterten allerdings am Widerstand der einheimischen Kelten. Spuren römischer Zivilisation sind daher spärlich und fast ausschließlich militärischer Natur – Straßen, Hügelfestungen, Feldlager. Erfolgreicher waren die Angeln und Sachsen, die aber vor den Pikten kapitulieren und sich mit dem Gebiet südlich des Flusses Forth zufrieden geben mußten.

Hier in den Borders, d. h. den ehemaligen Grafschaften Berwick, Peebles, Roxburgh und Selkirk, vollzog sich der Bruch mit dem alten schottischen Clan-System am schnellsten. Die Nähe zum Regierungssitz in Edinburgh bewirkte, daß aus England importierte Vorstellungen von Recht, Gesellschaft und Wirtschaftsstrukturen hier zuerst ausprobiert wurden. Unter dem Einfluß eines im englischen Exil erzogenen Königs näherte sich die Oberschicht seit dem 11. Jh. stetig dem feudal orientierten Lebensstil der englischen Aristokratie an und schuf eine wettbewerbsorientierte Wirtschaftsordnung, die mit dem traditionellen System von Sippensolidarität und Recht des Stärkeren wenig gemein hatte.

Die alte Feindschaft zwischen den Lowlanders und Highlanders, den protestantisch-fortschrittlichen Tieflandschotten und den katholisch-traditionsverhafteten Hochländern, ist allerdings heute nicht mehr spürbar, nachdem die ›Zivilisation‹ zwar nicht Natur und Mentalität, wohl aber alle Verwaltungsebenen des Landes durchdrungen hat.

Die Borders bilden einen idealen Einstieg für einen Wanderurlaub in Schottland. Die Berge sind weder sehr steil noch hoch, bieten aber dennoch wegen des relativ flachen Umlands freien Ausblick – außer im Nebel, bei dem man aber auch aufs Wandern verzichten sollte. Sehr leicht läßt sich hier mit dem Sportlichen auch das Kulturelle verbinden, da man nie weit von Palästen, Abteien oder größeren Städten mit ihren Sehenswürdigkeiten entfernt wandert.

Smailholm Tower in den Borders

1

Wo König Artus schläft

Eine Wanderung auf die Eildon Hills

*»If you would view fair Melrose aright
Then you should visit it by pale moonlight.«*

Die Wanderung beginnt an den schönen Ruinen von Melrose Abbey, deren Besuch Sir Walter Scott bei blassem Mondschein empfahl, obwohl sie ihn auch tagsüber immer wieder faszinierten. Für die Wanderung ist der Tag die bessere Zeit, denn nur dann kann man die für die Borders so typische Hügel- und Flußlandschaft genießen, die sich am Fuß der Eildon Hills erstreckt.

i

WEGVERLAUF: Parkplatz Melrose Abbey – Eildon Mid Hill (1.10 Std.) – Eildon North Hill (30 Min.) – A 6091 (20 Min.) – Eisenbahnbrücke (5 Min.) – Parkplatz Melrose Abbey (20 Min.)

DAUER: 2$^{1}/_{2}$ Std.

LÄNGE: 6,5 km (ca. 300 m Höhenunterschied)

SCHWIERIGKEITSGRAD: Es handelt sich um eine einfache Rundwanderung mit kurzen Steigungen auf überwiegend gut erkennbaren Wegen (Geröll-, Wiesen- und Lehmuntergrund).

KARTE: OS 73; OS NT 53

EINKEHRMÖGLICHKEITEN: in Melrose

ANFAHRT: Über die A 1 bis kurz vor Newcastle, dann auf der A 696 und A 68 über Jedburgh nach Melrose. Dort kann man das Auto auf dem Melrose Abbey Parkplatz abstellen. Busverbindungen mit allen größeren Städten.

DER WANDERWEG

Vom **Parkplatz** aus geht man zunächst in Richtung Tourist Information bis zum großen Kreisverkehr, dem Melrose Square mit Marktkreuz *(Mercat Cross)*. Dort folgt man der zweiten Straße (Dingleton Road) links den Berg hinauf. Hinter dem alten Bahnhofsgebäude auf der rechten Seite befindet sich ca. 200 m weiter zur Linken an einem Haus das Straßenschild ›Dingleton Road und Eildon Walk‹. Direkt rechts von diesem Haus gelangt man über eine Treppe links hinunter auf einen Weg, der gut markiert in Stufen bergan führt.

Man übersteigt einen *stile*, kommt auf eine Wiese und läuft den Hügel hinauf, entfernt sich also von Melrose Abbey. An einem Zaun entlang und an Bäumen rechts sowie einer Wiese links vorbei geht es weiter auf die Hügel Eildon Mid Hill und Eildon North Hill zu. Der dritte Gipfel, der Eildon Wester Hill, wird durch den Mid Hill verdeckt.

Der Sage nach gab es zunächst nur einen Gipfel, bis der schottische Zauberer Michael Scott im 13. Jh. dem Teufel befahl, den Berg in drei Teile zu spalten. Wenn man den Legenden glaubt, beherbergen die Eildon Hills auch das schottische Feenreich, und tief unten in einer Höhle schläft König Artus mit seinen Rittern, bis er geweckt wird, um seinem Land im Notfall zu Hilfe zu eilen. Tatsächlich handelt es sich bei den Eildon Hills um unterirdische Felsformationen (Lakkolithe), die erst durch die Abtragungen der Eiszeit vor 10 000 Jahren an die Oberfläche gelangten.

Man muß noch zwei weitere *stiles* überklettern und hält auf das Tal zwischen den beiden Gipfeln zu. Nach Überwindung eines steilen Zwischenstückes geht es dann auf relativ ebenem Gelände zwischen dem North und Mid Hill hindurch und auf etwas steilerem Grasboden den **Mid Hill** hinauf. An der Gabelung hält man nicht links auf den nördlichen Gipfel, sondern geradeaus auf den Eildon Mid Hill zu. Der Anstieg ist überwiegend steil (1.10 Std.). Auf dem **Eildon Mid Hill** befinden sich ein *cairn*, eine Orientierungstafel und ein Vermessungspunkt.

Von hier oben hat man einen guten Blick auf die Hügelketten, die die Borders nach allen Seiten begrenzen: die Cheviot Hills im Südosten, die Moorfoot Hills im Nordwesten und die Lammermuir Hills im Nordosten. Bei guter Sicht kann man zudem den Verlauf des River Tweed fast bis zur Nordsee verfolgen. Auch die Vegetationsunterschiede lassen sich von diesem Standpunkt aus gut beobachten. Da die Eildon Hills aus säurehaltigem Gestein bestehen, kann hier kaum mehr gedeihen als Heidekraut, Gräser und Ginster. Dagegen sieht man in der Ebene fruchtbares Acker- und Weideland mit dem typischen schachbrettartigen Muster, das sich durch die Grenzhecken und -mauern ergibt.

Man verläßt den Eildon Mid Hill und geht in Richtung auf den Eildon North Hill, wobei ein Gittergestell in Form einer stilisierten Krone auf dem Hügel als Orientierungshilfe dient. Man ignoriert nach links zum Ort hinabführende Abzweige und hält sich rechts, wobei man nach einem steileren Anstieg auf fast ebenes Gelände stößt. An der

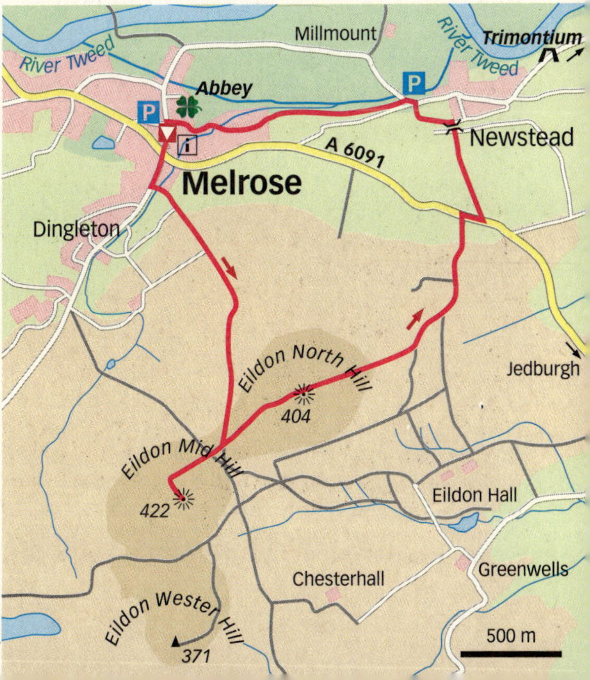

Wanderung 1:
Auf die Eildon Hills

Gabelung mit einem breiteren Weg nach rechts Richtung Eildon Hall folgt man dem steileren linken Abzweig zum Gipfel (1.40 Std.). Zur Linken liegen unterhalb Melrose Abbey und die Straße (A 6091), die man auf dem Rückweg erreicht.

Auf dem **Eildon North Hill** hatte in der Eisenzeit der einheimische Volksstamm der Selgovae seine Hauptstadt. Sie umfaßte ca. 300 Häuser für etwa 2000 Einwohner, was angesichts des knappen Raumes und des Fehlens von Trinkwasser auf dem Gipfel auf eine gut organisierte Gesellschafts- und Wirtschaftsstruktur schließen läßt. Die Selgovae leisteten den Römern, die die strategische Bedeutung des Hügels ebenfalls erkannt hatten, erbitterten, allerdings vergeblichen Widerstand. Trotz seiner geringen Höhe von nur 404 m eignete der Eildon North Hill sich im relativ flachen Umland vorzüglich für die Aufstellung eines Signalturms, den die Römer im späten 1. Jh. errichteten. So konnten Nachrichten bis zu den gut 30 km entfernten Cheviots gesendet oder an das Lager in Newstead weitergeleitet werden. Da für Selgovae und Römer nicht genügend Platz war, wurden die Selgovae schließlich vertrieben.

Der Abstieg vom Eildon North Hill (1.40 Std.) erfolgt in Schlangenlinien. Man hält sich auf einem nicht immer gut erkennbaren Weg, der geradeaus, über mehrere Pfade und einen Wirtschaftsweg hinweg, hinunter zu einem eingezäunten Tannenwald führt. Man verliert ständig an Höhe, wobei der Zaun, zu dem man in einigem Abstand

Die Eildon Hills und der River Tweed

parallel läuft, die Richtung weist. Nachdem man einen querverlaufenden Zaun mit Hilfe eines *stile* überklettert hat, gelangt man auf einen breiten roten Lehmweg, der schließlich zur **A 6091** führt (2 Std.).

An der Straße geht man nach rechts, bis nach ca. 80 m ein Schild ›Eildon Walk‹ links auf den Feldweg nach Newstead weist, dem man folgt. In der Umgebung von **Newstead**, das als ältester ununterbrochen bewohnter Ort Schottlands gilt, hatten die Römer ein Feldlager samt Festung, das sie nach den drei Gipfeln der Eildon Hills *Trimontium* nannten und über 300 Jahre lang als einen ihrer wichtigsten Stützpunkte in Süd-Schottland nutzten. Leider ist von dieser militärischen Anlage heute nichts mehr zu sehen.

Unter der **Eisenbahnbrücke** hindurch weiter dem Schild ›Newstead‹ nach links folgend (2.05 Std.), gelangt man zur Straße (Main Road). Man geht links und nach 5 m (!) rechts auf einen Parkplatz. Der Weg führt zwischen dem Garten des Hauses links und der Garage und Pferdekoppel rechts hindurch und verläuft zwischen zwei Zäunen ca. 2 m unterhalb der Straße (Priors Walk). Er führt auf die Hauptstraße zurück und zwischen einigen Häusern hindurch. Hinter den grauen Häusern erreicht man rechter Hand einen geteerten Pfad, der zwischen einer Hecke und einem Zaun hinunter in den Park von Melrose Abbey führt (Öffnungszeiten: Mo–Sa 9.30–19, So 14–19, Okt.–März bis 16 Uhr). Man geht an der Abtei vorbei zum **Parkplatz** zurück (2.25 Std.).

Melrose Abbey

Klöster, Ruinen und Sir Walter Scott

Die Zisterzienserabtei in Melrose, neben Dryburgh, Kelso und Jedburgh eine der vier großen Abteien des Grenzlandes, wurde 1136 von König David I. gegründet. Ihr Standort auf der Einmarschroute der Engländer nach Schottland bescherte ihr allerdings das typische Schicksal vieler Gebäude, auch Städte der Borders, die den Engländern bei ihren Eroberungszügen im Weg waren: unruhige Zeiten, Zerstörungen, Wiederaufbau und meist endgültiger Zerfall. Nachdem schon das Kloster des hl. Columban in Old Melrose 4 km östlich den Engländern zum Opfer gefallen war, traf es die Abtei zweimal in den Jahren 1322 und 1385. Beide Male entschloß man sich zum Wiederaufbau. Im Jahr 1545 jedoch gab man auf und ließ das Kloster zerfallen.

Was war geschehen? Auf Geheiß König Heinrichs VIII. von England – der mit den vielen Frauen – hatte der englische Graf von Hertford das Kloster zerstört. Die Witwe des schottischen Königs Jakob V. hatte sich nämlich Heinrichs Heiratsplänen widersetzt und sich geweigert, ihre Tochter Maria, die spätere *Queen of Scots* und Gegenspielerin von Elisabeth I., mit Heinrichs kränkelnden Sohn Eduard zu vermählen. Beide waren noch Kinder, Eduard starb, bevor er das Mannesalter erreichte. Dieses Kapitel ging als *Rough Wooing* (rauhe Werbung) in die Geschichte ein. Zahlreiche Orte und eben auch Melrose Abbey wurden aus Rache verwüstet.

Den anderen Borders-Abteien in Jedburgh, Kelso und Dryburgh erging es nicht besser. Aber vor der Verwüstung ihrer Mutterhäuser war den Mönchen Zeit genug geblieben, nicht nur religiösen Einfluß zu nehmen. Sie hatten französische Techniken der Wollverarbeitung nach Schottland gebracht, die jene der einheimischen Bauern weit übertrafen. Es entwickelte sich eine florierende Woll- und Textilindustrie, die noch heute über ein Fünftel der erwerbstätigen Bevölkerung in den Borders beschäftigt.

Ihre romantische Verklärung und ihren sagenumwobenen Ruf verdanken die Ruinen ebenso wie die gesamte Borders-Landschaft dem schottischen Romancier Sir Walter Scott, der in seinen historischen, wenn auch nicht immer authentischen Romanen, den »Waverly Novels«, die ruhmreiche Vergangenheit Schottlands glorifizierte. Scott hatte 1811 in Abbotsford, nur knapp 4 km westlich von Melrose, ein Anwesen gekauft, das er nach und nach im schottischen Baronialstil erneuerte, wobei ein Großteil der alten Gebäude abgerissen wurde. Nach Scotts eigener Aussage entstand eine ideale Mischung aus phantasieanregendem Äußeren und gemütlichem Interieur. Hier verfaßte er später die meisten seiner Romane, mit denen er auch das schottische Nationalbewußtsein stärkte.

Nachdem die erste Phase der Umbauarbeiten in Abbotsford abgeschlossen war, übernahm Scott 1822 die Aufsicht bei der Restauration dessen, was nach all den Jahren von Melrose Abbey übriggeblieben war. Heute liegen in dem dort eingerichteten Museum Alexander II. und das Herz von Robert I., The Bruce, beide schottische Könige, begraben. Scott selbst fand seine letzte Ruhestätte in den imposanten Resten der Dryburgh Abbey südöstlich von Melrose.

Melrose Abbey

2

Auf den Spuren von Viehtreibern und Räubern

Über das Minchmoor von Traquair nach Yarrowford und zurück

Diese Wanderung fasziniert durch die weite, abwechslungsreiche Landschaft: Moore, sanfte Hügel, Täler und Bäche, Wald. Sie zeigt jedoch auch, wie Aufforstungen das Erscheinungsbild der Landschaft verändern können.

i

WEGVERLAUF: Telefonzelle – Cheese Well (1 Std.) – Wegweiser Yair (40 Min.) – Wallace's Trench (10 Min.) – Steinmauer (15 Min.) – Hauptstraße (45 Min.) – Wallace's Trench (50 Min.) – Wegweiser (5 Min.) – Telefonzelle (1.40 Std.).

DAUER: $5^1/_2$ Std.

LÄNGE: ca. 16 km (Höhenunterschied ca. 320 m)

SCHWIERIGKEITSGRAD: Vom Verlauf her ist es eine leichte, wegen der Länge jedoch mittelschwere Streckenwanderung mit einem kleinen Rundweg auf Gras- und Waldboden und über Steinschutt.

KARTE: OS 73

EINKEHRMÖGLICHKEITEN: Im Postamt von Yarrowford kann man in einem kleinen Laden Proviant einkaufen.

ANFAHRT: Von Melrose Richtung Westen auf der A 6091 nach Galashiels, von dort auf der A 72 nach Innerleithen. Dort links auf die B 709 nach Traquair abbiegen. Wo rechts die Zufahrt zum Traquair House führt, kann man links an der Telefonzelle parken (insgesamt ca. 25 km). Innerleithen ist mit dem Bus von Edinburgh aus zu erreichen.

DER WANDERWEG

Von der **Telefonzelle** aus geht man links die Straße hinauf, bis sie rechts abknickt. Ein Schild weist geradeaus den Weg nach Minchmoor. Links am Haus hängt eine Hinweistafel auf den ›Southern Upland Way‹ (s. S. 219ff.). Man folgt dem Feldweg rechts der Mauer, der stetig ansteigend über mehrere Wirtschaftswege hinweg verläuft.

Die Wanderung folgt jetzt der **Old Drove Road**, die – von Aufforstungen abgesehen – schon seit dem 13. Jh. in ihrer heutigen Form besteht. Hier verkehrten die Kutschen von Peebles nach Selkirk, hier trieben die *drovers* (Viehtreiber) Rinder und Schafe aus den Highlands zum Verkauf auf die großen Märkte, z. T. bis nach England. Der rege Handel zog auch Räuber an, die die Gegend unsicher machten und den Reisenden auflauerten. Bis zum 19. Jh. waren die Viehtriebe ein profitables Gewerbe, dann wichen die *drovers* auf

Schleichwege aus, um der von England auferlegten Straßen- und Einfuhrsteuer zu entgehen.

Nach Durchquerung eines flachen Waldstückes eröffnet sich hinter offener Heide auf der linken Seite ein Blick auf die Hügellandschaft. Am Pfosten mit dem Zeichen des ›Southern Upland Way‹ im Heidefeld wendet man sich nach links. Rechts des Pfades, hinter einigen Holzbrettern, die über eine meist matschige Stelle leiten, stehen zwei kleine Steine mit der Aufschrift **Cheese Well** (1 Std.). Reisende spendeten hier früher Naturalien für Feen und Kobolde, um außer den gefährlichen Räubern und dem unberechenbaren Wetter nicht noch weitere Unbill fürchten zu müssen.

An der Gabelung mehrerer Feldwege geht man geradeaus weiter, nicht auf dem Schotterstück in den Wald hinein. Nach rechts bietet sich ein guter Blick auf den Fluß Yarrow Water und die umliegenden Hügel. Dort, wo die Aufforstung rechts aufhört, geht es über einen *stile* geradeaus weiter.

Am **Wegweiser ›Yair‹** (nach links) und ›Broadmeadow Hostel‹ (nach rechts) folgt man der Old Drove Road Richtung Yair (1.40 Std.). In einiger Entfernung sieht man in Laufrichtung die drei Erhebungen der Eildon Hills.

Kurz darauf durchquert man **Wallace's Trench,** einen Graben mit Erdwall (1.50 Std.). Zu dieser sagenumwobenen Gegend, die Dichter und Romanciers wie James Hogg (der dichtende Schaf-

Wanderung 2: Über das Minchmoor von Traquair nach Yarrowford

Das Postamt in Yarrowford

hirte aus Ettrick), den Romantiker Wordsworth und nicht zuletzt Sir Walter Scott inspirierte, würde es gut passen, wenn dieser Graben seinen Namen dem schottischen Nationalhelden und Freiheitskämpfer des 13. Jh. William Wallace verdankte (s. S. 22). Eine Verbindung läßt sich jedoch nicht herstellen. Wahrscheinlich handelt es sich noch nicht einmal um eine militärische Anlage. Der Graben diente wohl dazu, die Benutzung von Old Drove Road und Minchmoor Road zu kontrollieren.

Hinter dem Graben wird der Weg undeutlicher und führt an einem *cairn* vorbei bergab auf eine **Steinmauer** (2.05 Std.) zu, über die eine Treppe führt. Man geht jedoch schon vor der Mauer rechts den Berg hinunter und überquert sie weiter unterhalb, in Richtung auf den Feldweg links vom Bach Gruntly Burn. Hinter einem Tor folgt man einem querverlaufenden Feldweg nach rechts abwärts, an den Häusern vorbei geht man bis zur **Hauptstraße** (2.50 Std.) und dort nach rechts.

Hinter dem Postamt von Yarrowford gelangt man an ein Schild ›Public Footpath to Innerleithen by Minchmoor‹. Dort biegt man nach rechts auf den breiten Feldweg ab, der an Garagen vorbeiführt. Man wendet sich nicht in den Wald, sondern läuft bergauf bis zu einem Zaun, überquert ihn und geht dann links weiter. Auf der anderen Seite der Wiese sieht man rechts unten den Hinweg.

Der Feldweg macht an einer Mauer einen Rechtsknick, dem man folgt. Hinter einem alten Gatter biegt der Weg wieder rechts ab. Man orientiert sich an einem links verlaufenden Zaun und gewinnt, immer noch in Sichtweite des Hinwegs, ständig an Höhe. Rechts am Weg findet sich ein kleiner Stein mit dem Hinweis auf **Wallace's Trench**, der hier die Minchmoor Road kreuzt (3.40 Std.). Am **Wegweiser** ›Yair/ Broadmeadow Hostel‹ biegt man links ab und erreicht so den Hinweg, der dann zum Ausgangspunkt zurückführt ($5^1/_2$ Std.).

AM WEGE

Traquair House aus dem 10. Jh. ist das älteste bewohnte Haus Schottlands und befindet sich seit über 500 Jahren im Besitz der heute dort lebenden Familie. Seit dem Jahr 1107 sollen dort 27 schottische und englische Könige eingekehrt sein. Nicht nur das Haus, sondern auch die umgebenden Ländereien und die Stadt Innerleithen gingen nach und nach in den Besitz der Herren von Traquair über. Wie die Parkanlage stehen die vielen Kunstschätze, die sich im Lauf der Jahrhunderte im Haus angesammelt haben (vor allem Glas, Wandteppiche und Stickereien aus dem 13. Jh. sowie Manuskripte), Besuchern gegen Gebühr zur Besichtigung offen. Eine besondere Attraktion ist das *Traquair Ale*, das nach einem geheimgehaltenen Rezept in der hauseigenen Brauerei hergestellt wird (Öffnungszeiten: April–Okt. tägl. 13.30–17.30 Uhr, Juli–Mitte Sept. 10.30–17.30 Uhr).

Traquair House

Das zentrale Tiefland

Die vier Regionen Lothian, Central, Fife und Tayside bilden das Kernstück Schottlands. Hier leben auf einem Sechstel der gesamten Fläche gut Dreiviertel der Bevölkerung, von durchschnittlich 133 bis zu teilweise 800 Menschen pro km^2.

Fischfang an den breiten Küstenstreifen, Ackerbau und Viehzucht auf den fruchtbaren Böden des überwiegend flachen Landes, Abbau von Bodenschätzen wie Kohle und Erz lockten viele Siedler. Da nicht für alle Platz war, wurde das Bleiberecht ausgekämpft: Römer gegen Kelten, Pikten gegen Römer, Skoten gegen Pikten, Wikinger gegen Skoten. Und jedes Volk hat seine Spuren hinterlassen.

In diesem Gebiet spielten sich auch die großen Machtkämpfe und Umwälzungen des Mittelalters und der Renaissance ab. Burgen, Abteien, Paläste und Herrenhäuser, aber auch Städte entstanden, in denen sich der Lebensstil sehr schnell den höfischen Sitten Englands bzw. den englischen Vorstellungen von Recht und Ordnung annäherte.

Das zentrale Tiefland bietet dem Wanderer große landschaftliche Abwechslung. Die Küste weist hier schon schroffe Konturen auf, die man eher im Hochland erwartet, hat aber auch weite Sandstrände, auf denen man kilometerweit laufen kann. Die sanften Hügel des Südens wandeln sich im Norden zu ›richtigen‹ Bergen und geben einen kleinen Vorgeschmack auf die Bergketten des Hochlands. Dazwischen liegen interessante Städte, umgeben von Moorland, Feldern und Wiesen, Wäldern, Flüssen und Tälern, und überall findet man Wanderwege, die einen abseits vom Trubel des schottischen Kernlands dessen Schönheit genießen lassen.

Blick auf Edinburgh

3

Natur, Architektur, Kultur – die schönen Seiten Edinburghs

Von Arthur's Seat über die Royal Mile zur Burg

Diese Wanderung führt zunächst auf der stadtzugewandten Seite auf Edinburghs ›Hausberg‹, Arthur's Seat, von dem aus eine wunderbare Sicht nicht nur auf die Stadt selbst und die Brücken über den Forth, sondern bei gutem Wetter bis auf ca. 70 km entfernte Bergketten möglich ist. Der Weg verläuft dann über die Royal Mile zur Burg hinauf, vorbei an vielen historisch bedeutsamen Gebäuden.

i

WEGVERLAUF: Holyrood House Palace – Salisbury Crags (40 Min.) – Arthur's Seat (40 Min.) – St Anthony's Chapel (25 Min.) – Anfang der Royal Mile (15 Min.) – Burg (40 Min.)

DAUER: ca. 3 Std. (reine Laufzeit)

LÄNGE: 8 km

SCHWIERIGKEITSGRAD: Es handelt sich um eine einfache Streckenwanderung, für die dennoch Sandalen nicht ratsam sind.

KARTE: Stadtplan Edinburgh

EINKEHRMÖGLICHKEITEN: Entlang der Royal Mile finden sich zahlreiche Restaurants, Cafés und Pubs.

DER SPAZIERGANG

Anfangspunkt der Wanderung ist der Parkplatz am Holyrood House Palace. Dieser Palast war ursprünglich das Gästehaus der um 1128 von König David gegründeten Abbey of Holyrood, wurde aber nach einer Erweiterung immer häufiger von den Monarchen als Residenz genutzt, weil die Burg nur sehr begrenzten Komfort bot. Außerdem hatte man hier sein Jagdrevier direkt vor der Palasttür. Hier wohnt auch die Queen, wenn sie in Schottland weilt (Öffnungs-

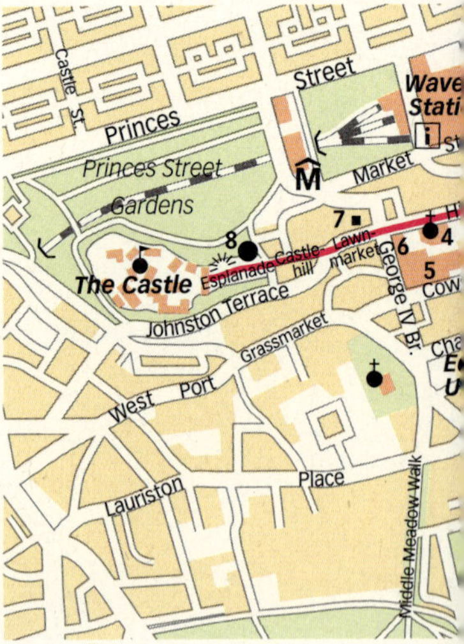

zeiten: April–Okt. Mo–Sa 9.30–17.15 Uhr, So 10.30–16.30 Uhr, Nov.–März Mo–Sa 9.30–15.45 Uhr. Bei Anwesenheit der Königin geschlossen).

Man entfernt sich vom Palast und gelangt über einige Stufen auf **The Radical Road** und weiter im Halbkreis stetig bergan auf die Salisbury Crags (40 Min.). Dieser Weg wurde schon 1820 von verarmten schottischen Webern angelegt, nachdem ein Komitee unter Leitung von Sir Walter Scott den alten Trampelpfad für eine weitere öffentliche Nutzung für unzureichend befunden hatte.

Bürgerprotesten ist es zu verdanken, daß die **Salisbury Crags** (vielleicht angelsächsisch für trockener/verwitterter Felsen) nicht dem Erdboden gleichgemacht wurden. Im Jahre 1646 hatten die Grafen von Haddington das erbliche Amt des Oberaufsehers im Park von Holyrood erhalten. Schon kurze Zeit später gaben sie die Salisbury Crags als Steinbruch frei – die Straßen von London wurden mit dem hier gebrochenen Material gepflastert. Der im großen Stil vorgenommene Abbruch setzte Anfang des 19. Jh. ein. Zwischen 1815 und 1819 trug man ca. 50000 t Felsen ab. Nach einem zwölf Jahre dauernden Prozeß stoppte dann das Oberhaus endgültig die weitere Ausbeutung des Felsens.

Man gelangt nun in eine Senke, von der aus **Arthur's Seat** einen schroffen Anblick bietet. Hier führt auf halber Höhe links ein steiler, z. T. mit Holzplanken stufenartig befestigter Pfad (insgesamt 92 Stufen) zum Gipfel des Arthur's Seat hinauf (1.20 Std.).

Warum Arthur's Seat diesen Namen trägt, weiß keiner so recht zu sagen. Er verdankt die Bezeichnung wohl der Artus-Manie des 15. Jh., ohne daß sich eine tatsächliche Verbindung zu dem Ritter der Tafelrunde herstellen ließe. Vielleicht war der Name ursprünglich *Ardna-Said*, die gälische Bezeichnung für *Height of Arrows* (Höhe der Pfeile) oder *Ard Thor* (Höhe des Donnergottes Thor).

Die Mühen des Aufstiegs werden durch den Blick auf die umliegende Berg- und Inselwelt, die eine Orientierungstafel erläutert, mehr als ausgeglichen. Hier oben fällt es nicht schwer,

Edinburgh: **1** Cannongate Tolbooth **2** John Knox's House **3** Tron Kirk **4** St Giles **5** Parliament House **6** The Heart of Midlothian **7** Lady Stair's House **8** Witches Well

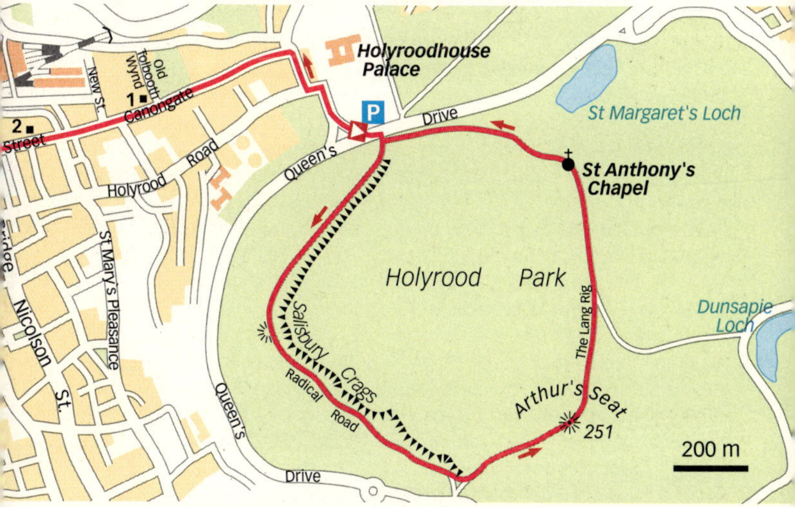

Blick vom Calton Hill auf die Burg

die strategische Bedeutung dieses nur 251 m hohen Hügels zu begreifen. Im 17. Jh. war ein Leuchtturm auf dem Gipfel Teil eines Warnsystems entlang der Küste bis North Berwick und St Abbs. In den beiden Weltkriegen postierte man auf dem Arthur's Seat Kanonen bzw. Luftabwehrwaffen. Auch in religiösen Zeremonien spielte der Ort eine bedeutende Rolle. Die heidnische Tradition des Maifests zur Sonnen- und Wasserverehrung wurde von einer Jugendorganisation der Church of Scotland in einen christlichen Gottesdienst verwandelt, zu dem sich am 1. Mai Hunderte meist junger Leute schon vor Sonnenaufgang auf dem Gipfel versammeln.

Wenn man sich umschaut, glaubt man kaum, daß noch vor 10000 Jahren die 259 ha des heutigen **Holyrood Park** von Eichenwald bedeckt waren, der allmählich der Besiedlung durch Menschen und der Nutzung als Acker- und Weideland weichen mußte. Seit 1979 wird das Areal nicht mehr als Schafweide genutzt und mittlerweile gibt es Anzeichen dafür, daß sich die Vegetation wieder regeneriert. Bäume können vor allem im Schutz des Ginsters heranwachsen.

Von Arthur's Seat aus sieht man, daß Edinburgh, wie Rom, auf sieben Hügeln erbaut ist, wenn diese auch insgesamt etwas bescheidener ausfallen als ihre römischen Gegenstücke. Dem nordwestlichen Nachbarhügel **Calton Hill** verdankt Edinburgh den Beinamen ›Athens of the North‹, wegen der dort im griechischen Stil erbauten, teils unvollendeten Gebäude. Vor allem das als Nachbildung des Parthenon gedachte National Monument (of the Napoleonic Wars) erinnert an die griechischen Vorbilder. Leider ging nach Errichtung der ersten zwölf Säulen das Geld aus.

Wie Calton Hill sind Arthur's Seat und der Burghügel vulkanischen Ursprungs. Vor ca. 325 Mio. Jahren ragte Arthur's Seat noch 420 m aus einer seichten Lagune auf und bedeckte eine Fläche von 6 bis 9 km Durchmesser. Nachdem der Vulkan erloschen war, sank er unter den Meeresspiegel und wurde erst durch zahlreiche Erdverschiebungen wieder an die Oberfläche gehoben. Als man zum goldenen Krönungsjubiläum Viktorias im Jahr 1887 hier oben ein

Freudenfeuer entzündete, sah es aus, als ob der Vulkan wieder ausgebrochen sei.

Der Abstieg erfolgt auf der stadtabgewandten Seite in Richtung der Ruinen von St Anthony's Chapel (1.45 Std.). Hier verläuft der Weg *(The Lang Rig)* sanfter absteigend, bietet auch nicht die Aussicht wie der Hinweg. Man sieht jedoch eine Vielfalt von Gräsern und Heidekrautarten, Moosen und Flechten. Auch einige exotische Pflanzen haben sich hierher verirrt, vielleicht aus benachbarten Gärten oder sogar aus dem Botanischen Garten. Nach einem rigorosen Kontrollprogramm sind Kaninchen selten geworden, dafür vermehren sich die Füchse, sehr zum Schaden der hier anzutreffenden gefiederten Arten, z. B. Fasane, Rebhühner, Sperber, Falken, und seit neuestem Eissturmvögel (neben den gewöhnlicheren Park- und Gartenvögeln).

Auch hier bewegt man sich auf historischem Boden. Reste von Wohnstätten aus frühgeschichtlicher Zeit, ein Wall aus der Eisenzeit und terrassenförmige Anbaugebiete aus der Bronzezeit wurden vor allem auf östlichen Hängen gefunden. Die Truppen des Bonnie Prince Charlie (s. S. 145) kampierten hier vor der Schlacht bei Prestonpans gegen die Engländer im September 1745.

St Anthony's Chapel stammt wohl aus dem 15. Jh. Die Namengebung legt die Vermutung nahe, daß die Kapelle zu einem Krankenhaus gehörte, in dem Wundrose – landläufig ›St Anthony's Fire‹ genannt – geheilt wurde. Von den Ruinen blickt man nach unten auf **St Margaret's Loch**, das im Jahr 1856 von Prinz Albert, dem Gemahl Königin Viktorias, künstlich angelegt wurde. Zu Ehren seiner Frau veranlaßte er auch den Bau der Straße, die den Park fast vollständig ringförmig einschließt und nach ihr Queen's Drive heißt. Oberhalb des St Margaret's Loch hält man sich links und geht Richtung Holyrood House.

Der weitere Weg folgt der **Royal Mile** (2 Std.), der Königlichen Meile, die schon im 12. Jh. durch die Gründungen der Abbey of Holyrood, der ersten High Kirk of St Giles und der Queen Margaret's Chapel auf dem Burgfelsen durch David II. skizziert worden war. Entlang dieser Achse mit den Straßenzügen Canongate, High Street, Lawnmarket und Castlehill spielte sich das mittelalterliche Leben Edinburghs ab.

Die Royal Mile beginnt am Holyrood House Palace und den Überresten der **Holyrood Abbey** am östlichen Ende der Canongate (Weg *gait* der Stiftsherren *canons*). Die Abtei und die sie umgebende Gemeinde Canongate unterstanden seit dem 12. Jh. Augustinermönchen, und man hatte bis 1636 eigenes Stadtrecht, wenn auch keine Stadtmauer. Hier war die Wohngegend der ›besseren Leute‹ und gleichzeitig von 1530 an der Zufluchtsort für säumige Schuldner, die vor dem Zugriff der Polizei auf das Gelände der Abtei flohen. Der letzte Schuldner lebte hier unbehelligt bis 1880. Die Abtei selbst wurde während der Revolution von 1688 stark be-

Straßenszene in Edinburgh

Restaurant auf der Royal Mile

schädigt und nie vollständig restauriert. Ein 1758 eingezogenes Dach stürzte zehn Jahre später wieder ein. Lediglich die Royal Vault, das königliche Gewölbe, wurde 1898 auf Geheiß Königin Viktorias instandgesetzt und beherbergt die sterblichen Reste von David II., Jakob II., Jakob V. und Lord Darnley, dem Mann Maria Stuarts.

Auf dem Weg zur Burg passiert man auf der rechten Seite das **Canongate Tolbooth** (an der Kreuzung mit Old Tolbooth Wynd) aus dem Jahr 1591, das bis zur Angliederung an Edinburgh im Jahr 1856 Sitz der Gemeindeverwaltung und Rechtsprechung der Gemeinde Canongate war. Schon auf der High Street liegt wiederum auf der rechten Seite **John Knox's House**, dessen älteste Teile aus dem Jahr 1490 stammen. Der streitbare Reformator John Knox soll hier gelebt haben, als er zwischen 1559 und 1572 als erster protestantischer Pfarrer in St Giles tätig war.

Man nähert sich nun der Burg. Castlehill ist geprägt von den hohen schmalen Häusern, die heute überwiegend liebevoll und kunstverständig restauriert worden sind. In früheren Jahrhunderten sah das anders aus. Die Angst vor englischen Überfällen, vor allem nach der vernichtend verlorenen Schlacht bei Flodden im Jahr 1513, ließ das Volk den Schutz der Stadtmauern rund um den Burgfelsen suchen. Da der Platz begrenzt war, baute man in die Höhe. Die schmalen fünf- und sechsgeschossigen Häuser *(lands)* unterhalb der Esplanade waren einst die höchsten Europas und genossen den Ruf von Wolkenkratzern. Manche dieser Gebäude sollen 14 Stockwerke erreicht haben. Die Gassen und Hinterhöfe *(wynds, closes)* wurden immer enger, die hygienischen Verhältnisse immer schlechter. Wer es sich leisten konnte, zog in die wohlhabende Nachbargemeinde Canongate um. Die meisten konnten das jedoch nicht. Im 18. Jh. drängten sich 50000 Menschen auf einem Gebiet von etwa 55 ha. ›Auld Reekie‹, Edinburghs damaliger Spitzname, spielt auf die vom Rauch der vielen Kamine verunreinigte Luft und geschwärzten Häuser an. Krankheit und Kriminalität breiteten sich aus. Unmittelbar am Anfang der Esplanade sieht man auf der rechten Seite einen eisernen Brunnen, **Witches Well**. Hier wurden zwischen 1479 und 1722 Hunderte von Hexen – oder wen man dafür hielt – verbrannt.

Für eine Besichtigung der **Burg**, die man nach ca. 3 Std. erreicht, sollte man genügend Zeit einplanen. Daß die Burg auf dem Castlehill jemals über den Rang einer unbedeutenden Festung hinauskam, ist Margaret, der Frau König Malcolms III., zu verdanken, die Edinburgh im 11. Jh. zur neuen Hauptstadt auserkor. Das älteste Gebäude auf dem Burggelände, die Kapelle, ließ David I. für seine Mutter Margaret im 12. Jh. errichten. Im Laufe der Jahrhunderte wurde das Bauwerk mehrfach erweitert: Bollwerke und neue Außenmauern, Quartiere für Soldaten und Pferde, Verliese und Waffenkammern entstanden. Allerdings wurde sie im Kampf um die Herrschaft über Schottland auch etliche Male zerstört. Ihre heutige Form erhielt die Festung im 14. und 15. Jh. Aus dieser Zeit stammt auch die Große Halle, in der Turniere ausgetragen und Feste gefeiert wurden. Außer den schottischen Kronjuwelen beherbergt die Burg ein Museum der schottischen Regimenter, ein nationales Kriegsdenkmal, die legendäre Kanone »Mons Meg« und einen kleinen

Friedhof für die Hunde von Soldaten (Öffnungszeiten: April–Sept. Mo–Sa 9.30–17.30 Uhr, So 11–17.50 Uhr, Okt.–März Mo–Sa 9.30–17 Uhr, So 12.30–16.20 Uhr).

Von der Esplanade und der Burg schweift der Blick in Richtung Firth of Forth über die **New Town**, die ab 1725 von dem damaligen Bürgermeister George Drummond »zur Schaffung neuen Wohnraums« geplant wurde. Der North Loch auf dem Gebiet der heutigen Princes Street Gardens sollte von einer Kloake in eine Verbindungsstraße nach Norden umgewandelt werden, wo es auf dem damals freien Feld genug Bauland gab. Erst 27 Jahre später wurden Drummonds Vorschläge veröffentlicht, und es dauerte noch weitere 14 Jahre, bis nach einem Wettbewerb für die Planung der New Town mit dem Bau begonnen werden konnte. Die schlichte und gleichzeitig großartige Anlage der neuen Stadt im Schachbrettmuster zwischen drei breiten parallel verlaufenden Straßen, deren mittlere in einem Park beginnt und endet, verrät das Zeitalter der Aufklärung. Die Namengebung war ein Tribut an die Vereinigung mit England im Jahr 1707 und die Hannover-Dynastie.

Fenster im John Knox's House

Nach zögerlichen Anfängen, mit Prämien für die ersten Bauherren, war es auch das Verdienst des Architekten Robert Adam, daß sich New Town zum Viertel der ›oberen Zehntausend‹ entwickelte. Der Stadtrat erließ Bauvorschriften, um Höhe und Fassaden der Häuser der schlichten Eleganz und Einheitlichkeit des Gesamtplans anzupassen. Anfang des 19. Jh. setzte *The Great Flitting* ein, der Umzug der Reichen in die neue Stadt. Die Altstadt verfiel, bis sie in den 60er Jahren wieder entdeckt wurde – von denen, die sich die restaurierten Häuser leisten können.

Edinburgh Castle

Stones and Bones

Schottland vor der Zeitenwende

Von den ersten Bewohnern schottischen Bodens ist nicht allzuviel bekannt, und was man weiß, hat man größtenteils aus Funden – d. h. Steinen und Gebeinen – abgeleitet. Die ersten Menschen kamen in der **mittleren Steinzeit** (Mesolithikum) zwischen 6500 und 4000 v. Chr. Sie waren nomadisierende Sammler, Jäger und Angler, die größtenteils den unbewaldeten Küstenstreifen bevölkerten. Sie lebten in Familien, bildeten aber keine größeren Gemeinschaften, was vermutlich durch ihr Nomadentum verhindert wurde. Sie haben der Nachwelt Stein- und Knochenwerkzeuge sowie Muschelschalenhaufen hinterlassen.

Loanhead Stone Circle, eine frühgeschichtliche Steinsetzung

In der **Jungsteinzeit** (Neolithikum) von 4000 bis 2000 v. Chr. kamen Siedler aus Irland, England und der Gegend um das Kaspische Meer. Von den Westlichen Inseln breiteten sie sich nach Osten und Norden aus und gründeten kleine Dorfgemeinschaften. Vorherrschender Haustyp waren Pfahlbauten, die sich für den feuchten oder seichten Untergrund eigneten. Ihre Seßhaftigkeit begünstigte Ackerbau und Viehzucht, doch trieben sie auch Handel. Funde von Steinwerkzeugen, Pfeil und Bogen, aber auch Schmuck und Bechern belegen, daß sie handwerklich geschickt waren und einen Sinn für das Schöne entwickelten. Steinhügelgräber legen die Vermutung nahe, daß ihre Religion einen Jenseitsglauben einschloß.
In der **Bronzezeit** (ca. 2000 bis 1000 v. Chr.) bildeten sich in den größeren Dorfgemeinschaften die ersten politischen

Die Pikten bauten Brochs, runde steinerne Wohntürme

Organisationsformen heraus. Funde von Metallwerkzeug, Schmuck und Keramik belegen die Weiterentwicklung handwerklicher Techniken. Steinzirkel, Menhire und Hügelgräber unterstreichen eindrucksvoll die Bedeutung von Religion und Totenverehrung. Die Besiedlung erfolgte vom Westen bis Loch Linnhe im Norden.

In den letzten 1000 Jahren vor der Zeitenwende, der **Eisenzeit**, erfuhr die Region einen großen Entwicklungsschub. Die *Kelten und Pikten*, die vorwiegend aus Frankreich und dem südlichen Europa nach Schottland kamen, waren Krieger, mit einer straffen Organisation in Großfamilien oder in Festungssiedlungen. Sie stießen von Westen her bis zum nördlichen Endpunkt des Great Glen, ungefähr dem heutigen Inverness, vor, wobei die *Britonen* im Südwesten siedelten und die *Pikten* im Nordosten. Durch Waldrodungen konnten sie ihr Siedlungsgebiet weiter ausdehnen als ihre Vorgänger. Ihre Priester, Druiden genannt, genossen neben den Kriegsfürsten das höchste Ansehen in der Gemeinschaft. Aus Münzfunden weiß man, daß Handel nicht mehr nur im Tausch gegen andere Güter stattfand. Eisenaxt, Pflug und Töpferscheibe waren gebräuchliche Werkzeuge geworden. Neben Pfahlbauten errichtete man Steinhäuser und, besonders in exponierten Lagen, auch Hügelfestungen und *Brochs*. Letztere waren runde steinerne Wohntürme, die um einen Innenhof gebaut wurden. Die mehrstöckigen Schlafkammern waren in die Außenmauern eingebaut und über Treppen zu erreichen. Der Innenhof diente als Versammlungsraum, bot aber im Notfall auch Platz für das Vieh. Mit den fensterlosen Außenmauern boten diese Brochs dem Gegner kaum Angriffsflächen.

4

Wo Scott und Stevenson in Begeisterung gerieten

Eine Wanderung in der Hügellandschaft der Pentlands

»Ich sah nie eine schönere Kulisse als die der Pentlands, wenn man bedenkt, daß sie weder felsig noch hoch aufragend sind.«

Mehr als die von Scott gelobte Schönheit schätzten Räuber und Viehtreiber die leichte Zugänglichkeit dieser eiszeitlich gerundeten Hügel aus 350 Mio. Jahre altem roten Sandstein.

Die Wanderung führt in das Naherholungsgebiet Edinburghs, eine Oase für Natur- und Wanderfreunde und sogar für Skifahrer, die an der Hillend Trockenskipiste auf ihre Kosten kommen. Sie streift einen Teil der 13 Reservoirs, die knapp ein Zehntel von Edinburghs täglichem Wasserbedarf von ca. 1,9 Mio. hl decken.

i

WEGVERLAUF: Flotterstone Inn – Fuß des Carnethy Hill (1 Std.) – Gipfel des Carnethy Hill (30 Min.) – Old Kirk Road (20 Min.) – The Howe (20 Min.) – Ende des Glencorse Reservoir (1 Std.) – Flotterstone Inn (20 Min.)

VARIANTE: The Howe – Threipmuir Reservoir (1 Std.) – Harlaw Reservoir (25 Min.) – Feldweg (35 Min.) – Glencorse Reservoir (30 Min.) – Flotterstone Inn (50 Min.)

DAUER: 3½ Std., Variante 5½ Std.

LÄNGE: ca. 10 km, Variante 17 km (Höhenunterschied ca. 370 m)

SCHWIERIGKEITSGRAD: Diese insgesamt mittelschwere Rundwanderung enthält einen recht steilen Aufstieg zum Gipfel des Carnethy (576 m). Der Untergrund – Feld- und Wanderwege, Gras- und Lehmuntergrund (teils recht feucht) und (un)asphaltierte Wege bietet keine Schwierigkeiten.

KARTE: OS 66

EINKEHRMÖGLICHKEITEN: Flotterstone Inn am Anfangs- und Endpunkt der Wanderung; The Howe – am Wochenende gibt es nachmittags Tee und Kuchen.

ANFAHRT: Von Edinburgh über die A 702 Richtung Biggar, ungefähr 4 km nach der Abzweigung der A 703 nach Penicuik liegt rechts an der A 702 das Flotterstone Inn (insgesamt ca. 13 km). Man fährt rechts am Gasthaus vorbei bis zum Parkplatz.

DER WANDERWEG

In diesem Gebiet wurden größere Flächen in Naturschutzgebiete (z. B. um das Threipmuir Reservoir) umgewandelt, in denen der einstige Reichtum der Flora und Fauna wiederhergestellt und Vögel angesiedelt werden sollen. Allerdings werden einige Hügel auch militärisch genutzt.

Vom Parkplatz aus geht man auf der asphaltierten Straße am *Pentland Hills Ranger Service, Countryside Information Centre* vorbei und nach ca. 150 m links durch ein Holztor auf einen Feldweg. Hier darf man nicht sofort links über die Holzbrücke gehen – der Weg endet an einer Mauer –, sondern man bleibt rechts vom Fluß Glencorse Burn und der Steinmauer. Der abknickenden Steinmauer nach links folgend gelangt man durch ein Holzschwingtor auf eine dahinterliegende Brücke (Schlamm!). Hier führt der Weg am Fluß entlang auf die erste Anhöhe. Man überquert einen kleinen Seitenarm des Flusses und steigt den Hügel hinauf (nicht dem Seitenarm folgen).

Auf den Hügelkuppen verläuft ein breiter Grasweg. Man überklettert einen Zaun und geht zwischen einer eingefallenen Steinmauer links und einem Zaun rechts hindurch, bis beide zusammenlaufen und ein weiterer Zaun scharf nach rechts abknickt. Rechter Hand muß ein *stile* überklettert werden, dann geht es geradeaus weiter den Berg hinauf, nicht der abknickenden Mauer nach.

Man läuft auf eine malerische Baumgruppe zu, die letzte mit Bäumen bewachsene Anhöhe auf dem Weg nach oben, und passiert sie auf der linken Seite. Dahinter führt nach rechts, d. h. Richtung Nord/Nordwest, eine Steinmauer den Berg hinunter zum Glencorse Reservoir und dem dahinterliegenden militärischen Schußfeld auf dem **Castlelaw Hill**. An seinen unteren Ausläufern hat man Gräben aus der Eisenzeit und Reste eines Forts aus zwei konzentrischen Wällen gefunden, das bis in die römische Zeit (2. Jh. n. Chr.) besetzt war. Die militärische Nutzung hat demnach Tradition.

Der Weg gabelt sich: geradeaus geht es auf den **Turnhouse Hill** und links auf ein flaches Zwischenstück unterhalb des Gipfels. Beide Wege treffen sich wieder auf der ›Rückseite‹ des Berges. Dort beginnt dann auch, hinter einer quer zum Pfad verlaufenden Stein-

Wanderung 4: In den Pentlands

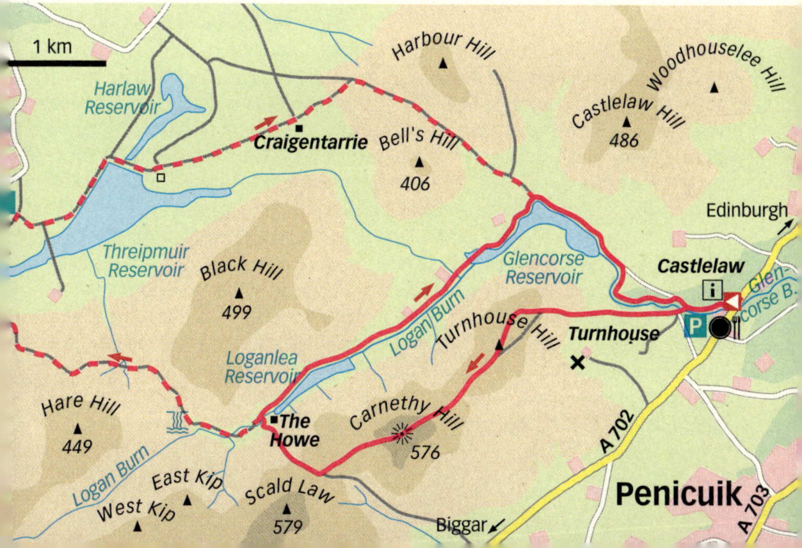

mauer, der nicht ganz so sanfte Anstieg auf den **Carnethy Hill** über zwei steile Geröllstrecken, die von einem flacheren Wegstück unterbrochen werden ($1^1/_2$ Std.). Der Blick aus 576 m Höhe entschädigt für diese etwas schweißtreibenden Mühen, denn bei guten Wetterverhältnissen sieht man im Osten North Berwick Law und Bass Rock. Der *cairn* auf dem Gipfel diente früher möglicherweise rituellen Handlungen der Sonnenverehrung.

Mit der Aussicht auf den 3 m höheren Scald Law beginnt der Abstieg. Nach ca. 20 Min. erreicht man einen querverlaufenden Feldweg, der rechts bergab führt. Man geht jedoch geradeaus über diesen Weg und die dahinterliegende Mauer hinweg und wendet sich erst dann nach rechts (1.50 Std.). auf die *Old Kirk Road to Penicuik*, die die Bauern von den entlegeneren Höfen jeden Sonntag auf dem Weg zur Kirche benutzten. Unterhalb liegt das Loganlea Reservoir, dahinter der Black Hill.

Unten führt der Weg links am Haus **The Howe** vorbei (2.10 Std.). Am Wochenende gibt es dort im Hof vor der Garage gegen geringes Entgelt Tee und Gebäck. Hier kann man sich für den weiteren Weg stärken, der entweder in ca. $1^1/_2$ Std. rechts auf dem breiten Weg zum Ausgangspunkt zurückführt, aber auch noch um ungefähr drei Stunden verlängert werden kann.

Wenn die Stärkung nicht für weitere Taten gereicht hat, wendet man sich nach rechts und folgt zunächst dem Ufer des **Loganlea Reservoir** und später in einem Rechtsknick dem **Glencorse Reservoir**, dessen südöstliches Ende man nach insgesamt etwa $3^1/_4$ Std. erreicht. Dieser Stausee, den ein Schild als ›Queen of the Reservoirs‹ bezeichnet, wurde 1822 erbaut und begrub die Ruinen der aus dem Jahre 1230 stammenden Kapelle St Katherine's in the Hopes (*hope* bedeutet im Schottischen soviel wie Einschnitt in den Bergen mit einem Bach) unter sich, welche die Mönche von Holyrood für Pentland-Reisende unterhielten.

Hinter dem Reservoir führt ein Holztor nach rechts auf einen Waldpfad. Am Fluß entlang, vorbei an einer Baumschule und einer Forellenzucht, mit Blick nach rechts auf die ›bewältigten‹ Höhen, geht man geradeaus durch zwei Schwingtore und gelangt zur Asphaltstraße. Nach ca. 350 m und gut $3^1/_2$ Std. ist das Informationsbüro und kurz danach der Parkplatz erreicht.

VARIANTE

Wer sich für die Variante ausreichend gestärkt fühlt, sollte sich bei **The Howe** nicht nach rechts wenden, sondern links über die Wiese am Fluß entlangschlendern, dann einen Seitenarm des Flusses, an einem Wasserfall auch den Fluß selbst überqueren und in Laufrichtung weiter über ein freies Feld auf eine Steinmauer zugehen, die man über einen *stile* überklettert.

Man befindet sich hier in einem breiten Tal zwischen dem Hare Hill und dem Black Hill, mit dem Scald Law im Rücken. Nach einiger Zeit trifft der Weg auf eine asphaltierte Straße und eine Kreuzung mit den Schildern ›Public Footpath to Nine Mile Burn and Carlops‹ und in die Richtung weisend, aus der man gekommen ist. ›To Penicuik, Colinton and Flotterstone‹. Hier wendet man sich nach rechts, bis man nach insgesamt 3.10 Std. zum riesigen **Threipmuir Reservoir** gelangt, das man an einer schmalen Stelle auf einer Brücke überquert. Auf der linken Seite der Brücke liegt ausgeschildert das ›Red Moss Nature Reserve. Area of Raised Bog‹ (Hochmoor).

Hinter der Brücke biegt man gegenüber dem kleinen Parkplatz rechts auf den Schotterweg ein und geht durch ein Schwingtor rechts auf einen am Wasser entlangführenden Feldweg. Man folgt dem Rechtsknick dort, wo über eine

Am Threipmuir Reservoir

Stufenmauer Wasser aus dem Reservoir abfließt. Links daran vorbei führt eine weiße Treppe auf den Feldweg zurück. Bei Niedrigwasser ist ein Ausweichen nach links nicht erforderlich.

Über eine weiße Metallbrücke und durch die Maueröffnung links gelangt man auf den Feldweg (3.35 Std.), dem man zwischen Harlaw Reservoir zur Linken und dem Threipmuir Reservoir hinter dem Wall zur Rechten folgt. Man kann auch über den kleinen Damm gehen. Man hält auf ein Tor und ein dahinterliegendes zerfallenes Haus geradeaus zu. Der Weg ist deutlich an Traktorspuren zu erkennen. Über mehrere Zäune hinweg geht man an einem weiteren Haus vorbei auf etwas sumpfigem Gelände weiter, nicht nach links auf den Feldweg. Man befindet sich jetzt auf der Höhe des Tales zwischen Black Hill und Bell's Hill.

Hinter einer Mauer gelangt man auf eine heidekrautbewachsene Fläche. Dem quer zur Gehrichtung verlaufenden Feldweg folgt man nach rechts bergan (4.10 Std.). Von hier sieht man schräg links hinter sich die großen Silos von Edinburgh am Firth of Forth, bei guter Sicht auch Stirling. Die umliegenden Hügel bilden ein schönes Panorama: rechts der Laufrichtung liegt der Black Hill, dahinter der Scald Law, links daneben der Carnethy. Nach vorn öffnet sich der Blick auf das **Glencorse Reservoir** mit einer Bauminsel (4.40 Std.).

Man folgt nun dem Verlauf des Tals. Hinter einer Weggabelung hält man sich leicht bergab und erreicht einen Wegweiser, der die Richtung des Hinwegs anzeigt: ›Public Path to Curry and Balerno‹ und im spitzen Winkel dazu links den Berg hinauf nach ›Colinton‹. Es geht aber weiter geradeaus auf die unterhalb verlaufende asphaltierte Straße zu, die am Reservoir entlang, wie oben beschrieben, zum Ausgangspunkt zurückführt ($5^1/_2$ Std.).

5

Ruinen, Inseln, Strand

An der Küste von Dirleton nach North Berwick

Die Wanderung führt von der Burgruine in Dirleton durch das Naturschutzgebiet Yellowcraig Plantation zum Strand. Mit Blick auf die vorgelagerten Inseln läuft man auf den Hafen in North Berwick zu. Nicht zu übersehen ist der Berg North Berwick Law, der ebenfalls einen Anstieg lohnt.

i

WEGVERLAUF: Parkplatz Dirleton Castle – Strand (30 Min.) – Lavagestein am Strand (1 Std.) – North Berwick Hafen (1 Std.)

DAUER: $2^1/_2$ Std.

LÄNGE: 6,5 km

SCHWIERIGKEITSGRAD: Diese einfache Streckenwanderung ohne nennenswerte Höhenunterschiede (selbst bei Besteigung des North Berwick Law mit 187 m) ist gut mit Kindern zu unternehmen, die gern am Strand entlanglaufen.

KARTE: OS 66

EINKEHRMÖGLICHKEITEN: Restaurants und Pubs in Dirleton und North Berwick.

AN- UND ABFAHRT: Von Edinburgh in östlicher Richtung über die A 1, dann auf die Küstenstraße A 198 Richtung North Berwick. In Dirleton parkt man auf dem Parkplatz an der Burg und nimmt für den Rückweg den Bus von North Berwick (ca. 32 km). Man kann auch zunächst bis North Berwick fahren und von der Church Road den Bus nach Dirleton nehmen (ca. 37 km). Regelmäßiger Bus- und Zugverkehr von Edinburgh nach North Berwick, Busverbindung nach Dirleton.

DER WANDERWEG

Die Wanderung beginnt in **Dirleton**, einem kleinen Dorf mit knapp 400 Einwohnern, einem Hotel, einem Pub, einem Golfplatz und den imposanten Überresten einer Burg aus dem 12. Jh., die im 13. Jh. in Stein erneuert und danach noch mehrfach umgebaut und erweitert wurde. Nach der Eroberung und Zerstörung durch Oliver Cromwell 1650 ließ man die Burg verfallen. Lediglich das aus dem 17. Jh. stammende Bowling Green wird heute noch genutzt (Öffnungszeiten: April–Sept. Mo–Sa 9.30–17.30 Uhr, So 14–19 Uhr, Okt.–März bis 16 Uhr).

Vom Parkplatz an der Burg geht man über die Wiese auf die im 17. Jh. erbaute Kirche zu. Von da geht es ca. 500 m auf einem nicht asphaltierten Weg geradeaus weiter, dann nach rechts. Die geradeausführenden Wege sind sehr überwachsen und enden oft in undurchdringlichem Gebüsch oder Nesseln. Nach ca. 200 m wendet man sich nach links, geht zwischen den Gebäuden eines Bauernhofs hindurch und dann rechts auf dem Feldweg weiter.

An der Kreuzung mit der Autostraße biegt man links ab und läuft bis zum Parkplatz der **Yellowcraig Plantation**. Die Autostraße verläuft ungefähr wie die alte *Ware Road* (*ware* = Seetang), auf der Bauern Seetang vom Strand zum Düngen ihrer Felder holten. Die Yellowcraig Plantation war schon 1855 auf Karten verzeichnet und wurde 1960 zum Naturschutzgebiet erklärt. Neben vielen Klee-, Farn-, Kletter- und Schlingpflanzen fallen besonders bunt blühende Blumen auf, vor allem Wickenarten und Orchideen. Die Bäume in der Pflanzung und deren Umgebung (Ahorn, Esche, Buche, Ulme, Föhre, Eiche und Lärche), die weiten Strände und die vorgelagerten Inseln bieten zahlreichen Vogelarten gute Brut- und Lebensbedingungen. Hier tummeln sich neben Spatzen, Spechten, Grasmücken und Seeschwalben auch typische Wasservögel wie Austernfischer, Seggenrohrsänger, Regenpfeifer und Tölpel.

Vom Parkplatz aus kann man entweder direkt geradeaus zum Strand gehen (links an der Pflanzung vorbei) oder dem markierten *Nature Trail* rechts an der Pflanzung entlang zum Strand folgen (30 Min.).

Am Strand angekommen wendet man sich nach rechts und hält sich am besten in der Nähe des Wassers, da auf feuchtem Untergrund das Laufen weniger anstrengend ist. An Fidra vorbei blickt man auf die Inseln Lamb und Craigleith und in einiger Entfernung dahinter auf die Isle of May und Bass Rock sowie den Berg North Berwick Law auf dem Festland. Auch die Häuser von North Berwick sind schon zu sehen.

Schon in der mittleren Steinzeit (7./6. Jh. v. Chr.) haben Menschen auf dem heutigen Strand gelebt, der damals allerdings noch höher und weiter landeinwärts lag, da der Wasserspiegel in den letzten 5000–6000 Jahren um ca. 10 m gesunken ist. Dichte Wälder machten einst ein Vordringen in das Hinterland nahezu unmöglich.

In Laufrichtung links am Wasser tauchen bräunliche Felsen auf, die aus vulkanischem Lavagestein bestehen (1½ Std.). Dieses Gestein dürfte noch älteren Ursprungs sein als der Yellow Craig-Vulkan, der vor ca. 350 Mio. Jahren –

Wanderung 5: Von Dirleton nach North Berwick

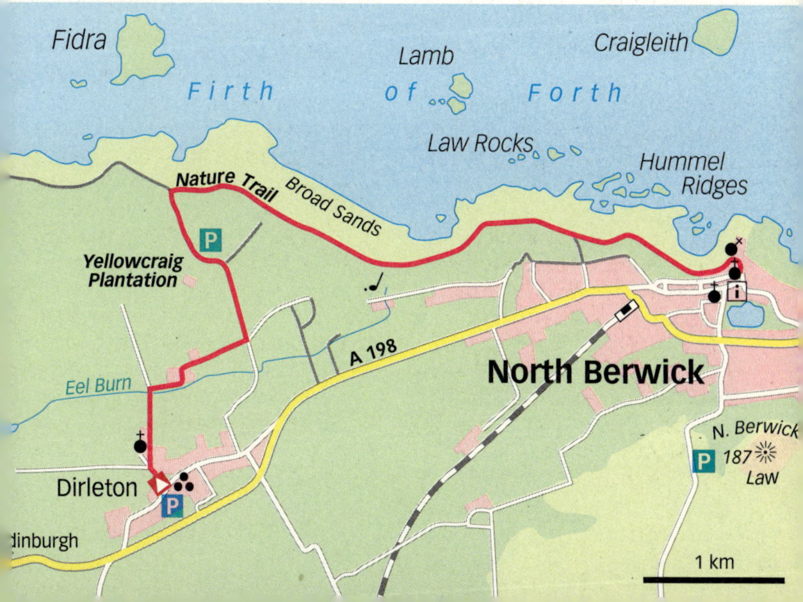

zur selben Zeit wie der Arthur's Seat-Vulkan in Edinburgh – ausbrach und nach dem dieses Gebiet benannt ist.

Man verläßt den Strand, wo die Hafenanlagen und die Straße keine andere Wahl lassen, und befindet sich in **North Berwick**, das bereits im 12. Jh. königliche Stadtrechte bekam (2$^1/_2$ Std.). Der heute winzig anmutende Hafen war lange Zeit sehr wichtig für den Handel mit Getreide, Kartoffeln und Guano. Mittlerweile sind die alten Silos in Wohnungen umgewandelt worden. North Berwick ist bei Golfern, Wassersportlern und Ornithologen sehr beliebt. Zu den 4500 Einwohnern gehören aber auch zahlreiche Pendler, die im ca. 40 km entfernten Edinburgh arbeiten, das mit dem Zug oder über die Autobahn gut erreichbar ist. Für diese neue Schicht werden zahlreiche Bauten zu Luxuswohnungen umgestaltet und neue Siedlungen geschaffen.

Unweit der Silos, oberhalb des Hafens, sind noch die Ruinen der ersten Kirche von North Berwick zu sehen, die aus dem 12.Jh. stammende **St Andrew's Church**. Hier sollen sich im Jahr 1590 unter Leitung des Grafen von Bothwell 200 Hexen versammelt haben, um mit Hilfe von Schwarzer Magie den Tod König Jakobs VI. von Schottland in einem Sturm herbeizuführen. Der Plan mißlang, wie die Geschichte zeigt, und Jakob regierte die beiden Königreiche Schottland und England ab 1603 in Personalunion. Mitte des 17. Jh. wurde die Kirche von Wind und Wellen zerstört und 1680 etwas landeinwärts durch eine neue ersetzt, die jedoch ebenfalls nur noch als Ruine besteht.

VARIANTEN

Das **Aberlady Bay Local Nature Reserve** südwestlich von Dirleton ca. 1,5 km außerhalb des gleichnamigen Orts gelegen, bietet dem Naturliebhaber eine Vielzahl von Wasservögeln und Pflanzen. Man kann die Wanderung auch hier beginnen und über den Strand bis North Berwick gehen. Sie verlängert

Blick auf North Berwick

North Berwick Law

sich dann auf insgesamt 11 km (ca. 4 Std.).

Tantallon Castle, auf drei Seiten vom Meer umgeben, liegt 4 km östlich von North Berwick, ist aber nicht über den Strand zu erreichen. (Ein militärisches Forschungslabor zwingt zum Aufstieg über die Dünen auf die Straße – zusätzlich $1^1/_2$ Stunden.) Schon vor 1300 auf den Karten verzeichnet, spielte die Burg ab dem 14. Jh. eine wichtige, wenn auch nicht immer rühmliche Rolle im Kampf Schottlands gegen englische Herrschaftsansprüche. Vor allem im 16. Jh. ließen sich einige Besitzer vom englischen Königshaus zum Hochverrat gegen den schottischen König bestechen. 1661 wurde Tantallon auf Befehl Oliver Cromwells belagert und eingenommen. Die Festung verlor ihre militärische Bedeutung, wurde aber seit dem 17. Jh. von den Bauern als Steinbruch für ihre Farmgebäude genutzt (Öffnungszeiten: April–Sept. Mo–Sa 9.30–19, So 14–19 Uhr, Okt.–März Mo, Di, Fr, Sa 9.30–16 Uhr, Mi, Do, So 14–16 Uhr).

North Berwick Law diente ebenfalls lange als Steinbruch. Unweit des 187 m hohen Gipfels befinden sich die Reste eines Ausgucks aus den Napoleonischen Kriegen und ein Unterstand aus dem Zweiten Weltkrieg. Die zwei riesigen zu einem Bogen zusammengestellten Walkieferknochen wurden zunächst im Jahr 1709, wohl als Handelstrophäe, auf dem Gipfel plaziert, mußten jedoch schon mehrfach durch neue ersetzt werden (zuletzt 1936). Ob sie eine tiefere Bewandtnis haben, ist ungeklärt. Alljährlich findet hier für zahlreiche Läuferinnen und Läufer recht unterschiedlicher Fitnessgrade das Law Race statt, das in ca. 15 Minuten vom Hafen bis zu diesen Knochen und zurück führt. Der Wanderer muß sicherlich ein wenig mehr Zeit einkalkulieren.

AM WEGE

In knapp 400 m Entfernung liegt im Firth of Forth die Insel **Fidra**, die Robert Louis Stevenson zu seinem Buch »Die Schatzinsel« inspiriert haben soll. Von North Berwick fahren Boote auf die

Kormorane

Insel, wo es heute neben Tausenden von Vögeln, einem unbemannten Leuchtturm und einem Sendeturm noch die Reste des ehemaligen Mönchsklosters Elbottle Monastery und der Kapelle des St Nicholas gibt. Sie existierten wohl schon, bevor die Zisterzienser im 12. Jh. nach Schottland kamen.

Ebenfalls der Küste vorgelagert ist die Insel Bass Rock, die wie North Berwick Law vulkanischen Ursprungs ist. **Bass Rock** ist heute ein Vogelparadies, in dem so unterschiedliche Arten wie Lumme, Tordalk, Kormoran, Papageientaucher (Puffin), Eidergans, Enten, Möwe und vor allem der Baßtölpel einträchtig nebeneinander leben – völlig ungestört von Menschen. Die 1542 zu Ehren des Einsiedlers St Baldred erbaute Kapelle ist nur noch eine Ruine, die Burg wurde, nachdem sie nicht mehr als Gefängnis diente, 1701 abgerissen, der Leuchtturm ist seit neuestem unbemannt, und das Boot umkreist die Insel nur, legt nicht an. Aber die ca. 100 m steil aufragende Insel zu umfahren, zumal wenn sie im Sonnenlicht weiß-silbern glänzt, ist auf jeden Fall ein Erlebnis.

Auf der gesamten Wanderung kann man erkennen, daß der Strand gefährdet ist. Witterungseinflüsse und der große Zustrom von Besuchern stellen eine ernsthafte Gefahr für die Dünen dar, die vom Wind landeinwärts getrieben, vom Wasser unterspült und ausgehöhlt und von Menschen zertreten werden. Die Bepflanzung mit Strandhafer und anderen Dünengräsern soll verhindern, daß sich das Unglück von 1612 wiederholt, als ein Sandsturm die Kirche und das Pfarrland von Gullane unter sich begrub und die Bewohner des Orts zwang, nach Dirleton umzusiedeln.

Tantallon Castle, im Hintergrund liegt Bass Rock

6

Architektur um die Zeitenwende

Abbey St Bathans und Edin's Hall Fort & Broch

Die Wanderung beginnt in dem etwas abseits gelegenen Tal um Abbey St Bathans, das schon seit mehr als 3000 Jahren besiedelt ist. Um die Zeitenwende entstanden Edin's Hall Fort & Broch, deren Besichtigung heute einen Einblick in frühere Lebensweisen ermöglicht. Auch landschaftlich bietet der Wegverlauf viel Abwechslung: Flüsse, Heide, Wald und Hügel.

WEGVERLAUF: Forellenzucht – ›Toot Corner‹ (10 Min.) – Edin's Hall Fort & Broch (25 Min.) – Hängebrücke (25 Min.) – Asphaltstraße (10 Min.) – Moorhouse (50 Min.) – alte Kutschenstraße (20 Min.) – Forellenzucht (10 Min.)

DAUER: $2^1/_2$ Std.

LÄNGE: 9 km

SCHWIERIGKEITSGRAD: Diese Rundwanderung weist nur geringe Höhenunterschiede auf, und auf Gras- und Waldboden sowie entlang einer Straße sind die Wege gut erkennbar und angenehm zu laufen.

KARTE: OS 67

EINKEHRMÖGLICHKEITEN: Café an der Forellenzucht

ANFAHRT: Von Edinburgh fährt man auf der A 1 zunächst in östlicher, dann in südöstlicher Richtung ca. 60 km bis Grantshouse. Dort nach rechts auf die A 6112 bis Preston (ca. 8 km), dann wieder rechts auf die B 6355. Nach gut 3 km fährt man nach rechts bis Abbey St Bathans. Busverbindung von Edinburgh über Eyemouth.

DER WANDERWEG

Die Wanderung beginnt am Parkplatz der Forellenzucht, genauer an dessen Ende. Westlich davon liegt die **Kirche**. An dieser Stelle stand schon im 7. Jh. ein Gotteshaus, das von Baithen, einem Cousin des hl. Columban von Iona, gegründet worden sein soll. Im 12. Jh. wurde hier dann vermutlich von Ada, der unehelichen Tochter König Wilhelms des Löwen, ein Zisterzienserkloster gegründet, das nach einer wechselvollen, nicht in allen Einzelheiten bekannten Geschichte schließlich während der Borders-Kämpfe im Zuge des *Rough Wooing* Heinrichs VIII. (s. S. 44) 1544 zerstört wurde. Daß es überhaupt solange existierte, verdankt es seiner Lage und der geringen politischen Bedeutung, denn den Status einer Abtei hatte es nur dem Namen nach.

Vom Parkplatz führt der Weg zunächst auf die Straße zurück, dann zum Fluß und wiederum auf die Straße bis zur sogenannten **›Toot Corner‹** (10

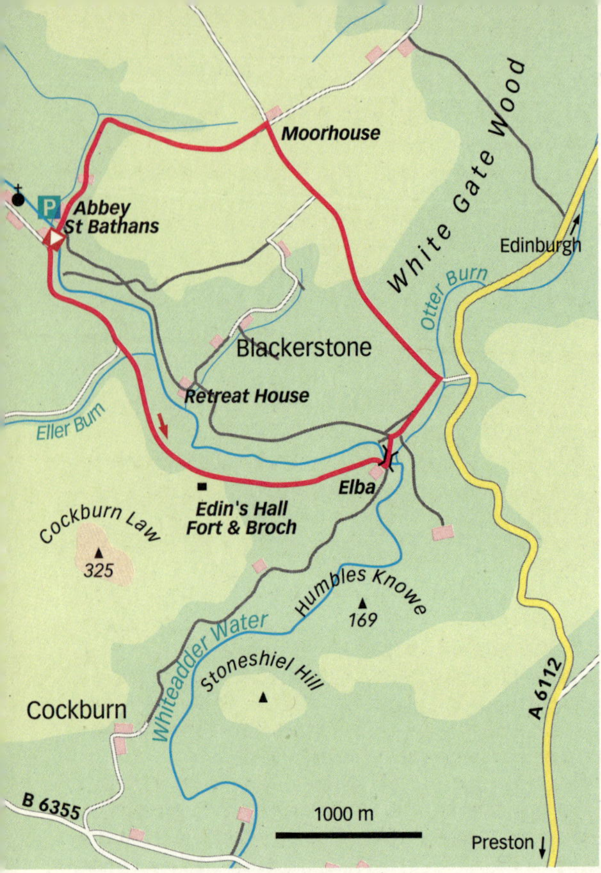

Wanderung 6:
Abbey St Bathans und Edin's Hall Fort & Broch

Min.), vielleicht so benannt, weil man in dieser scharfen Rechtskurve zur Vorsicht lieber hupen sollte. Dort geht man links durch ein Tor mit dem Schild ›Public Footpath‹ an einer Steinmauer entlang hinab in den Wald. Unten muß man den Fluß Eller Burn überqueren, was bei hohem Wasserstand etwas schwierig sein kann, weil es keine Brücke gibt. Auf der anderen Seite hält man sich rechts und geht bergan, folgt also in einiger Entfernung dem Fluß Whiteadder Water.

Die Umgebung von Abbey St Bathans war schon vor über 3000 Jahren besiedelt. Auf dem fruchtbaren Acker- und Weideland wuchsen ursprünglich Erlen und Eichenmischwälder, die später – wie anderswo auch – abgeholzt wurden. Verschont blieben die unwegsamen und agrarisch nicht nutzbaren Gebiete, z. B. entlang dem Whiteadder Water. Dort findet man heute noch über 10 % des ursprünglichen Waldbestands der gesamten Borders-Region. Auch an Flechtenarten und Pflanzen ist dieses Tal reich, zudem wurden hier 70 Vogelarten registriert.

In Laufrichtung erhebt sich vorn rechts der **Cockburn Law**, auf dem Grabfunde der sog. Beaker People gefunden wurden. Dieses Volk siedelte um 2000 v. Chr. in der Region und erhielt seinen Namen nach den Bechern, die es seinen Toten in die Gräber legte. In der Eisenzeit (ca. 500 v. Chr.) ließen sich hier Kelten aus Mitteleuropa nieder, ein kriegerisches, ständisch organisiertes Volk, das bereits Techniken der Eisenverarbeitung beherrschte.

Auf der anderen Seite des Flusses sieht man das **Retreat House**, das im ausgehenden 18. Jh. als Jagdhaus der Grafen von Wymss (gesprochen: Wiems) errichtet wurde. Der Weg führt rechts bergan auf einen baumbestandenen Hügel. An einem Gatter weist ein gelber Pfeil nach links, dem man folgt.

Auf der Hügelkuppe liegt **Edin's Hall Fort & Broch** (35 Min.). Das Fort wurde um die Zeitenwende erbaut und bestand aus einem 134 m langen und 73 m breiten, von einem doppelten Wall sowie Gräben umgebenen Oval. Edin's Hall Broch wurde vor Ende des 1. Jh. n. Chr. vermutlich von Pikten erbaut. Erstaunlich ist nicht nur die Größe dieses Brochs (s. S. 59) mit z. T. 22 m Durchmesser im Innenraum und gut 5 m dicken Mauern, sondern vor allem die Tatsache, daß er sich überhaupt hier befindet, da die Pikten ursprünglich weiter nördlich und nordwestlich siedelten.

Vermutlich entstand Edin's Hall Broch im Zusammenhang mit einem der piktischen Vorstöße, zu denen immer dann Gelegenheit bestand, wenn die Römer die Kelten besiegt und aus ihren Festungen vertrieben hatten. In der Nähe von Galashiels waren auf den Resten eines *hill fort* ebenfalls Brochs errichtet worden, deren Erbauer unbekannt sind. Vielleicht boten professionelle Broch-Bauer keltisch-britonischen Familien gegen Bezahlung ihre Dienste an. Im Jahre 140 n. Chr. wurden die Pikten von den auf dem Rückmarsch befindlichen Römern vertrieben. Allerdings findet man bei Edin's Hall Broch keine Anzeichen mutwilliger Zerstörung. Um den Broch finden sich noch Reste einer unbefestigten Siedlung, deren Herkunft und Entstehungszeit unbekannt sind.

Rätsel gibt auch der Name Edin auf. Einige führen ihn auf Woden/Odin (Wodan) zurück, andere auf den legendären Riesen Red Etin, der die Tochter des Königs Malcolm entführt haben soll, wieder andere auf Edwin, der von 616 bis 632 König von Northumbria war und viele erfolgreiche Vorstöße nach Norden unternahm, wo der Volksstamm der Votadini lebte.

Hinter dem Broch geht man recht nah am Abhang abwärts, passiert ein neues Eisenschwingtor und läuft zunächst rechts am Zaun, dann an einem

St Bathans, am Whiteadder Water

St Bathans

Waldstück entlang. Man muß eine Mauer über einen *stile* überqueren und rechts am Feldrand außerhalb des Waldstücks weitergehen. Man überklettert eine zweite Mauer über einen *stile* und geht geradeaus weiter.

Man nähert sich allmählich dem Fluß, bleibt aber auf halber Höhe, bis die Ginsterbüsche auf der linken Seite erreicht sind. Dort folgt man einem abwärts führenden steinigen Pfad. Man geht durch ein Holztor. Vor dem Haus Elba hält man sich links und überquert auf einer Hängebrücke den Fluß Whiteadder Water (1 Std.). Hinter der Brücke muß man zunächst ein kleines Stück am Fluß entlang zurückgehen und das kleine Flüßchen Otter Burn überqueren, bis man rechts an einen Feldweg kommt, dem man – links vom Otter Burn – hinauf folgt. Dann biegt man an einer Gabelung auf einen Feldweg rechts ein.

Der Weg führt durch den Kiefernwald White Gate Wood und trifft auf eine asphaltierte, wenig befahrene Straße mit breiten Seitenstreifen (1.10 Std.). Dort wendet man sich nach links. Nach etwa einer Dreiviertelstunde über offeneres Gelände zweigt nach links der Weg nach Blackerstone und Abbey St Bathans ab, den man aber ignoriert. Erst an der nächsten Kreuzung mit dem Moorhouse auf der rechten Seite und Straßenschildern folgt man dem Hinweis ›Public Footpath‹ nach links (2 Std.). Nach ca. 1 km macht der Weg einen scharfen Linksknick und geht dann in eine alte Kutschenstraße über, die dann zum Ausgangspunkt zurückführt ($2^1/_2$ Std.).

Es führt kein andrer Weg nach Norden

Stirling im zentralen Tiefland

Geologisch gesehen liegt die 30 000 Einwohner zählende Stadt Stirling an der *Highland Boundary Fault Line*, der Bruchlinie (s. S. 12), die das nordwestliche Hochland vom Tiefland trennt und der Landschaft um Stirling eine große Vielfalt beschert: Hügellandschaft im Nordosten (Ochils) und Südwesten (Fintry Hills und Campsie Fells), fruchtbares Acker- und Weideland in der Ebene, aber auch Heide und Moor auf feuchtem Gelände, Wald an den Hängen, die Flußregion des Forth, der serpentinenartig in großen Bögen durch die Ebene fließt. Es ist kaum vorstellbar, daß das gesamte Gebiet um den Forth einmal Marsch- und Sumpfland war, weil die Gezeiten den Wasserstand des unbefestigten Flusses veränderten und der Forth noch bis um das Jahr 1800 keinem eindeutigen Bett folgte.

Genau dieses Umland machte jedoch jahrhundertelang die strategische Bedeutung der Stadt aus, denn es führte – im wahrsten Sinn des Wortes – kein Weg an Stirling vorbei. Die einzige befestigte Nord-Süd-Verbindung verlief mitten durch die Stadt, und dort gab es auch landeinwärts die erste Brücke über den Forth, da weiter meerwärts das Mündungsgebiet zu weit und zu seicht war. Bis Stirling konnten mittelgroße Schiffe den Fluß hinauffahren, so daß der Ort vom 12. Jh. bis zum Zweiten Weltkrieg einen eigenen Hafen besaß, von dem aus auch international Handel betrieben wurde.

Strategisch wichtig war auch der Burgfelsen, der schon in prähistorischer Zeit besiedelt gewesen sein dürfte. Nur wer diesen 128 m hohen Felsen einnahm, konnte das Hinterland – und das bedeutete ganz Ost-Schottland – kontrollieren. So ist es verständlich, daß Stirling stets umkämpft war und auch zahlreiche Belagerungen überstehen mußte. Die Burg wechselte mehrfach, z. T. über Nacht, den Besitzer, wenn sie nicht vorher niedergebrannt worden war, um sie nicht den Feinden – vornehmlich den Engländern – in die Hände fallen zu lassen.

Stirling erhielt zu Beginn des 12. Jh. durch David I. das königliche Stadtrecht und erlebte einen stetigen wirtschaftlichen Aufstieg zur Marktstadt mit eigener Kaufmannsgilde (beide Rechte wurden 100 Jahre später von Alexander II. gewährt). Als Alexander III. 1283 ohne Erben starb, begannen Unruhen, denn in Schottland gab es drei ernsthafte Bewerber um den Thron: John Balliol, Robert Bruce und John Hastings. Aus Unsicherheit über die Rangfolge der Kandidaten beriefen die schottischen Adligen den englischen König Eduard I. zum Schiedsrichter. Eine kurzsichtige Entscheidung, denn noch vor der Wahl zwang dieser alle Kandidaten zum Lehnseid auf die englische Krone, wählte dann den schwachen Balliol zum König und erpreßte fortan von ihm ständig steigende Lehnsforderungen. Nach fünf Jahren verweigerte Balliol die Zahlungen und schloß mit Frankreich den ersten offiziellen Vertrag der sogenannten *Auld Alliance* (Alten Allianz) gegen England (s. S. 23). Darauf schien Eduard nur gewartet zu haben. Er marschierte nach Schottland ein und zog mit seinen Soldaten plündernd und mordend durch mehrere Städte. Balliol kapitulierte, ordnete sich und sein Reich dem englischen König unter und widerrief das Bündnis mit Frankreich. Damit herrschte praktisch Eduard I. über Schottland.

Bis 1371 kämpften die Schotten um ihre Unabhängigkeit. Im Verlauf der Auseinandersetzungen wurde Stirling Castle mehrfach von Schotten zerstört und von Engländern wiederaufgebaut. Die meisten Schotten verbinden mit diesem Kampf zwei Namen und zwei Schlachten: William Wallace, der im Jahre 1297 an der Brücke von Stirling gegen die Engländer kämpfte, und Robert I., The Bruce, der 1314 die schottischen Truppen bei Bannockburn anführte. In beiden Fällen siegten die Schotten gegen eine Übermacht der Engländer aufgrund ihrer besseren Kenntnis der örtlichen Gegebenheiten, vor allem des Sumpflands, das vielen in voller Rüstung zu Pferde kämpfenden Engländern zum Verhängnis wurde.

Zwischen beiden Schlachten lag die Niederlage von Wallace bei Falkirk. Durch den Verrat des pro-englischen Adligen Sir John Menteith *(fause Menteith)* wurde er sieben Jahre später an England ausgeliefert. Der anschließende, äußerst fragwürdige Prozeß trug erheblich dazu bei, seinen Ruf als Freiheitskämpfer zu stärken. Die Anklage lautete auf Hochverrat, obwohl Wallace nie den Gefolgseid auf Eduard geleistet hatte. Gelegenheit zur Verteidigung erhielt er nicht, das Urteil stand schon vor dem Prozeß fest. Wallace wurde gehängt, noch lebend abgenommen, durch London geschleift, verstümmelt, gevierteilt und dann geköpft. Sein Kopf wurde an der London Bridge aufgespießt, die vier Teile seines Körpers nach Newcastle, Berwick, Stirling und Perth geschickt und als Abschreckung zur Schau gestellt.

Stirlings goldenes Zeitalter fiel mit der Herrschaft der Stuart-Könige im 15. und 16. Jh. zusammen. Die eifrige Bautätigkeit von Adligen und Bürgern bezeugt den Reichtum, über den die Stadt als wichtiger Handelsplatz verfügte. Auch die Burg, wie sie heute zu sehen ist, stammt in weiten Teilen aus jener Zeit, in der sie nicht mehr vorrangig als Festung, sondern als königliche Residenz diente. Zwar entstanden die Esplanade, der Paradeplatz vor der Burg, und die daran angrenzende äußere Verteidigungsanlage erst in späteren Jahrhunderten, aber das Torhaus, die mittelalterliche Great Hall, der Palace im Renaissancestil und die Chapel Royal datieren aus der Zeit von 1503 bis 1594.

Der Marktplatz von Stirling

7

Geschichte auf Schritt und Tritt

Stirling Town Walk

Diese Wanderung führt durch Stirlings Altstadt, die fast unverändert den mittelalterlichen Straßenplan aufweist, da die räumliche Enge auf dem Burgfelsen eine Ausdehnung verhinderte. Am Wege liegen viele historisch bedeutsame Gebäude, die von der einstigen Größe Stirlings Zeugnis ablegen.

i

WEGVERLAUF: Dumbarton Road – King's Knot (15 Min.) – High School (10 Min.) – Lady's Rock (10 Min.) – Visitor Centre (10 Min.) – Argyll's Lodging (5 Min.) – King's Stable Inn (5 Min.) – Marktkreuz (10 Min.) – Mar's Wark (5 Min.) – Bowling Green (10 Min.) – Old High School (15 Min.) – Athenäum (10 Min.) – Ausgangspunkt (15 Min.)

DAUER: 2 Std.

LÄNGE: 7 km

SCHWIERIGKEITSGRAD: Ein einfacher Rundweg mit geringen Steigungen über Straßen; gelegentlich anstrengendes Gehen auf Kopfsteinpflaster

KARTE: Stirling Street Plan

EINKEHRMÖGLICHKEITEN: Cafés und Pubs am Wege

DER STADTSPAZIERGANG

Ausgangspunkt des Rundgangs ist die Dumbarton Road, in deren Umfeld es ausreichend Parkmöglichkeiten gibt. An der Kreuzung mit der Port Street ist der Standort des alten Stadttors (Barras Yett) durch eine Hinweistafel am Eckhaus und Markierungen auf der Straße gekennzeichnet. Hier wurden Aus- und Einfuhrsteuern erhoben, Kriminelle bestraft und Gliedmaßen von Hingerichteten zur Abschreckung aufgehängt, so z. B. das Bein des Grafen von Montrose, das eigens von Edinburgh nach Stirling gebracht worden war. 1770 trug man das Tor ab, um den Eingang in die Stadt verbreitern zu können.

Man folgt der Dumbarton Road in Richtung Burg, vorbei an den Statuen von Robert Burns und Rob Roy MacGregor – letztere gestiftet von seinem Ur-Ur-Ur-Urenkel – den Albert Halls und der Smith Art Gallery und erreicht **King's Knot**, volkstümlich *Cup and Saucer* (Tasse und Untertasse) genannt. Dieser entstand um 1630 als Teil einer Gartenanlage, ursprünglich in der Form eines Tisches mit umgebender Sitzbank. Assoziationen mit der Tafelrunde des König Artus bleiben da nicht aus, sind jedoch genauso unbegründet wie im Fall von Arthur's Seat in Edinburgh.

Man verläßt den Park durch den Ausgang auf der Burgseite bei den Häusern und folgt rechts dem an der Rückseite der Kunstgalerie des Museums verlaufenden Fußweg. Auf der Höhe des Bowling Green aus dem Jahr 1712 dem Pfad nach links hinauf zum Back Walk am Fuß der Burg folgen. Dieser reizvolle

Weg entstand 1723 und führt von Lady's Rock bis zum Wachturm, unweit des Ausgangspunkts dieses Rundgangs.

Man befindet sich nun auf der Höhe der Old High School in der Academy Road, die Mitte des 19. Jh. auf dem Gelände des ehemaligen Greyfriars-Klosters und späteren Schlachthofes errichtet wurde. Man wendet sich nach links und geht an den hohen Mauern des Militärgefängnisses vorbei, bis rechts eine Öffnung in der Mauer den Blick auf die Guildhall und die Church of the Holy Rude freigibt.

Die **Church of the Holy Rude** stammt aus dem Jahr 1456, aber erst die Restaurierung der Jahre 1936–40 vollendete mit dem Bau des Querschiffs den ursprünglich mittelalterlichen Plan der Kirche. Gleichzeitig wurde die Mauer entfernt, die seit dem Jahr 1656 die Kirche in zwei Hälften teilte. Bei der Krönung Jakobs VI. 1567 hielt John Knox hier die Predigt. Fast einzigartig in Schottland ist die mittelalterliche Holzdecke, deren unverkleidete Balkenkonstruktion in der Mitte der Kirche erhalten ist.

Das Zunfthaus, **Guildhall** oder Cowane's Hospital genannt, schließt sich im Südosten an die Kirche an. Aus der Hinterlassenschaft des reichen Kaufmanns Cowane hatte man zwischen 1634 und 1639 im schottischen Renaissancestil das Zunfthaus für verarmte Mitglieder der Kaufmannsgilde erbaut. Seit dem 18. Jh. diente es als Treffpunkt der Gilde. Der Stifter ist in einer Statue im Turm über dem Eingang verewigt.

Man folgt dem Back Walk weiter bis zum Aufgang zum **Lady's Rock**, von wo die Damen des Hofes einst Ritterkämpfen zusahen. Hier bietet sich ein weiter Blick auf das Umland, den Friedhof, die Burg und Teile der Altstadt. An dieser Stelle kann man entweder weiter auf dem Back Walk um die Burg herumgehen und dort, wo der Back Walk in eine asphaltierte Straße übergeht, dieser nach rechts auf die Esplanade folgen oder direkt über den Friedhof die Esplanade erreichen.

Stirling Castle wirkt wie eine Miniatur-Ausgabe von Edinburgh Castle. Ursprünglich war nur der höchste Teil des Felsens bebaut. Innerhalb einer massiven Mauer mit Ecktürmen und einem zentralen doppeltürmigen Torhaus liegen die großartigen königlichen Bauten, die die Bedeutung Stirlings im späten Mittelalter bezeugen: der Palast, die Große Halle und die Königliche

Stirling: 1 Old High School **2** Church of the Holy Rude **3** Guildhall **4** Lady's Rock **5** Grammar School **6** Argyll's Lodging **7** Mar's Wark **8** Tolbooth **9** Marktkreuz **10** Stadthaus der Familie Cowane **11** Norris House **12** Monument **13** Athenäum

Kapelle. Diese Gebäude stammen aus dem 16. Jh. und zeigen den Einfluß der Renaissance auf die schottische Architektur. Bis zum 18. Jh. wurden die Befestigungs- und Verteidigungsanlagen ständig erweitert, allerdings mehr aus strategischen denn aus ästhetischen Erwägungen. Seit 1958 dient die Burg nicht mehr als Kaserne. Einige nachträgliche Erweiterungen wurden mittlerweile wieder entfernt, um den ursprünglichen Plan besser zur Geltung zu bringen (Öffnungszeiten: April–Sept. Mo–Sa 9.30–17.30 Uhr, So 10.30–17.30 Uhr, Okt.–März, Mo–Sa 9.30–16.30 Uhr, So 12.30–16.30 Uhr).

Am östlichen Ende der Esplanade steht das Mahnmal für religiös Verfolgte (Martyr's Pyramid), nicht weit dahinter das Portcullis Hotel, das ehemals eine Grammar School beherbergte. Sie ersetzte 1783 das alte Schulhaus, das seit dem 15. Jh. existierte und in dem nur Latein gesprochen werden durfte – gegen so hohes Schulgeld, daß nur die Kinder reicherer Familien sie auch nach dem zehnten Lebensjahr noch besuchen konnten.

Links am Hotel vorbei führt der Weg fast unmittelbar auf die Jugendherberge zu. Das ehemalige **Argyll's Lodging** stammt ursprünglich aus dem 16. Jh., wurde aber mehrfach erweitert. Es gilt als schönstes erhaltenes Stadthaus im Renaissancestil in Schottland. Nach 150 Jahren als Armeehospital wurde der Bau 1950 in eine Jugendherberge umgewandelt, blieb aber im königlichen Besitz.

Wenn man hier dem Castle Wynd bergab folgt, sieht man wenig später auf der rechten Seite **Mar's Wark**, ein 1572 im französischen Renaissancestil erbauter, nie vollendeter Palast der Grafen von Mar. Ab 1715 wurde der Bau als Kaserne, später als Armen- und Arbeitshaus genutzt, was ihm den Namen ›Wark‹ *(work)* eintrug. Nach der Bombardierung während der Jakobiter-Rebellion 1745/46 war das Gebäude un-

Mar's Wark

bewohnbar. Die Ruine entging wohl nur der völligen Zerstörung, weil sie den Marktplatz gegen die oft heftigen Westwinde schützte.

Folgt man hier der Broad Street (früher Market Street), erreicht man das **Rathaus** *(Tolbooth)*, in dem auch das Stadtgefängnis untergebracht war. Es wurde in seiner heutigen Form mit Glockenturm und Wetterhahn 1705 erbaut und ersetzte ein altes, baufälliges Gebäude. Nicht weit entfernt steht das **Marktkreuz** *(Mercat Cross)*, das 1792 dem ›wachsenden Verkehr‹ weichen mußte, jedoch 1891 wieder errichtet wurde. Nur das steinerne Einhorn, ›Puggy‹ genannt, mit dem königlichen Wappen und dem Halsband des *Order of the Thistle* stammt noch vom Original.

Am Ende der Broad Street lohnt sich ein kleiner Abstecher. Man biegt links in St Mary's Wynd ein, auf der sich ehemals das einzige Stadttor nach Nordosten zur alten Stirling-Brücke befand, und gelangt zum Abzweig der King Stables Lane, ebenfalls linker Hand, wo König Karl I. bei einem Besuch in Argyll's Lodging seine Pferde eingestellt haben soll. Das **King's Stable Inn** rühmt sich, das älteste Gasthaus in Schottland zu sein. Daneben steht die Ruine des einst prächtigen Stadthauses der Cowane-Familie.

Man geht zurück zum Rathaus an der Broad Street, dem gegenüber **Norrie's House** liegt, ein gut erhaltenes Stadthaus aus dem 17. Jh. Gegenüber führt die Jail Wynd, auf der bis 1843 der Galgen für öffentliche Hinrichtungen stand, auf die St John Street. Man sieht die Befestigungen des Militärgefängnisses und die Erskine Marykirk mit dem 1859 errichteten **Monument** für Ebenezer Erskine, einem gegen die offizielle Kirche opponierenden Geistlichen, der hier begraben liegt. An der Old High School und Verwaltungsgebäuden vorbei läuft die Straße auf eine Kreuzung zu, in deren spitzem Winkel das **Athenäum** steht, ursprünglich ein Lesesaal, in dem heute Büroräume untergebracht sind. Dort geht man rechts in die Corn Exchange Road und an der im schottischen Renaissancestil errichteten Bücherei vorbei zum Ausgangspunkt zurück. Von der Corn Exchange Road kann man rechts den Anfang des Back Walk mit dem Wachturm sehen.

AM WEGE

In **Cambuskenneth Abbey** im Westen der Stadt, gegründet von David I. im Jahr 1147, fand im Jahr 1326 ein denkwürdiges Ereignis statt. Zum ersten Mal tagte hier ein Parlament, dem auch Nicht-Adlige angehörten. Vom ersten Bauwerk steht nur noch der nach italienischem Vorbild errichtete Campanile, der allerdings fast völlig restauriert wurde. Ansonsten ist nur noch das rekonstruierte Fundament zu sehen. Der Sarkophag Jakobs III. steht heute auf dem Platz des ehemaligen Hochaltars.

Über die neue Stirling-Brücke führt die Straße zur **Universität** auf dem Airthrey Estate. Im Jahr 1964 begann der Bau, 1967 konnten die ersten 150 Studenten ihr Studium aufnehmen.

Auf dem Abbey Craig steht das 70 m hohe und weithin sichtbare Wallace Monument. Der Turm wurde zu Ehren von Schottlands größtem Freiheitskämpfer William Wallace (1267–1305) mit Hilfe von Spenden erbaut und im Jahr 1869 eröffnet. 246 Stufen führen auf die oberste Plattform, von der sich eine herrliche Aussicht bietet. Eine audio-visuelle Darbietung erinnert an wichtige Ereignisse im Leben des Helden.

Blick auf Stirling Castle

8

Stirling und Umgebung von oben

Eine Wanderung auf den Dumyat

Vom malerischen Ort Blairlogie aus führt die Wanderung um den Hügel Castle Law herum, wo noch Überreste einer Befestigungsanlage zu erkennen sind, auf den Dumyat (gesprochen Da-mei-at). Von oben genießt man den Blick auf Stirling, die Flußlandschaft des Forth und die runden Kuppen der Ochils.

i

WEGVERLAUF: Square in Blairlogie – Zaun (20 Min.) – Fuß des Dumyat (35 Min.) – Gipfel des Dumyat (35 Min.) – Straße (40 Min.) – A 91 (30 Min.) – Square (20 Min.)

DAUER: 3 Std.

LÄNGE: 8,5 km (ca. 250 m Höhenunterschied)

SCHWIERIGKEITSGRAD: Diese Wanderung auf Gras-, Torf- und Lehmuntergrund, gelegentlich auch über Felsen bietet keine größeren Schwierigkeiten.

KARTE: OS Pathfinder NS 89/99

EINKEHRMÖGLICHKEITEN: keine

ANFAHRT: Von Stirling fährt man auf der A 9 nach Norden bis zur Abzweigung der A 91 nach Alloa (ca. 4 km). Auf dieser Straße gelangt man nach Blairlogie, biegt am Schild ›The Square‹ nach links in die Sackgasse ein und sucht dort einen Parkplatz am Straßenrand. Es besteht eine Busverbindung zwischen Stirling und der Universität sowie zwischen Stirling und Blairlogie.

DER WANDERWEG

Ausgangspunkt der Wanderung ist das kleine Dorf **Blairlogie**, das im Schutz von Blairlogie Castle (1546 begonnen) zwischen 1750 und 1900 entstand. Berühmtheit als Kurort besonders für Lungenkranke erlangte der Ort wegen seiner Ziegenmilch, die im Unterschied zu Kuhmilch und aus ihr hergestellten Produkten keine Tuberkelbakterien enthält.

Vom Square aus wendet man sich nach rechts auf einen Feldweg, passiert ein Gatter durch ein Holzschwingtor und folgt sofort im spitzen Winkel links einem Zaun (20 Min.) den Hang hinauf bis zu einer Art Mulde. Es geht weiter links, an den Gärten entlang, aufwärts. Nach der Überquerung eines Flüßchens in einer kleinen Senke muß man den Pfad auf halber Höhe nehmen, da der unterhalb gelegene Weg nicht weiterführt. Es geht auf den recht steil ansteigenden Hügel hinauf bis kurz vor einen querverlaufenden Zaun, an dem man das Rinnsal noch einmal nach rechts überquert.

Der Weg führt über flacheres Gelände bis zum nächsten steileren Anstieg auf den ersten Felsen, der in ein quer zur Laufrichtung verlaufendes Tal abfällt.

Man folgt dem Tal nach links. Kurz bevor es an einem Hang ausläuft, wendet man sich nach rechts auf den nächsten Felsvorsprung. Hinter uns liegt die **Universität** von Stirling, mehrere Flachdachbauten, die um einen See angelegt und mit einer Brücke verbunden sind. Voraus sieht man jetzt rechter Hand den Forth. Man erkennt auch die im Sonnenlicht silbern scheinenden Dächer der Whisky-Lagerhäuser, in denen das Getränk unter Zollverschluß gelagert wird. Der Weg ist nur undeutlich erkennbar. Man hält etwas rechts auf die Anhöhe und nicht geradeaus auf die steile Einbuchtung zu. Oben erscheint der Weg wieder deutlicher und führt auf die nächste Anhöhe.

Man befindet sich nun auf halber Höhe des **Castle Law**, dem eigentlich der Name Dumyat gebührt. Denn der Name ist wohl von *Dun Myat* abgeleitet, was soviel bedeutet wie Festung der Maeaten, ein in der ausgehenden Eisenzeit dort ansässiger Stamm. Und Befestigungsanlagen (z. B. Mauern an der westlichen, nicht durch schroffe Felsen geschützten Seite), deren überwachsene Überreste man heute kaum noch erkennen kann, befinden sich auf dem Castle Law, nicht auf dem Dumyat.

Zur Überwindung der Felsen, die einstmals den Maeaten Schutz boten, muß man auch auf halber Höhe gelegentlich schon die Hände zu Hilfe nehmen. Der Weg ist deutlich erkennbar und führt in nördlicher Richtung um den Berg herum. In Laufrichtung erkennt man oben auf dem nächsten Gipfel, dem Dumyat, einen eisernen Korb.

Der Weg folgt dem Talverlauf und gabelt sich kurz vor dessen Ende. Hier geht man nicht geradeaus weiter, sondern nach rechts, wo man Felsen und Geröll sieht. Der Pfad ist wieder nur undeutlich in der Graslandschaft zu erkennen. Man läuft rechts unterhalb des Gipfels des Dumyat, um ihn dann an geeigneter Stelle von der östlichen Seite zu besteigen.

Der 418 m hohe Gipfel des **Dumyat** ist plateauförmig ($1^1/_2$ Std.). Man liest auf der Inschrift, daß der eiserne Korb an das Silberne Thronjubiläum von Königin Elisabeth II. im Jahr 1977 erinnern soll, doch wird er meistens als Abfalleimer benutzt. Nicht weit davon entfernt befindet sich auf einem Felsen eine wappenförmige Plakette, die Nachbildung eines Regimentsabzeichens, zum Gedenken an das siebte Hochland-Bataillon von Argyll und

Wanderung 8: Auf den Dumyat

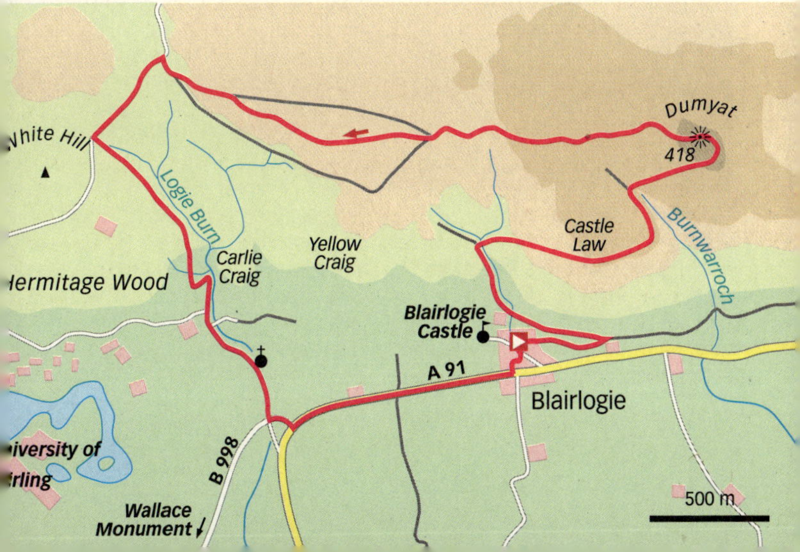

Blick auf die Ochil Hills

Sutherland, das im Jahr 1967 aufgelöst wurde.

An der Plakette vorbei führt der Weg nun auf einem sehr breiten Trampelpfad nach unten. Man befindet sich jetzt auf der eigentlichen Ausflugsroute auf den Dumyat, die man nur in den seltensten Fällen für sich allein hat. An einem stets sehr nassen Torfstück an einem Zaun benutzt man einen Ausweichpfad nach rechts und gelangt über einen *stile* auf die andere Seite. An der Dreifachgabelung wählt man den mittleren Weg über den Hügel und geht

bis zu einem Zaun vor einer Straße (2.10 Std.).

Von jetzt an geht es immer nach links. Man folgt der Straße nach links hinab bis zum Abzweig einer kleineren Straße, der man wiederum nach links folgt. Kurz hinter der Logie Parish Church auf der linken Seite muß man an der Kreuzung nach links und dann wieder links auf die A91 abbiegen (2.40 Std.). Auf dem Bürgersteig gelangt man zum Wegweiser ›The Square‹, dem man wieder nach links bis zum Auto folgt (3 Std.).

9 Enge Schluchten und weite Landschaft

Vom Dollar Glen in die Ochils

Die Wanderung führt mitten in die Ochils, durch zwei ihrer Täler (oder *glens*). Der Name Ochils ist vom keltischen Wort *Uche* abgeleitet und bedeutet hoher Grund. Direkt am Anfang der Wanderung gelangt man zu Castle Campbell, einer wunderbar in die Landschaft eingepaßten Burg der früheren Grafen von Argyll, heute eine imposante Ruine, die gegen Eintrittsgeld besichtigt werden kann. Am Ende der Bergwanderung erinnert die Clock Mill in Tillicoultry (gesprochen Tillikutri) an die anfänglich harten Zeiten der Wollindustrie. Dazwischen liegen etliche Kilometer ungetrübter Naturfreude.

i

WEGVERLAUF: Parkplatz – Burg (20 Min.) – Zusammenfluß der zwei Bäche (1.50 Std.) – Zaun (15 Min.) – Bank ($1^3/_4$ Std.) – A 91 (10 Min.) – Abzweig auf Schotterweg (20 Min.) – Parkplatz (50 Min.)

DAUER: $5^1/_2$ Std.

LÄNGE: 15 km

SCHWIERIGKEITSGRAD: Die Anstiege dieser Rundwanderung sind nicht besonders schwierig, allerdings ist die Bodenbeschaffenheit (Stein, Geröll, Lehm, Gras, vor allem aber der sehr unebene, überwiegend feuchte Moorboden) einem bequemen, zügigen Gehen nicht sehr zuträglich. Wenn man von Tillicoultry den Bus zurück nimmt, spart man jedoch eine gute Stunde Wanderzeit.

KARTE: OS Pathfinder 371 (NN 80/90 und NS 89/99)

EINKEHRMÖGLICHKEITEN: in Dollar und Tillicoultry

ANFAHRT: Man fährt auf der A 91 von Stirling in östlicher Richtung nach Dollar und folgt dort den Schildern ›Castle‹. An der Straße befindet sich rechts ein Parkplatz gegenüber dem Hinweisschild, das den Weg zur eine Meile entfernten Burg anzeigt (insgesamt ca. 20 km). Busverbindung zwischen Stirling und Dollar.

DER WANDERWEG

Man folgt dem Hinweisschild zur Burg auf der gegenüberliegenden Straßenseite. Nach gut 100 m zweigt links ein Weg ab, der rechts vom Fluß Dollar Burn hinauf zur Burg führt. Linker Hand liegt ein Golfplatz, unten am Fluß eine Picknickanlage. Man bleibt auf dem oberen, etwas steilen und bei feuchtem Wetter rutschigen Weg, da die nach links zum Fluß abzweigenden Pfade entweder wieder in den Hauptweg einmünden oder am Fluß enden. An einer dieser Gabelungen findet sich ein Hinweisschild auf Castle Campbell, auch eine Warnung, daß der Weg rutschig sein kann.

Der obere, recht steinige Weg führt über eine Holzbrücke an einem Wasserfall entlang. An der Weggabelung geht es links zu einem Aussichtspunkt, von dem man sehen kann, wie sich der Fluß über Felsen in kleinen Wasserfällen ergießt. Über den rechten Pfad gelangt man auf den Hügel. Unterbrochen von kurzen flacheren Zwischenstücken steigt der Weg kontinuierlich an, teils mit Holzplanken befestigt und mit Geländern gesichert.

An der nächsten Weggabelung befindet sich wieder ein Hinweisschild: rechts am Burn of Care, links am Burn of Sorrow entlang hinauf zur Burg. Der rechte Pfad führt zunächst über Holzplanken am Fluß entlang, später über den Fluß und eine Steintreppe zur Burg.

Der linke Weg ist jedoch wesentlich reizvoller. Auf einer Holzbrücke überquert man den Fluß und genießt von dort den Blick auf den in Wasserfällen herabfließenden **Dollar Burn** und die Schluchten. Man folgt der engen Schlucht des **Burn of Sorrow** auf Holzplankenbefestigungen und über eine lange Brücke in einem scharfen Rechtsknick. Die Felsen sind mit Moos und Flechten überzogen. Selbst im Hochsommer ist es hier kühl und dunkel. An der nächsten Gabelung wendet man sich nach links und geht über die Treppenstufen nach oben, da der andere Pfad bald endet. Außerhalb der Schlucht gabelt sich der Weg erneut. Man geht nach rechts auf die Anhöhe und gelangt auf die asphaltierte Straße, die vom Parkplatz herauf und nach rechts über den Burghof führt (20 Min.).

Castle Campbell (Öffnungszeiten: April–Sept. 9.30–19 Uhr, So 14–19 Uhr, Okt.–März bis 16 Uhr, Do vormittags u. Fr geschlossen) wurde im Jahr 1654

Burn of Sorrow

vermutlich von den Truppen General Monks während der Cromwell-Feldzüge zerstört. Der älteste Teil der Burg, das Turmhaus, stammt aus dem 15.Jh. In den beiden folgenden Jahrhunderten entstanden der Wohnbereich im Süden der Anlage, die Verbindungsbauten und -mauern sowie der Garten. Vermutlich wurde die Erhebung, auf welcher der Turm steht, künstlich aufgeschüttet, wie es in normannischer Zeit für den Typ des *motte and bailey castle* (Hügel- und Hofburg) üblich war. Da man zu jener Zeit vorwiegend aus Holz baute, blieb von diesem früheren Bau nichts erhalten. 1490 wurde die Burg auf Antrag des Besitzers Colin Campbell auf den Familiennamen umbenannt. Ihr ursprünglicher Name ›Castle Glume‹ oder ›Gloom‹ (*gloomy:* düster, unheimlich) erscheint in dieser Landschaft fast stimmiger. Auch könnte man Dollar aus *dolour* (Schmerz) ableiten, passend zum Burn of Sorrow (Kummer), und nicht (was aber wohl eher den Tatsachen entspricht) aus dem gälischen Wort *dalard:* Stück flaches hohes Land.

Man verläßt die Burg wieder und wendet sich ca. 5 m hinter dem *cairn,* an dem man auf die Asphaltstraße gelangte, an einem Holzpfosten nach links. Der Weg führt durch Farn hindurch und wird nach kurzem Anstieg eben. Tief unten links fließt der **Burn of Sorrow,** den man nach einiger Zeit über eine Brücke an einem kleinen

Wasserfall überquert. Auf felsigem Untergrund gelangt man bergauf in ein offenes Tal links vom Fluß. Der Weg führt fast 3 km lang bis zum Ende dieses Tals, über einen querverlaufenden Zaun und einen kleinen Seitenarm, auf insgesamt recht feuchtem Gelände je nach Bodenbeschaffenheit rechts oder links vom Fluß. Bei einigen unwegsamen Stücken muß man ein wenig klettern. In der Talsohle sind kaum Anstiege zu bewältigen. Violettes Heidekraut, rosa schimmerndes Gras, Farn und Glockenblumen *(bluebells)* säumen den Weg.

Am Ende, wo sich das Tal verengt, geht es allmählich bergan, der Pfad wird vorübergehend steil, der Weg beschwerlich. Man muß mehrfach die Flußseite wechseln. Hinter diesem unwegsamen Stück sieht man zwei Bäche von rechts und links V-förmig zusammenfließen (2.10 Std.). Zwischen diesen beiden geht man über das Mittelstück den Hügel hinauf. Der Weg ist schwer erkennbar.

Man hält nicht direkt auf die Hügelkuppe zu, sondern auf den links voraus liegenden spitzen Gipfel des Andrew Gannel Hill. Der Weg führt durch das

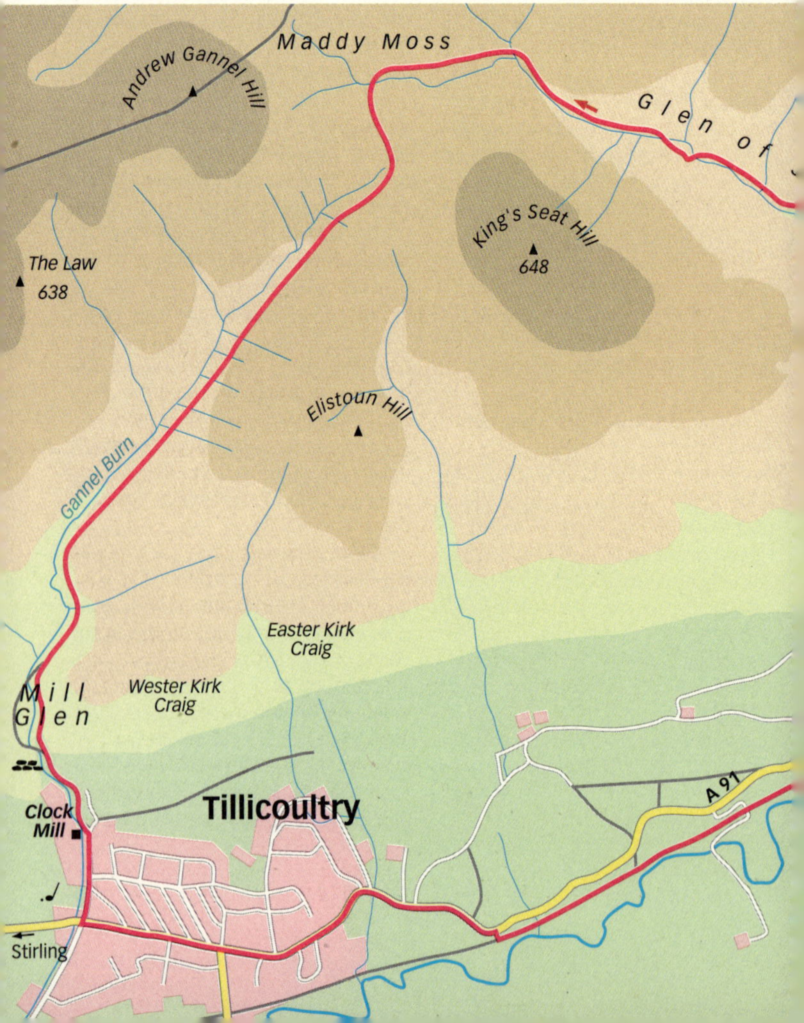

sehr feuchte, unebene **Maddy Moss,** das mit zahlreichen Vertiefungen übersät ist. Am besten bleibt man nah am Fluß, der sich aber verengt und zum Teil nur sehr undeutlich zu erkennen ist. Man geht bis zu einem Zaun weiter (2.25 Std.), klettert darüber, biegt links auf den Pfad ab und geht in Richtung Tillicoultry weiter. Auf der linken Seite sieht man die Schornsteine und Kühltürme von Grangemouth, auf der anderen Seite des River Devon zwei Kraftwerke (Longannet und das stillgelegte Kincardine). Es bietet sich ein weiter Blick auf die Hügel- und Graslandschaft sowie auf die symmetrisch angelegten Felder. Man geht auf halber Höhe parallel zum rechts unten verlaufenden Fluß. In tieferen Regionen beginnt erneut der Farnbewuchs. An der Gabelung hält man sich rechts. Das letzte Stück des Wegs geht in einen befestigten Pfad über.

An einer Bank, von der sowohl Tillicoultry als auch ein Steinbruch rechts gut sichtbar sind, gabelt sich der Weg (4.10 Std.). Geradeaus geht es über Stufenbefestigungen direkt nach Tillicoultry und rechts auf den sogenannten **Mill Glen Trail,** einen ebenfalls befestigten Weg, der direkt am Fluß entlangführt und interessanter ist als der andere Weg.

Im unteren Bereich des Wegs erkennt man in der Schlucht die Verwerfungslinie, die das härtere vulkanische Gestein im Norden vom weicheren Sedimentgestein der Ebene trennt. Ursache ist die Hochlandverwerfung, die zunächst einen Höhenunterschied von ungefähr 3000 m verursachte, den ständige Erosion und die Auswirkungen der Eiszeit auf das heutige Maß reduzierten.

Man erreicht Tillicoultry an der 1824 errichteten **Clock Mill,** die heute neben dem *Tourist Information Centre* ein Besucherzentrum beherbergt, das die Geschichte der Wollindustrie dokumentiert und in den oberen Stockwerken verschiedene (kunst)handwerkliche Werkstätten besitzt.

Tillicoultry war lange Zeit Zentrum der Wollindustrie mit acht Wollfabriken, darunter die berühmte, 1836 gegründete J & D Paton's Mill. Um genügend Wasserkraft für die großen Räder der Wollfabriken zu erzeugen, mußten die Flüsse mit Dämmen und Schleusen versehen werden. Im 17. Jh. baute man auch einen Damm im Mill Glen, um eine Kornmühle betreiben zu können. Reste dieses Dammes sind noch zu sehen.

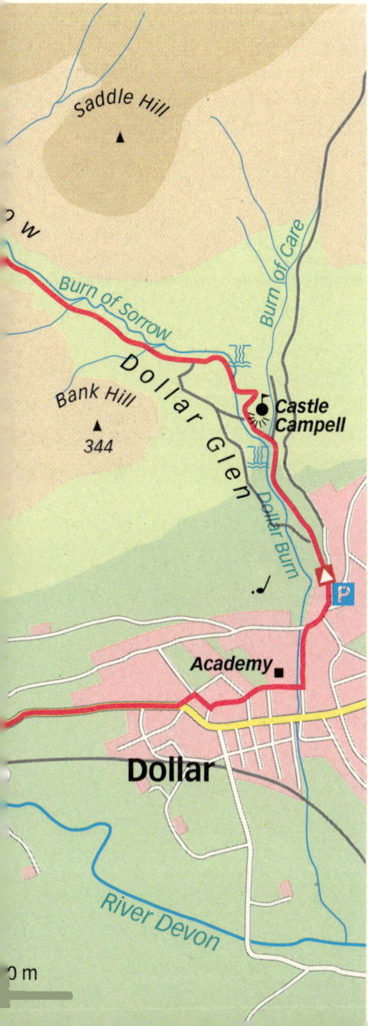

Wanderung 9: Vom Dollar Glen in die Ochils

Die Wollfabriken leiteten ungeklärte Abwässer direkt in den Fluß, weshalb die Frauen des Dorfes mit Hammer und Axt bewaffnet zum Damm zogen und ihn zweimal zerstörten, bis sich die Fabrikleitung zum Bau eines Abwasserkanals verpflichtete.

An der Clock Mill vorbei geht man bis zur Hauptstraße (4.20 Std.) und dort nach links in Richtung Dollar. Hinter Tillicoultry, wo die Straße einen scharfen Linksknick macht, biegt man rechts auf einen Schotterweg (Verlauf der ehemaligen Eisenbahnlinie, jetzt Wanderweg) ab, links vom Fluß Devon (4.40 Std.). Man kann ein Stück über einen Pfad gehen, der links in einen Wald führt, links an Häusern vorbei, rechts von einem kleinen Flüßchen. Über eine kleine Brücke gelangt man auf die linke Flußseite und dann wieder auf die Hauptstraße. Von dort geht man über den Randstreifen bzw. Bürgersteig zum Ausgangspunkt zurück ($5^1/_2$ Std.).

In **Dollar** liegt links der Straße die Dollar Academy, eine Ausbildungsstätte von ausgezeichnetem Ruf. John Mc Nabb, ein ehemaliger Hirtenjunge aus Dollar, der es als Kapitän und Schiffseigentümer zu erstaunlichem Reichtum gebracht hatte, hinterließ ein so großes Vermögen für den Bau einer Schule, daß die kleine Gemeinde sich zunächst überfordert sah, das Geld auszugeben. Als der Prachtbau endlich stand, führte eine Klausel im Testament, derzufolge die Kinder der ärmeren Familien von Dollar auch die Schule besuchen sollten, zu Protesten seitens der reicheren Bürger. Sie fürchteten um die Umgangsformen ihrer Kinder und lehnten die Schule ab. Nach einigen Jahren siegte jedoch die Qualität des Unterrichts über soziale Vorurteile.

Sollte man nach der Wanderung nicht mehr von Tillicoultry zurückwandern wollen, kann man von der Hauptstraße auch den Bus nehmen, der einen in knapp 10 Minuten nach Dollar zurückbringt. Man sollte sich jedoch vorher im Tourist Information Centre nach den Abfahrtszeiten erkundigen.

Castle Campbell

10

Die Mutprobe des Sir Walter Scott

Über die Callander Crags zu den Bracklinn Falls

Diese Wanderung führt in die Landschaft der Trossachs, die die Grenze zum Hochland markieren und die schon Sir Walter Scott so schwärmerisch und romantisierend beschrieb, daß jeden Sommer wahre Karawanen von Kutschen angelockt wurden. Die Wanderung führt durch Wald und offene Graslandschaft auf die Callander Crags, die einen guten Rundblick gestatten, und zu einem Wasserfall.

WEGVERLAUF: Parkplatz – Tennisplatz (10 Min.) – erste Anhöhe (35 Min.) – Gipfel (10 Min.) – Landstraße (15 Min.) – Bracklinn Falls (30 Min.) – Waldweg (10 Min.) – Tennisplatz (20 Min.)

DAUER: ca. 2$^1/_4$ Std.

LÄNGE: 6,5 km (ca. 280 m Höhenunterschied)

SCHWIERIGKEITSGRAD: Eine überwiegend leichte Rundwanderung mit einigen steileren, aber von der Forestry Commission gut befestigten Steigungen. Teilweise muß man durch recht hohes Gras und fast immer auf feuchtem Untergrund gehen.

KARTE: OS Pathfinder (NN 60/70)

EINKEHRMÖGLICHKEITEN: in Callander

ANFAHRT: Von Stirling auf der A 84 Richtung Nordwesten ca. 25 km nach Callander. Man passiert eine Kirche, in der ein Rob Roy Visitor Centre (s.S. 95) eingerichtet wurde, und erreicht fast am Ende des Ortes, an der Kreuzung mit der Station Road, auf der rechten Seite das Dreadnought Hotel. Man biegt nach rechts in diese Straße ein und parkt auf dem öffentlichen Parkplatz hinter dem Hotel. Busverbindung zwischen Stirling und Callander.

DER WANDERWEG

Man geht auf der Hauptstraße in Fahrtrichtung weiter bis zum Tulipan Crescent. Die Wanderung beginnt links von den Tennisplätzen an dem Schild ›Crags and Woodland Walks‹. Man geht auf dem Public Footpath bis zum Schild der Forestry Commission und dort links in den Wald hinein. Es folgt ein etwas steiler Anstieg auf teils befestigtem, teils rutschigem Gelände.

Nach ca. 100 m Höhengewinn findet man rechts Tisch und Bänke, hat jedoch wegen der Bäume kaum Aussicht. Der Weg führt geradeaus den Berg hinauf, eine Brücke quert einen im Sommer allerdings meistens ausgetrockneten Fluß. Wo der Pfad vorübergehend aus dem Wald (Nadel- und Buchenwald) herausführt, sieht man links über die hohe Graslandschaft hinweg auf Loch Venachar, die Menteith Hills im Südosten sowie Ben Ledi im Nordwesten.

Der Weg führt wieder in den Wald hinein, und nach etwa einer halben Stunde erreicht man einen Felsvorsprung mit einer guten Aussicht auf die umliegende Landschaft. Über einen ansteigenden Weg gelangt man auf eine felsige Anhöhe ($^3/_4$ Std.), die man irrtümlich für den Gipfel halten könnte. Nach einem kurzen Abstieg zu einer Holzbrücke, vorbei an einem von rechts einmündenden Weg, erfolgt dann der letzte kurze, aber recht steile Anstieg zum Gipfel (55 Min.), teils über große Felsbrocken auf einem kaum erkennbaren Weg.

Die Gipfelsteine auf den **Callander Crags** wurden 1897 zu Ehren von Königin Viktorias 60jährigem Thronjubiläum errichtet. Der Blick reicht bei guter Sicht von hier 60 bis 90 km weit und umfaßt Callander, eine alte Postkutschenstation an der Militärstraße von Stirling nach Fort William, die dahinterliegenden Fintry Hills, Stirling Castle und Wallace Monument links, d. h. südöstlich von Callander und die in einiger Entfernung gelegenen Pentlands. Durch die massiven Aufforstungsprogramme in der vormals baumlosen Berg- und Hügellandschaft hat die Baumgrenze jetzt fast alle unteren Gipfel erreicht. Nicht jeder wird diese Veränderung gutheißen oder ästhetisch reizvoll finden, zumal wenn der unvermeidliche Kahlschlag weite Hänge verunstaltet.

Der Abstieg erfolgt auf der anderen Seite rechts an einem Zaun entlang auf feuchtem, teils taillenhoch bewachsenem, nicht immer gut auszumachendem Weg. Am Fuße des Hügels verläuft quer eine Landstraße, auf die man später stößt. Ca. 20 m nachdem der Zaun scharf links abknickt, bahnt man sich einen Weg nach rechts unten bis zur Landstraße (1.10 Std.). Man geht nach rechts, bis. nach ca. 700 m ein Schild rechts zu **The Red Well** weist. Diese Rote Quelle ist eine von alters her bekannte Wasserstelle, »Chalybeate Spring of old time Repute« – so die Inschrift. Das eisenhaltige Wasser der Quelle kann mit einer Schöpfkelle probiert werden.

Nach weiteren 300 m liegt links der Parkplatz der **Bracklinn Falls.** Von hier folgt man dem gut markierten Weg geradeaus durch zwei Holzschwingtore und geht auf einem treppenartig befe-

Wanderung 10: Über die Callander Crags zu den Bracklinn Falls

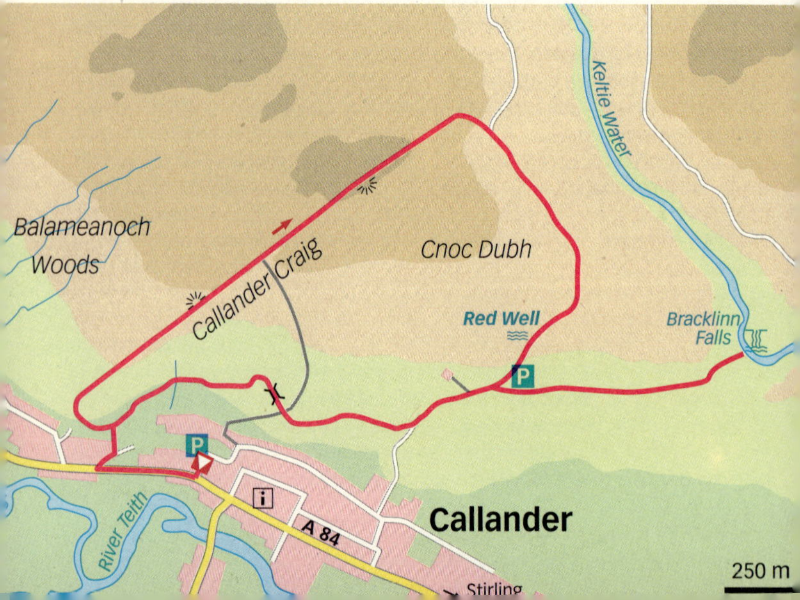

Bracklinn Falls

stigten Weg hinab zu den Bracklinn Falls (1.40 Std.). Inmitten von Erlen und Haselnußbäumen fließt das Wasser über riesige, teils quaderförmige Felsbrokken herab. Besonders eindrucksvoll sind die Wassermassen und die Geräuschkulisse zur Zeit der Schneeschmelze im Winter und Frühjahr. Der Name der Wasserfälle stammt aus dem Gälischen und bedeutet gefleckter See bzw. Teich.

Sir Walter Scott erwähnt die Bracklinn Falls in seinem Gedicht »The Lady of the Lake«. Ein persönliches Erlebnis soll ihn mit diesem Wasserfall verbinden. Man erzählt sich, daß er bei einem fröhlichen Beisammensein mit Freunden in entsprechend ausgelassener Stimmung prahlte, er würde mit seinem Pferd die damals sehr baufällige Brücke über die Bracklinn Falls überqueren. Offensichtlich hat er diese Mutprobe tatsächlich auf sich genommen und allem Anschein nach auch unbeschadet überstanden. Mittlerweile ist die Brücke erneuert worden, so daß ein solcher Ritt nicht mehr viel Mut erfordern würde.

Man geht vom Wasserfall zum Parkplatz zurück und links die Straße bergab. Nach knapp 100 m findet sich das Schild ›The Crags and Upper Wood Walk‹ in Richtung eines nach rechts in den Wald hineinführenden, gut befestigten Waldweges, dem man folgt (1.50 Std.). An einer großen Buche biegt man nach links auf einen querverlaufenden Pfad ein und gelangt an eine Brücke mit Eisengeländer. Hinter der Brücke sind es etwa noch fünf Minuten bis zu den Tennisplätzen, dem Ausgangspunkt der Wanderung (2.10 Std.).

11

Über die »Bonny, bonny banks of Loch Lomond«

Eine Wanderung auf den Ben Lomond

Diese Wanderung führt auf den südlichsten Munro – nach Sir Hugh Munro der Name für alle Erhebungen über 3000 Fuß (ca. 915 m) –, gleichzeitig auch einer der Berge, die sehr leicht zu erklimmen sind. Die Wanderung über einen breiten Trampelpfad, den man selten für sich allein hat, lohnt wegen der phantastischen Sicht auf die unterschiedlichen Landschaftsformationen, die sich an diesem Scheitelpunkt von Hoch- und Tiefland eröffnen.

i

WEGVERLAUF: Parkplatz – offenes Gelände (20 Min.) – Gipfel (2 Std.). – Parkplatz (1.40 Std.)

VARIANTE: Parkplatz – Inversnaid (3 Std.)

DAUER: 4 Std., Variante 7 Std.

LÄNGE: 5,5 km (auf 940 m Höhe), Variante 17,5 km

SCHWIERIGKEITSGRAD: Eine von der Orientierung leichte Wanderung, die aber einige anstrengendere Steigungen aufweist. Der Boden wechselt von Waldboden über feuchten, deshalb weichen Torf zu Geröll- und Felsuntergrund.

KARTE: OS 56

EINKEHRMÖGLICHKEITEN: Rowardennan Pub

ANFAHRT: Von Stirling fährt man südwestlich auf der A 811 bis Drymen, biegt dort rechts auf die B 837, der man bis zum Parkplatz in Rowardennan folgt (insgesamt ca. 50 km).

DER WANDERWEG

Der Weg beginnt direkt am Parkplatz. Er ist gut beschildert und nicht zu verfehlen. Man läuft zunächst durch ein Waldgebiet, da Ben Lomond im unteren Bereich der Forestry Commission gehört, welche die Hänge mit schnellwachsenden Nadelbäumen zum späteren Verkauf als Industrieholz bepflanzt. Durch ein Tor führt der Weg in offenes Gelände (20 Min.), das vom National Trust for Scotland als Schafweideland verpachtet wird, um die laufenden Unterhaltskosten zu decken. Man sieht deutlich die Spuren der Tausenden von Touristen, die jährlich diesen Munro besteigen. Der Weg wird immer breiter, da man versucht ist, dem glitschigen Torfboden nach rechts und links auszuweichen. Allerdings macht man so alle Bestrebungen der freiwilligen Helfer zunichte, die ihre Ferien und Wochenenden für Instandsetzungsarbeiten opfern. Man sollte also lieber schmutzige Stiefel riskieren, als die Schäden für die Natur noch zu vergrößern.

Schon aus halber Höhe genießt man einen guten Blick auf Loch Lomond und die Bergwelt, der volle Rundblick eröffnet sich jedoch erst von oben. Der Weg führt über unterschiedlich steile Anstiege mit plateauförmigen Zwischenstücken (zum Ausruhen) zum Gipfel (2.20 Std.). Nach oben wird der Untergrund steiniger, dafür aber auch trockener.

Meistens ist man leider auch auf dem Gipfel nicht allein. Verständlicherweise will jeder den Blick bei einem gemütlichen Picknick genießen. Oftmals bleiben unübersehbare Spuren dieser Stärkungen zurück, was dem Naturgenießer ein Dorn im Auge sein muß.

Der Name **Ben Lomond** wird am häufigsten aus dem Gälischen *Beinn laomainn* abgeleitet, was soviel bedeutet wie Berg des Leuchtfeuers. Unterhalb sieht man **Loch Lomond,** mit 73 km² der größte Frischwassersee Schottlands, der täglich über 2 Mio. hl Wasser, hauptsächlich für den Industriebedarf, liefert. Diese wirtschaftliche Nutzung hat auch andere Spuren hinterlassen. Gegenüber von Inversnaid weiter nördlich befindet sich, häßlich und unübersehbar, ein Elektrizitätswerk. Pläne für eine wesentlich größere Anlage mit einem künstlichen Reservoir unterhalb von Ben Lomond wurden bisher nicht verwirklicht.

Loch Lomond, der bis zum 13. Jh. Loch Leven hieß, entstand in einem Bruch der Hochlandverwerfungslinie (s. S. 12). Das breite, flache und von Inseln durchsetzte südliche Ende gehört zum Tiefland, das nördliche, schmale und tiefe dagegen zum Hochland. In dieser Doppelnatur liegt der besondere Reiz des Sees. Sehr zum Leidwesen der Naturschützer und -genießer nimmt die Zahl der privaten Rennboote auf dem See ständig zu, die bisher ohne Geschwindigkeitsbegrenzung (und daher mit der entsprechenden Lautstärke) die Ruhe und Beschaulichkeit beeinträchtigen dürfen. Der offizielle Fährverkehr zwischen den Orten Rowardennan, Tarbet und Inversnaid ist dagegen aus

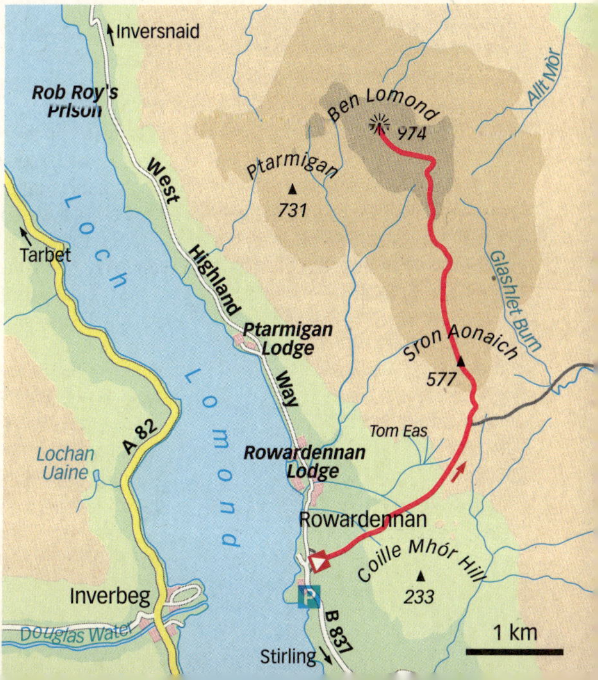

Wanderung 11:
Auf den Ben Lomond

Das Westufer des Loch Lomond

wirtschaftlichen Gründen eingestellt worden.

Auf der anderen Seite des Sees sieht man die unendliche Autoschlange auf der westlichen Uferstraße. Pläne für eine Straße am Ostufer sind bisher nicht in die Tat umgesetzt worden, so daß diese Seite in weiten Teilen nur den Wanderern offensteht. Vor allem seit der Eröffnung des West Highland Way von Milngavie nach Fort William im Oktober 1980, der am Ostufer des Loch Lomond entlangführt, hat sich deren Zahl in vielleicht nicht vorhersehbarer Weise vergrößert, so daß auch hier die Schäden kaum begrenzbar sind.

Man verläßt den Gipfel mit Blick auf die Seen und Flüsse des Tieflands, die so einzigartig mit den Bergen und Tälern des Hochlands kontrastieren, daß man trotz möglicherweise widriger Begleitumstände nie bereut, diese Wanderung unternommen zu haben, und geht auf demselben Weg zum Ausgangspunkt zurück (4 Std.).

VARIANTE

Wer noch Energiereserven hat, kann ein Stück des **West Highland Way** am Ufer des Loch Lomond entlanggehen. Vom Parkplatz aus geht man auf einem breiten Feldweg an der Jugendherberge und dem Eingang zur Ptarmigan Lodge vorbei. Nach ungefähr 1 km gabelt sich der Weg in einen bequemeren oberen Pfad und einen reizvollen, aber etwas beschwerlicheren unteren Pfad, der unmittelbar am Seeufer entlang führt und an vielen Stellen zum Verweilen einlädt. Bis **Inversnaid** mit seinem auf vielen Postkarten gebannten Wasserfall sind es 12 km, die man in ca. 3 Stunden bewältigen kann. Der Weg führt durch Wald – überwiegend Eiche, Birke, Kiefer, auch Rhododendron –, an zahlreichen Wasserfällen, bewohnten, überwiegend aber verfallenen Häusern vorbei, auch über offenes Gelände. Nach einer Stärkung im Inversnaid Hotel muß man allerdings denselben Weg zurückgehen, außer man wird dort abgeholt.

Der ›Robin Hood des Nordens‹

Rob Roy MacGregor war eine der letzten großen Persönlichkeiten der Hochlandzivilisation, deren Ehrenkodex und Sozialstruktur sich völlig von denen des Tieflands unterschied. Das rauhe Leben in den kargen Highlands ließ Eigentumsdelikte, zumal wenn es reiche Opfer traf, als kleinere Vergehen erscheinen. Viehdiebstahl gehörte fast zur ›Grundausbildung‹ jedes Hochlandjungen, vor allem aber jedes künftigen Clan-Oberhaupts.

Sir Walter Scotts Roman »Rob Roy« trug dazu bei, MacGregor zum Symbol hochländischer Lebensart zu stilisieren – stolz und unabhängig, mutig und ehrenhaft. Daniel Defoe sah ihn etwas nüchterner als jemanden, der zwar mit vielen Tugenden ausgestattet war, sich jedoch störrisch dem Fortschritt in den Weg stellte. Schließlich lebte man im 18. Jh.!

Die Gegend um Inversnaid, wo MacGregor mit seiner Frau und seinen Söhnen lebte, ist als ›Rob-Roy-Land‹ bekannt. Von hier aus unternahm er seine Raubzüge in die Lowlands und organisierte ein gewinnbringendes Gewerbe: *blackmail* (Erpressung), das Kassieren von Schutzgeldern gegen Viehdiebstahl – *black* bezeichnete das Rind, *mail* oder *meal* heißt Miete, Leihgebühr. Da von dem Geschäft beide Seiten profitierten, sah man darin nichts Verwerfliches.

Zwei Ereignisse ließen Rob Roy zum Geächteten der Tiefländer und zum Helden der Hochländer werden. 1712 nahm er vom Grafen von Montrose Geld auf, um Vieh zu kaufen. Rob Roys Haupttreiber verschwand jedoch mit dem Geld. Montrose beschuldigte MacGregor des Diebstahls, bemächtigte sich seines Landes, ließ MacGregors Familie vertreiben und ihn selbst ächten. Auf dem Rachefeldzug gegen Montrose und dessen Pachteintreiber beruhen die Vergleiche des ›Hochlandhelden‹ mit Robin Hood.

1715 nahm MacGregor an der Schlacht von Sheriffmuir gegen die Anhänger des englischen Königs Georg I. auf Seiten der Jakobiter teil. Obwohl er nur eine unbedeutende Rolle gespielt hatte, erschien sein Name auf der Liste der 49 Hochverräter. Dreimal konnte MacGregor gefangengenommen werden, dreimal entkam er. Im Jahre 1725 erwirkte General Wade eine offizielle Begnadigung, und 1743 starb Rob Roy MacGregor 63jährig friedlich in seinem Bett.

12

Mysteriöse Todesfälle und »jeu quarré«

Vom East Lomond zum Falkland Palace

Diese Wanderung ist nicht nur landschaftlich reizvoll, sondern vor allem historisch interessant, vielleicht sogar in vielem typisch für die Verwicklungen der schottischen Geschichte. Nach einer wenig anstrengenden Rundwanderung inklusive Aufstieg auf den East Lomond steht am Ende die Besichtigung von Falkland Palace.

WEGVERLAUF: Parkplatz – Fußweg (15 Min.) – Gipfel (40 Min.) – Sendemast (20 Min.) – Asphaltstraße (30 Min.) – Hauptstraße (30 Min.) – Falkland Palace (10 Min.)

DAUER: ca. 2½ Std.

LÄNGE: 7 km (auf 424 m Höhe)

SCHWIERIGKEITSGRAD: Es handelt sich um eine leichte Rundwanderung mit einer kurzen Steigung. Auch der Untergrund (Feldwege, Lehmboden, Gras, Straße) bietet keine Probleme.

KARTE: OS 59

EINKEHRMÖGLICHKEITEN: in Falkland

ANFAHRT: Man verläßt die M 90 von Perth kommend in südlicher Richtung (Kinross) nach knapp 20 km an der Abfahrt 8. Dann auf der A 91 in Richtung Cupar bis zur Abzweigung der A 912 rechts nach Falkland (nach ca. 10 km). Man parkt gegenüber dem Covenanter Hotel an der Church of Scotland Falkland Parish Church. Busverbindung zwischen Edinburgh und Kirkcaldy, von dort gibt es einen Bus nach Falkland.

DER WANDERWEG

Man überquert die Straße in Richtung **East Lomond,** der trotz seiner geringen Höhe im flachen Umland deutlich zu erkennen ist. Dieser und die Nachbarhügel entstanden vor ungefähr 350 Mio. Jahren, als das gesamte Gebiet unter Wasser lag. Aus Resten von Muscheln und toten Pflanzen bildeten sich Sandstein, Kalkstein und Kohle, die in zahlreichen kleinen Steinbrüchen als Bau- und Brennmaterial abgebaut wurden. Südlich, d. h. auf der vom Dorf abgewandten Seite des East Lomond, steht noch ein alter Ofen, in dem die großen Kalksteinbrocken zu Kalk verarbeitet wurden.

An der Burton Street und dem Horse Market vorbei führt der Weg stetig bergan. Nach einem Fabrikgebäude auf der linken Seite verweist ein Hinweisschild auf den Fußweg zu den Lomond Hills (15 Min.). Dort verläßt man die Straße und geht auf dem Feldweg weiter stetig bergan.

An einer Gabelung wendet man sich rechts in den Wald (Douk Plantation). Hinter dem Schild ›Lomond Hills. Private road beyond this point‹ führen Stufen links vom Zaun in die Anpflanzung. An einer weiteren Gabelung folgt man dem Schild aufwärts. Der Weg führt über 151 Holzstufen auf einen steilen, z. T. matschigen Pfad ins offene Moor. Nach einem grasüberwachsenen leichteren Zwischenstück geht es über einen *stile* die letzte Steigung zum Gipfel hoch (55 Min.).

East und West Lomond, deren Rundungen durch jahrtausendelange Verwitterung und Abtragung entstanden, sind vulkanischen Ursprungs. Auf dem Gipfel des **East Lomond** liegen die Reste eines Forts aus dem ersten vorchristlichen Jahrtausend. Deutlich erkennt man zwei kreisförmige Erdwälle. Im Süden, der dorfabgewandten Seite, gibt es noch Anzeichen für eine weitere Aufschüttung und einen Graben. Die Orientierungstafel überdeckt einen bronzezeitlichen Steinhaufen von ca. 13 m Durchmesser.

Der Fund einer Steinplatte mit der eingeritzten Figur eines Bullen im piktischen Stil läßt darauf schließen, daß diese Anlage noch nach der Zeitenwende benutzt wurde. Im Westen des Hügels liegt ein zweites Fort aus jener Zeit, Maiden Castle, wobei unklar ist, warum es strategisch so ungünstig in einer Senke errichtet wurde.

Wenn man vom Gipfel herabschaut, sieht man, daß das Land auf den Lomonds überwiegend zur Schafzucht genutzt wird, während weiter unterhalb und im Umland fruchtbares Farmland liegt. Man überblickt den River Forth bis zum Berwick Law, sieht auch die Inseln im Mündungsgebiet des Forth. Die Gegend ist reich an Vögeln, die teils durch die Wasserreservoirs, teils durch die Nadelwälder angelockt werden.

Der Abstieg erfolgt in Richtung auf den Sendemast nach Osten, d. h. mit Falkland auf der linken Seite. Der Grasweg macht das Gehen sehr angenehm. Über einen *stile* gelangt man zur Schwingtür an dem hoch eingezäunten Sendemast, den man passiert ($1^1/_4$ Std.). An der Asphaltstraße geht es nach links durch Heidekrautlandschaft bis zur Hauptstraße hinunter ($1^3/_4$ Std.). Leider muß man hier nach links auf diese sehr

Wanderung 12: Vom East Lomond zum Falkland Palace

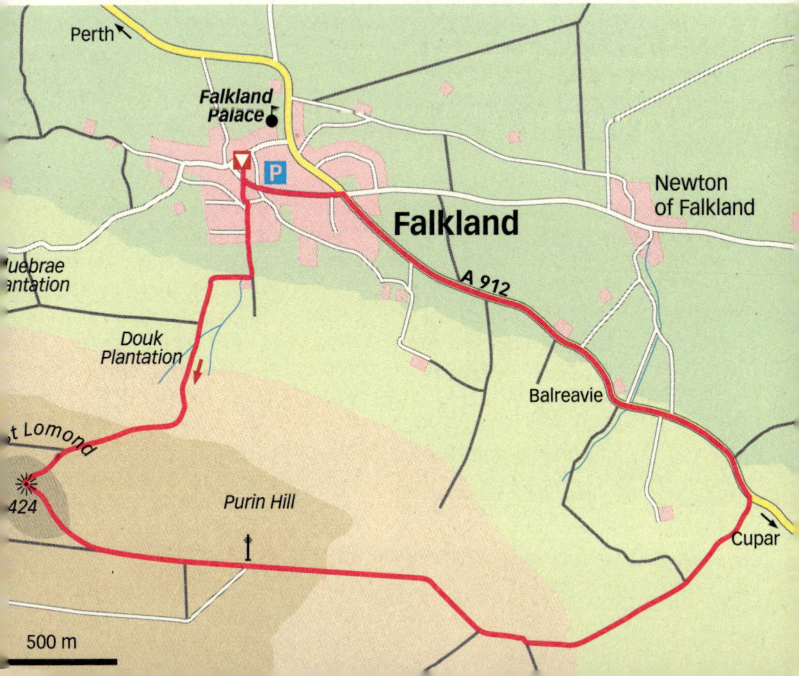

befahrene Straße einbiegen und auf ihr bis zum **Falkland Palace** (Öffnungszeiten: April–Sept. Mo–Sa 10–18 Uhr, So 14–18 Uhr, Okt. Sa 10–18 Uhr, So 14–18 Uhr) auf der rechten Seite laufen (2.25 Std.). Von hier aus ist es später nur noch ein kurzes Stück bis zum Ausgangspunkt.

Über Jahrhunderte war das Schicksal der kleinen Gemeinde **Falkland** mit dem der herrschaftlichen Residenz im Ort verbunden. Hier fanden die Dorfbewohner Beschäftigung und Abnehmer für ihre landwirtschaftlichen Produkte. Strategisch war die Burg wegen ihrer Lage im Flachland unbedeutend, umso geeigneter dagegen als Stätte der Erholung und Entspannung. Dennoch wurde sie zum Ort von Intrigen und Machtkämpfen.

Es war die Zeit, als Schottland noch eigene Könige hatte, die nach dem Erstgeburtsrecht einander ablösten, ungeachtet ihrer Eignung. Jüngere Söhne hatten das Nachsehen. Ein solcher jüngerer Sohn war der Herzog von Albany, der 1371 Falkland zu seinem Hauptwohnsitz erkor. Sein Vater, König Robert II., war ein schwacher König, ebenso sein Nachfolger Robert III. Albany hatte die eigentliche Macht und übernahm 1398 die Regentschaft. Das wiederum erboste seinen Neffen David, ältester Sohn Roberts III., der dieses Amt selbst übernehmen wollte und es schließlich auch mit äußerst mäßigem Erfolg drei Jahre lang ausübte. Das wiederum mißfiel Albany, der 1402 seinen Neffen kurzerhand nach Falkland Palace entführte, wo er zwei Wochen später in einem Turm unter ungeklärten Umständen starb. Gerüchte machten Albany verantwortlich, doch eine Untersuchungskommission sprach ihn frei, vielleicht weil er mit Zustimmung seines Bruders, König Robert III., gehandelt hatte.

Die Strafe blieb dennoch nicht aus. Rechtmäßiger Nachfolger König Roberts III. war dessen Sohn Jakob I., der

Falkland Palace

allerdings zum Zeitpunkt der Thronübernahme erst zwölf Jahre alt war und sich zudem in englischer Gefangenschaft befand. Albany hatte kein besonderes Interesse, ihn aus dieser mißlichen Lage zu befreien. So dauerte es noch 18 Jahre, bis Jakob 1424 – vielleicht auch wegen der Heirat mit einer englischen Adligen – nach Schottland zurückkehren konnte. Seine Rache war blutig: Alle männlichen Mitglieder der Familie Albany wurden getötet, 1425 die Grafschaften Fife und die Burg konfisziert.

Für Falkland war das eine positive Wende. Die Stuarts förderten Falkland, machten den Ort zu einem *Royal Burgh*, die Burg zu einem *Palace*. Die Hoffassade im Renaissancestil verrät französischen Einfluß, der durch die beiden Frauen Jakobs V. ins Land kam, während die zwei Türme des Torhauses eher an Holyrood House in Edinburgh erinnern. Einzigartig ist der königliche Tennisplatz, der für die französische Variante *jeu quarré* gebaut wurde, ein kompliziertes Ballspiel, das sich nach Kennermeinung von Tennis unterscheidet wie Schach von Dame.

Als die schottischen Könige 1603 gleichzeitig zu Königen von England wurden, setzte der Niedergang Falklands ein. London wurde zum Zentrum des politischen und höfischen Geschehens, und Falkland verlor jegliche Anziehungskraft auf königliche Besucher. Für normale Sterbliche ist es dagegen attraktiv geblieben.

West Highland Way

Im Oktober 1980 wurde nach zehnjähriger Planung der erste Fernwanderweg Schottlands offiziell der Öffentlichkeit übergeben. Er erstreckt sich auf einer Länge von 152 km von Milngavie (gesprochen Milgei) im Norden Glasgows bis Fort William am Fuß des Ben Nevis.

Die günstigste Wanderzeit sind die meist touristen- und regenarmen Monate Mai und Juni. Dann ist bei kühlerem Wetter die Sicht am besten, und die Stechmücken halten sich noch zurück. Von Süden nach Norden läuft man mit Sonne, Wind und Regen überwiegend im Rücken. Darüber hinaus kann man sich in dieser Laufrichtung allmählich an die steigenden Schwierigkeitsgrade gewöhnen. Soweit wie möglich folgt die Wanderroute alten Wegen, die schon von Viehtreibern, Postkutschen, Soldaten oder sogar der Eisenbahn benutzt wurden.

Wenn man dem West Highland Way in Süd-Nord-Richtung folgt, gelangt man aus der urbanen Umgebung Glasgows durch das malerische hügelige Tiefland am Südufer von Loch Lomond in die majestätische Bergwelt und weite Moorlandschaft der Highlands. Bis Altnafeadh am Glen Coe ist man nie weit von der Straße oder Eisenbahn entfernt, fast alle Ortschaften am Weg bieten Unterkunft, Einkaufsmöglichkeiten und gute Verkehrsverbindungen.

Die meisten Wanderer bewältigen die Gesamtstrecke in sieben bis acht Tagen mit durchschnittlich 20 km pro Etappe. In den Sommermonaten schiebt sich fast eine Kara-

Blick auf Fort William über Loch Linnhe hinweg

wane an Loch Lomond entlang, und so manchem stehen schon hier im ›gemütlichen‹ Anfangsteil die Strapazen ins Gesicht geschrieben, obwohl auf den 30 km bis zu diesem malerischen See die *stiles* auf der stillgelegten Bahnlinie fast die höchsten zu bewältigenden Steigungen sind.

Danach führt der Weg gut 30 km am östlichen Ufer des Loch Lomond entlang, vorbei an dem Craigie Fort Cairn, der an die offizielle Eröffnung der Strecke erinnert. Hinter Inversnaid beginnt eine etwas schwierigere Etappe, die mit zahlreichen Steigungen auf rutschigem Untergrund nahe am Ufer verläuft.

Man läßt die Lowlands endgültig hinter sich und gelangt nach weiteren 30 km durch Weide- und Jagdland sowie zahlreiche Aufforstungen an das südliche Ende des später kargen, unheimlich anmutenden Rannoch Moor. In weiten Teilen folgt der Weg den alten Militärstraßen des 18. Jh.

Auf halber Strecke zwischen Inverarnan und Crianlarich passiert man den »Clach-na-Briton« (Stein der Britonen), einen Felsbrocken, an dem vormals die Gebiete der Britonen, Skoten und Pikten zusammenstießen. Richtung Tyndrum wandert man am »Dalrigh« (Feld des Königs) vorbei, wo im Jahr 1306 Robert I., The Bruce, vom Oberhaupt der MacDougalls geschlagen wurde.

Rannoch Moor ist die wohl größte zusammenhängende Moorlandschaft Schottlands. Dort lagen während der letzten Eiszeit große Eismassen. Am westlichen Rand des Moors entfernt sich die Route ein wenig von der Straße und führt auch in schwierigeres Gelände, das so gut wie keinen Schutz bietet. Über diesen Weg zogen früher Viehhändler und Schmuggler nach Kingshouse, dem Hauptumschlagplatz für Waren aller Art.

Weiter westlich fand in Glencoe 1692 das berüchtigte Massaker statt, in dem zahlreiche Mitglieder des Macdonald-Clans ihre Loyalität für die Stuart-Monarchie mit dem Leben bezahlten. Im 18. Jh. kamen jene Soldaten in dieses Gebiet, die auch weiter nördlich »Devil's Staircase« (Teufelstreppe) befestigten, den mit 550 m höchsten Punkt des gesamten Wegs. Von dort ist der Ben Nevis zu sehen, der Endpunkt der Wanderung.

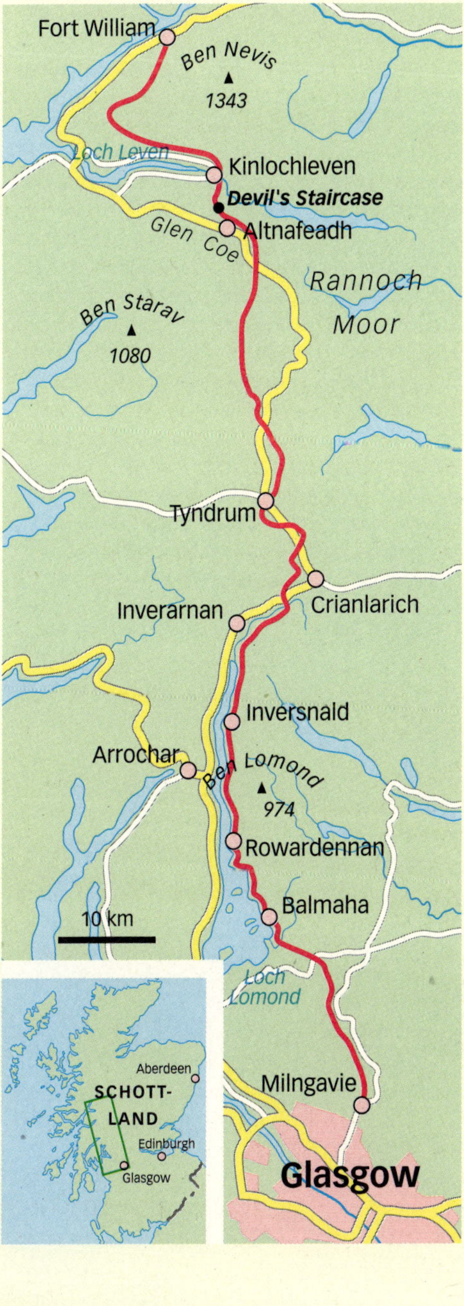

West Highland Way

Die letzten 30 km zwischen Kinlochleven und Fort William läuft man mit dem wohltuenden Gefühl, es bald geschafft zu haben, muß allerdings noch ungeschützte Wegstrecken bewältigen, Pässe überqueren und durch Täler sowie unwegsames Gelände wandern. Die zerklüfteten Berge und weit ins Landesinnere vordringende Salzwasserseen zeigen deutlich, wie weit man sich vom lieblich-malerischen Süden um Loch Lomond entfernt hat.

Die Route endet in Fort William. Am Bahnhof trifft dann die Gemeinschaft derjenigen, die es geschafft haben, zusammen. Und mancher hört sich sagen, daß er wiederkommen wird im nächsten Jahr, auch wenn er noch kurz vorher das Wetter verwünscht, den Muskelkater bejammert und das Schicksal angeklagt hatte, das ihm die Idee zu einer solchen Wanderung einflüstern konnte. Aber schön war es eben doch. Und wer sich die Route – ähnlich wie im offiziellen Führer (erhältlich in allen guten Buchläden) – in mehrere Etappen von durchschnittlich 10 km einteilt, kann auch sicher sein, daß er nicht zu erschöpft ist, um die zum Teil atemberaubende Natur zu genießen.

Rannoch Moor

13

Touristenrummel und ruhige Beschaulichkeit

Eine Wanderung auf den Ben y Vrackie

Die Region um Pitlochry und Moulin, die man auf der Anfahrt zum Ausgangspunkt der Wanderung durchfährt, später auch auf dem Weg zum Gipfel durchwandert, gehört zu den ältesten, teils heftig umkämpften Siedlungsgebieten Schottlands. Heute muß Pitlochry nur noch dem Ansturm der Touristen trotzen, während Moulin Moor eine Oase der Ruhe geworden ist. Vom Gipfel genießt man den Blick auf die runden Erhebungen der Grampians im Norden und das flachere Land im Süden.

WEGVERLAUF: Parkplatz – Anhöhen (1 Std.) – Loch a'Choire (30 Min.) – Gipfel (40 Min.) – Parkplatz (1.40 Std.)

DAUER: ca. 4 Std.

LÄNGE: 10 km (auf 841 m Höhe)

SCHWIERIGKEITSGRAD: Diese Wanderung fordert nur zum Schluß bei dem steilen Anstieg zum Gipfel einige Anstrengung. Der Untergrund (Wald-, Torf- und Moorboden, Felsen) kann zwar recht feucht sein, ist aber überwiegend gut begehbar.

KARTE: OS 43 und 52

EINKEHRMÖGLICHKEITEN: Moulin Inn, viele Möglichkeiten auch in Pitlochry.

ANFAHRT: Man nimmt von Perth die A 9 in nördlicher Richtung nach Pitlochry (44 km). Parken entweder in Pitlochry und von dort zu Fuß in Richtung Town Hall/Moulin entlang der A 924 oder am Moulin Inn, in sehr begrenztem Umfang auch am Startpunkt dieser Wanderung. Busverbindung von Perth und Stirling nach Crieff sowie von Perth nach Comrie.

DER WANDERWEG

Vom Parkplatz weist ein Schild auf einen Weg am Fluß entlang in den Wald. Über einen *stile* gelangt man ins offene Moor, das in seiner Weite fasziniert. Der Weg ist bis dorthin flach bzw. sanft ansteigend.

Rechts, d. h. östlich des Weges hat man einige Grabstätten aus dem 3. vorchristlichen Jahrtausend gefunden, Reste von Siedlungen dagegen erst aus dem späten 1. Jt. Man läuft etwa eine Stunde durch diese geschichtsträchtige Region, später zwischen zwei kleinen Anhöhen hindurch (1 Std.). Rechts und links des Weges liegen kleine Seen, voraus der Berg **Ben y Vrackie,** den man von der rechten Seite her besteigen wird. Ein sehr feuchtes Stück in der

Senke kann man auf einem Damm umgehen, der unmittelbar am Ufer des linken Sees, dem Loch a'Choire, entlangführt ($1^1/_2$ Std.). Danach beginnt der teilweise recht steile Anstieg zum Gipfel des Ben y Vrackie mit der Orientierungstafel.

Von hier oben sieht man auf die baumlose Moorlandschaft, die man durchwandert hat, blickt aber nach Norden auch auf die Grampians mit ihren eiszeitlich abgerundeten Gipfeln, die sich bis zum Horizont zu erstrecken scheinen – ein geeigneter Ort für ein

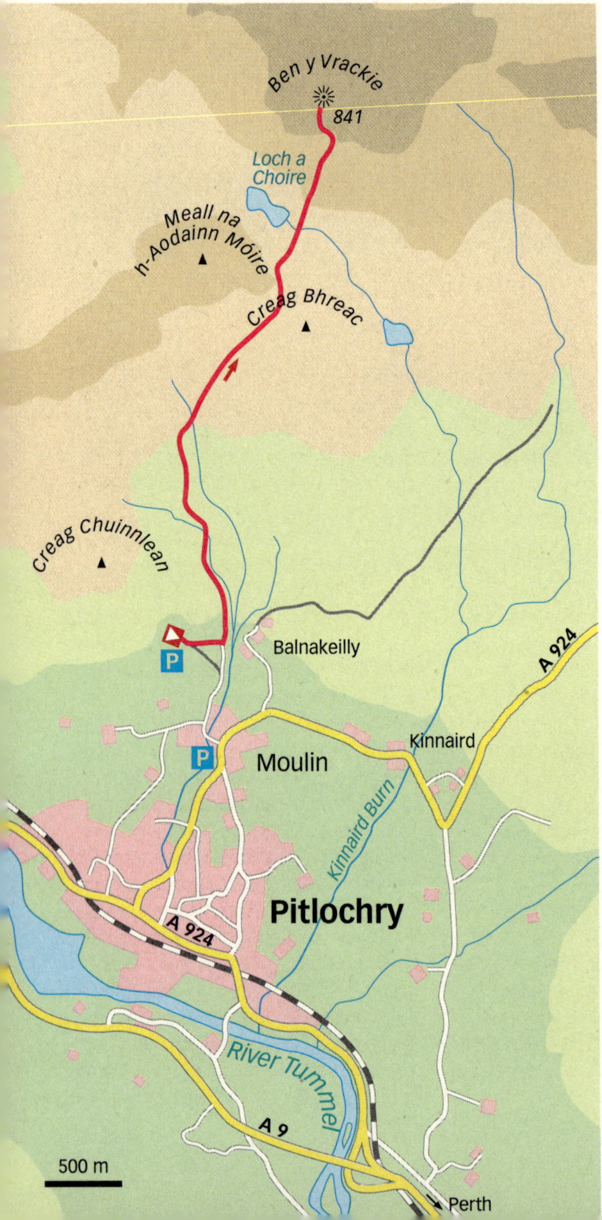

Wanderung 13: Auf den Ben y Vrackie

Auf dem Gipfel des Ben y Vrackie

Picknick (2.10 Std.). Man geht auf demselben Weg zurück und erreicht nach insgesamt ca. 4 Std. den Ausgangspunkt.

AM WEGE

In der Umgebung von Pitlochry und Moulin wurden Hunderte von runden Einfriedungen und Grabstätten entdeckt, so daß man sich ein geschäftiges Treiben in der Ebene vorstellen muß. Auf den ersten Blick mag es verwunderlich erscheinen, daß ausgerechnet ein Gebiet im Landesinneren so früh bevölkert war. Doch ein Blick auf die Karte macht die Wahl des Standorts verständlich. Flüsse und Seen, durch die Eismassen aus Richtung Rannoch Moor während der letzten Eiszeit noch um einiges vertieft und geweitet, machten diese Region schon immer gut erreichbar, wegen relativ leicht zu überwindender Landtragestrecken für Boote sogar vom Firth of Clyde bei Glasgow aus.

In dieser Ebene und im gesamten Gebiet um **Pitlochry** ging es auch in späteren Jahrhunderten recht munter zu. Hier lebten die Kaledonier, ein Zusammenschluß mehrerer Hochlandstämme piktischer Abstammung, die im Gebiet zwischen dem Tay und dem Moray Firth siedelten. Von Norden gerieten sie unter Druck der dort ansässigen Stämme norwegischer Herkunft. Im Westen grenzte das gälische Königreich Dalriada (in etwa die heutige Grafschaft Argyll) an, das irische Einwanderer im 5. Jh. gegründet hatten. Sie versuchten, den ständigen Plünderungen der Wikinger an der Westküste durch Ausweichen ins Hinterland zu entgehen. Von Osten drohten Angriffe der Dänen, die sich erst im 9. Jh. auf Nordengland konzentrierten. Kriegerische Auseinandersetzungen konnten da nicht ausbleiben.

The Stone of Destiny

Symbol schottischer Einheit

Mit dem Sieg der Skoten über die Pikten im 9. Jh. unter Kenneth MacAlpine bildete sich im Herzen Schottlands ein Königreich heraus, das stark genug wurde, nach und nach die umliegenden Gebiete durch Unterwerfung, Heirat oder Kauf zu integrieren. Im Norden, wo das Wort des Clan-Oberhaupts Gesetz war, hatte man wenig Interesse an einer starken zentralen Königsgewalt, da sie möglicherweise die eigene Macht beschneiden würde. Doch im Tiefland verstärkte der zunehmende Wohlstand der Bürger das Bedürfnis nach Ordnung und Sicherheit, und man arrangierte sich schließlich mit den neuen politischen Strukturen.

Die Skoten waren ursprünglich von Irland eingewandert und hatten im heutigen Argyll ihr gälisches Königreich Dalriada gegründet. Ab dem späten 2. Jh. n. Chr. verdrängten sie die Pikten nach Nordosten und beherrschten vom 5.Jh. an das gesamte Umland. Hauptstadt ihres Reichs war Dunadd, strategisch günstig auf einem Felsen in der Ebene gelegen. Im Jahre 498 n. Chr. brachte Fergus Mór Erc den legendären »Stone of Destiny« von Irland nach Dunadd, auf dem er und alle nachfolgenden Herrscher die Königskrone empfingen. Wo immer dieser rechteckige Block aus Sandstein seinen Platz fand, sollte er einer Prophezeiung zufolge die Herrschaft der Skoten garantieren. Man ist sich heute aber nicht ganz sicher, ob der Stein wirklich aus Irland stammt.

Sicher ist demgegenüber, daß 843 Kenneth MacAlpine den Krönungsstein von Dunadd nach Scone bei Perth brachte, aus der Randlage in den Mittelpunkt einer sich entwickelnden schottischen Nation. Nun wurden hier traditionell alle schottischen Monarchen gekrönt, und dieses Zeremoniell fand selbst dann noch in Scone statt, als Eduard I. den Stein während der Unabhängigkeitskriege 1297 mit nach England genommen hatte. Seit jener Zeit hat er seinen Platz im Krönungsstuhl in der Westminster Abbey. Jakob II. war der erste König, der nicht in Scone, sondern in Edinburgh gekrönt wurde (1437).

Trotz etlicher Bemühungen ist der Schicksalsstein nicht mehr nach Schottland zurückgekommen. Weihnachten 1950 wurde er von einigen jungen schottischen Nationalisten gestohlen, aber im April des folgenden Jahres fand man ihn in der Ruine der Abtei von Arbroath wieder und transportierte ihn nach London zurück. Zurück bleiben Zweifel, ob es sich wirklich noch um den ursprünglichen Stein handelt.

Replik des Stone of Destiny in Scone

14

Wo einst vieles wackelte

Von Comrie ins Glen Lednock

Der kleine Ort Comrie, an der geologischen Grenzlinie zwischen Hochland und Tiefland gelegen, erlangte im 19. Jh. plötzlichen Ruhm als Erdbebenhauptstadt Schottlands. Die Wanderung zeigt unterschiedliche Vegetations- und Erosionsformen, die nicht zuletzt auch auf jahrhundertelange menschliche Eingriffe zurückzuführen sind.

i

WEGVERLAUF: Parkplatz – Deil's Caldron (15 Min.) – Dunmore Hill (25 Min.) – Shaky Bridge (10 Min.) – Parkplatz (50 Min.)

DAUER: ca. 1.40 Std.

LÄNGE: 6,5 km (ca. 200 m Höhenunterschied)

KARTE: OS 51

EINKEHRMÖGLICHKEIT: in Comrie

SCHWIERIGKEITSGRAD: Es handelt sich mehr um einen Spaziergang als um eine Wanderung. Über Wald- und Feldwege, kurze Strecken auch über Straßen geht es über leichtes Gelände an einem Fluß entlang.

ANFAHRT: Von Perth folgt man der A 85 an Crieff vorbei bis Comrie. Fast am Ende des Ortes nach einer scharfen Rechtskurve (Schild nach Lochearnhead) liegt rechts an einer Kirche ein öffentlicher Parkplatz (insgesamt ca. 37 km).

DER WANDERWEG

Vom Parkplatz aus geht man auf die Straße zurück und in Fahrtrichtung weiter. An der Linkskurve führt der Weg geradeaus in den Wald hinein. Nach ca. 20 m weist ein Schild den Weg nach rechts am Fluß Lednock entlang.

Lednock ist neben Earn und Ruchill Water einer der Flüsse, denen Comrie seinen Namen verdankt. Im Gälischen bedeutet Conhruith soviel wie Zusammenfluß von langsam fließenden Wassern. Vor 400 Jahren war fast das ganze Land um Comrie bewaldet, wovon heute nur noch Reste zu sehen sind. In Laggan Wood auf der anderen Flußseite wurden Reste des ursprünglichen Eichen- und Birkenwaldes in neue Aufforstungen integriert.

Zwei Hinweisschildern am Weg, die zum Fluß weisen, sollte man unbedingt folgen, und zwar zum ›Wee Caldron‹ und zum ›Deil's Caldron‹ (15 Min.). Besonders am **Deil's Caldron** (Devil's Cauldron, Teufelskessel) läßt sich die erodierende Wirkung des Wassers erkennen. Da der Lednock nicht geradlinig zwischen den Felsblöcken herabfließt, werden Wirbel erzeugt. Die mitgeführten Steine und Sandpartikel reiben gegen den Felsen und schaffen kleine Kessel, aus denen das Wasser an der niedrigsten Stelle wieder austritt und durch die Wucht des Aufpralls wiederum ein Auffangbecken schafft. Im Laufe der Zeit wird der Flußlauf so durch die Schaffung von Becken ›begradigt‹, da das Wasser den kürzesten Weg bergab sucht.

Nach diesen Abstechern führt der Weg weiter zu einem Aussichtspunkt und kurz danach auf die Straße. Man wendet sich nach rechts und folgt nach wenigen Metern dem Hinweisschild auf den **Dunmore Hill** nach links (40 Min.).

Oben auf dem Hügel steht ein 22 m hohes Monument, das zu Ehren von Henry Dundas, dem ersten Viscount von Melville, errichtet wurde. Das Denkmal selbst ist allerdings den Anstieg nicht wert. Der Obelisk, über dessen ästhetischen Wert man streiten kann, wurde 1812 als Dank für Dandas Einsatz gestiftet, den er bei der Schaffung besserer Arbeitsbedingungen in den Salzbergwerken, im Kampf um größere religiöse Toleranz und bei der Aufhebung einiger Strafen gegen die Hochländer nach der Rebellion von 1745 zeigte. Die Aussicht hingegen entschädigt voll und ganz für den Anstieg. Im Süden sieht man über Comrie hinweg auf die Ochils und weiter im Osten (links) auf die Lomond Hills. Im Norden liegen Glen Lednock und der 929 m hohe Ben Chonzie, im Westen River Earn mit Loch Earn und links (südlich) von Loch Earn der 985 m hohe Ben Vorlich.

Nach dem Abstieg vom Denkmal folgt man der Straße nach links, dann an einem abzweigenden Feldweg dem Schild ›Laggan Wood‹ nach rechts. Kurze Zeit später erreicht man die **Shaky Bridge,** eine mittlerweile nicht mehr sehr wacklige Brücke, die mit einem Ende in einem Ahornbaum ruht (50 Min.).

Hier kann man die Folgen menschlicher und natürlicher Einwirkung auf die Bodenbeschaffenheit deutlich erkennen. Moor breitet sich aus und drängt altes Ackerland zurück, dessen Bewirtschaftung nach der Einführung neuer Anbaumethoden nicht mehr lohnend erschien. Außerdem versprach die Umstellung auf extensive Schafzucht größere Profite. Die wachsenden Farnbestände zeigen untrüglich die Verschlechterung des Bodens an. Schafe haben das Gras abgefressen, lassen jedoch den giftigen Farn stehen, der seinerseits das Wachstum anderer Pflanzen verhindert. Am Fluß Lednock stehen noch alte Erlen, die viel Feuchtigkeit vertragen und sehr genügsam sind. Die Zeiten, in denen ihr Holz zu Holzschuhen verarbeitet und alljährlich am ersten Mittwoch im Dezember auf dem sogenannten Clog-Market in Comrie verkauft wurden, sind lang vorbei.

Hinter der Brücke ist der Weg mit Pfosten und gelben Pfeilen markiert. Über zwei *stiles* gelangt man in den Laggan Wood und geht auf der anderen Seite des Flusses nach Comrie zurück. Am Ende des Waldes folgt man den Schildern ›Village Centre‹ zum Ausgangspunkt (1.40 Std.).

Wanderung 14: Von Comrie ins Glen Lednock

AM WEGE

Das **Earthquake House** steht wie weite Teile Comries, die noch aus der Erdbebenzeit stammen, unter Denkmalschutz. Seit 1790 hatte man Erschütterungen registriert, die ab 1839 so heftig wurden, daß Wissenschaftler 1840 hier die ersten Seismometer ausprobierten. Als dann endlich im Jahr 1869 das Erdbebenhaus mit zahlreichen Meßinstrumenten eingerichtet war, hatten die Beben schon nachgelassen, sehr zum Leidwesen der Wissenschaftler, die nichts mehr zu messen hatten, aber auch der Touristen, die sich von einem leichten Grollen der Erde einen kurzen Nervenkitzel versprachen.

Das **Museum of Tartans** erinnert an die alte Webindustrie in Comrie. Zahlreiche Landbewohner, denen durch die Umstellung von Ackerbau auf Schafzucht die Existenzgrundlage genommen war, zogen nach Comrie und verdienten sich als Weber in Heimarbeit ihren Lebensunterhalt. Mit der Industriellen Revolution wurde ihnen die Lebensgrundlage allerdings erneut genommen, so daß viele auswanderten (Öffnungszeiten: April–Mitte Okt. tägl. 9.30–17.30, Juni–Sept. tägl. 9–19.30 Uhr).

Im Wald bei Comrie

Der Nordosten

Der Nordosten Schottlands wird wegen seiner Form oft mit einer geballten Faust verglichen, deren Knöchel sich zornig und entschlossen der Nordsee entgegenstrecken. Auch im übertragenen Sinn trifft dieses Bild zu. Der Wagemut der Bewohner ließ schon früh in fast jedem Ort des langen Küstenstreifens einen florierenden Hafen entstehen – allen Sicherheitserwägungen zum Trotz.

Manchmal schien sich die Faust eher nach Süden zu wenden, gegen die Einführung neuer Sitten und Gebräuche und die Ansiedlung fremder Grundbesitzer – vergebens. Die Gebirgsregion der Grampians war keine unüberwindbare Barriere, da sie nicht bis zur Küste reichte und somit im Osten freien Zugang in die weiten Ebenen ermöglichte.

Kaum eine Region hat sich in den letzten 250 Jahren so sehr verändert wie diese. Auf 8550 km^2, rund 11 % des schottischen Festlands, befindet sich ein Viertel von Schottlands gesamtem Acker- und Weideland. Das war nicht immer so. Wie in der Flußebene des Forth bei Stirling verhinderten auch hier unzureichende Entwässerungsmethoden lange Zeit die landwirtschaftliche Nutzung der meisten tiefergelegenen Flächen.

Als im 1. Jt. v. Chr. ein Klimaumschwung einsetzte, begann der Kampf um das trockene Land. Gleichzeitig entwickelten die aus Europa einwandernden keltischen Siedler neue Techniken der Eisenverarbeitung, was zwar den Konkurrenzkampf zwischen den Stämmen anfachte und zum Bau von Verteidigungsanlagen führte, aber auch die landwirtschaftlichen Bearbeitungsmethoden verbesserte und ein Bevölkerungswachstum zur Folge hatte.

So sehr die Kelten mit ihrem strikt hierarchisch gegliederten Gesell-

schaftsaufbau den früheren Siedlern gesellschaftlich und militärisch überlegen waren, so wenig konnten sie dauerhaft den neuen aus England einströmenden Ideen von Christentum, Gottesgnadentum und Feudalismus entgegensetzen. Vor allem die Einführung des Erstgeburtsrechts war ihnen suspekt, da sie starke Führer brauchten, nicht solche, die ihnen per Geburt vorgesetzt wurden. Das hatte sie die Geschichte gelehrt, vor allem aber ein Mann: Macbeth (s. S. 114).

In den Tälern dieser Region wird heute ein Getränk hergestellt, das auf Besucher eine unwiderstehliche Anziehungskraft auszuüben scheint, der Whisky. Glenfiddich, Glen Grant, Glenlivet, Glenfarclas, Strathisla und Tamdhu sind die klangvollen Namen sowohl der Destillerien als auch ihrer Produkte. Nach den Wanderungen oder zwischen Besuchen kultureller Höhepunkte kann man sich bei einer Besichtigung der Brennereien einen Schluck auf Kosten des jeweiligen Hauses schmecken lassen.

Den meisten ausländischen Touristen ist diese Region als Urlaubsort der königlichen Familie bekannt. Nachrichten zeigen – aus gebührender Entfernung – Luftaufnahmen von Balmoral, gelegentlich auch vom Thronfolger Prince Charles beim Angeln im River Dee. Daneben hört man von den Ölfunden in der Nordsee vor Aberdeen und den dadurch verursachten Umweltschäden an der Küste. Ansonsten scheint diese Region wenig zu bieten, zumal Ackerbau und Viehzucht weite Flächen unzugänglich machen. Die interessanten Küstenabschnitte im Norden und Südosten, die zahlreichen Erhebungen und die hohen Berge im Lochnagar-Gebiet werden meist übersehen – zu Unrecht, wie die folgenden Wanderungen beweisen sollen.

When shall we three meet again?

Die drei Hexen, die zum Auftakt von Shakespeare's Stück »Macbeth« ein Treffen mit dem Titelhelden verabreden, tanzen dabei im Wald von Forres unweit des Moray Firth um ihren Kessel, in dem allerlei Ekliges brodelt. Sie stellen sich Macbeth in den Weg und prophezeien ihm unaufgefordert, daß er König werden wird. Ungläubig vernimmt Macbeth zunächst die Kunde. Doch der Ehrgeiz zerfrißt ihn, und er bringt, angestachelt von seiner Frau, den schlafenden gütigen alten König Duncan in seiner Burg in Inverness um.

Generationen von Schülern und Studenten ist dieses Macbeth-Bild vermittelt worden. Der Realität entspricht das allerdings nicht. Shakespeare dichtete die Historie so um, daß den damaligen Untertanen deutlich wurde, daß Königsmord das schrecklichste aller Verbrechen sei und unausweichlich mit dem Tod des Schuldigen gesühnt werde.

Faktisch tötete Macbeth Duncan 1040 in einer Schlacht bei Elgin, als dieser ein junger, militärisch erfolgloser Herrscher war, der sein Reich kaum verteidigen, geschweige denn ausdehnen konnte. Nach dem damaligen Rechtsempfinden wurde sein Tod sogar als politisch notwendig erachtet.

Duncan war nach piktischem Recht auf den Thron gekommen, d. h. er war einer unter mehreren Thronanwärtern aus weiblicher Abstammungslinie. Sein Großvater hatte fast alle anderen Kandidaten umbringen lassen, nur einer lebte noch: Macbeth. Er hatte über seine Frau Ansprüche auf die Krone und erschien vielen Zeitgenossen als der bessere Regent. In seiner 17jährigen Regierungszeit zeigte er sich als kompetenter, gerechter und beliebter Herrscher, der wesentlich zur Konsolidierung des schottischen Reiches beitrug.

Shakespeare's Tyrann Macbeth verstrickt sich immer weiter in üble Machenschaften, bis er – nach eigenen Aussagen – knietief im Blut seiner unschuldigen Gegner watet. Von den Mächten des Bösen betrogen und im Stich gelassen, findet er seinen Tod, als ihn die Hexen im Birnam Wood auf den Hügel von Dunsinane austricksen. Die Soldaten benutzen die Zweige der Bäume als Deckung und bringen ihn um. In Wirklichkeit kam Macbeth 1057 in der Schlacht bei Lumphanan, ca. 40 km westlich von Aberdeen, ums Leben. Duncans Söhne folgten ihm auf den Thron.

15

Die Folgen enttäuschter Liebe

Eine Wanderung auf den Bennachie

Die Wanderung führt über offenes Moor- und Heideland zum Gipfel des Bennachie, der vor 400 Mio. Jahren aus Magma entstand und zahlreiche Spuren vorchristlicher Besiedlung aufweist. Viele Tierarten sind in die neu angepflanzten Wälder zurückgekehrt, auch wenn man einige von ihnen kaum zu Gesicht bekommt. Besonders in morgendlichem Nebel wird verständlich, warum diese Gegend so viele Legenden hervorgebracht hat.

WEGVERLAUF: Parkplatz – Hosie's Well (35 Min.) – Mither Tap (25 Min.) – Oxen Craig (40 Min.) – Craigshannoch (25 Min.) – Maiden Causeway (15 Min.) – Parkplatz (35 Min.)

DAUER: ca. 3 Std.

LÄNGE: 10 km (ca. 350 m Höhenunterschied)

SCHWIERIGKEITSGRAD: Die Wanderung weist keine besonderen Schwierigkeiten auf, doch ist das Gehen auf dem Heide- und Mooruntergrund an vielen Stellen, vor allem auf überwachsenen Wegen oder nach Regen, sehr beschwerlich. Die Zeitangaben für die Wege zu den Nachbargipfeln sind deshalb nur Richtwerte.

KARTE: OS 38

EINKEHRMÖGLICHKEITEN: keine

ANFAHRT: Von Aberdeen 26 km auf der A 96 bis Inverurie. Nach der Durchfahrt durch den Ort gelangt man an ein Schild ›Chapel of Garioch 1¾ m‹, an dem man nach links abbiegt. Am Maiden Stone (unbedingt anhalten und ansehen!) vorbei folgt man den Schildern zum Rowantree Parkplatz. Bus- und Zugverbindung von Aberdeen nach Inverurie.

DER WANDERWEG

Vom Parkplatz aus weisen Schilder den Weg, der durch ein Waldgebiet stetig bergan verläuft. Der Pfad führt an einer Mauer entlang bis zum Schild **›Hosie's Well‹** (35 Min.). Diese Quelle ist angeblich nach einem ortsansässigen jungen Mann benannt, der aus der Gefangenschaft nach der Schlacht bei Harlaw (1411) zurückkehrte und an gebrochenem Herzen starb, weil seine Braut einen anderen geheiratet hatte. Nun fließen seine Tränen aus dem Brunnen.

An der Weggabelung geht es geradeaus weiter, etwas steiler ansteigend, über Steinplatten und große Felsen aus dem Wald hinaus ins offene Moor mit verschiedenen Heidekrautarten und Beeren, auf Torfuntergrund auch mit

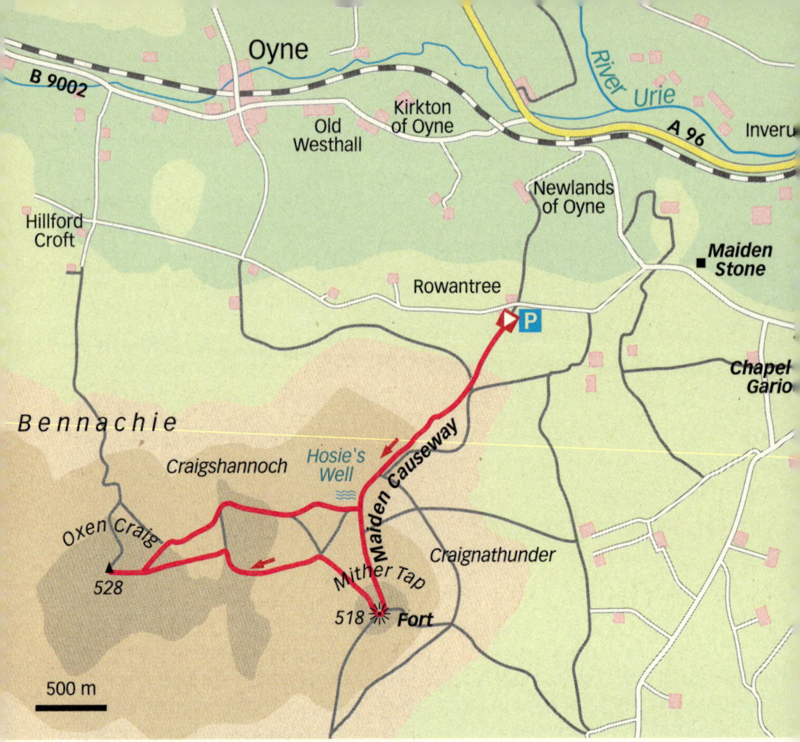

Wanderung 15: Auf den Bennachie

dem charakteristischen Wollgras, Moosen und insektenfressenden Pflanzen. Man sieht vor sich in einiger Entfernung den eigenwillig geformten 518 m hohen Gipfel des Mither Tap, der das erste Ziel der Wanderung bildet. Vermutlich folgt ein Teil des Wegs, den man für den Aufstieg benutzt, dem Verlauf des legendären **Maiden Causeway**, der im Zusammenhang mit der Sage um den Maiden Stone steht (s. S. 117).

Man besteigt den Gipfel des **Mither Tap** (1 Std.) durch den Steinwall des Forts, das aus dem 1. Jt. v. Chr. stammt. Die trocken aufgeschichtete Steinmauer umspannte einst den gesamten Gipfel. Die Hauptmauer war bis zu 7 m dick und weist noch heute eine Höhe von fast 2 m auf. Im Innern fand man Fundamente von etwa zehn Hütten sowie einen Brunnen, der jetzt mit Felsbrocken gefüllt ist. Nach der Freilegung eines römischen Lagers bei Durno nördlich von Inverurie scheint sich die Vermutung zu bewahrheiten, daß der Bennachie der Mons Graupius sein könnte, bei dem 84 n. Chr. der römische Feldherr Agricola die legendäre Schlacht gegen die Pikten unter Calgacus gewann (s. S.118).

Der Blick vom Gipfel reicht bei klarem Wetter bis zu den über 100 km entfernten Caithness Hills und verdeutlicht eindrucksvoll die strategisch günstige Lage dieses Bergs. Er veranschaulicht aber auch, welche Anstrengung es gekostet haben muß, die Steine für die Festung den langen Weg hinaufzutransportieren.

Der Abstieg erfolgt auf der Westseite des Gipfels und führt dann nach rechts auf einen Pfad, der zunächst fast parallel zum Aufstieg verläuft. An der Kreuzung weist ein Schild nach links zum Gipfel des 528 m hohen **Oxen Craig**. Vorbei an zwei rechts abzweigenden

Pfaden erreicht man diese Anhöhe über weites Moorland (1.40 Std.). Man geht am Oxen Craig zunächst auf demselben Weg zurück bis zur ersten Gabelung. Dort wendet man sich nach links, an der folgenden Gabelung nach rechts Richtung Craigshannoch (2.05 Std.).

Vom Craigshannoch steigt man nach Osten hinab, der Mither Tap liegt in Laufrichtung rechts voraus. An der Gabelung folgt man dem Schild zum Rowantree Parkplatz. Hinter einer Steinbrücke über den Maiden Causeway (2.20 Std.) stößt man bei Hosie's Well auf den Hinweg, auf dem man nach links zum Parkplatz zurückkehrt (3 Std.).

Warnung: Der auf manchen Karten eingezeichnete Weg von Craigshannoch nach Norden hinunter durch den Wald in Richtung auf einen Feldweg ist, vor allem nach Regen, fast nicht passierbar. Die großen Felsbrocken sind äußerst rutschig, und einen deutlichen Pfad durch das Heidekraut gibt es nicht.

AM WEGE

Dank der Bemühungen der Forestry Commission, der ca. 6000 ha (80 %) des Bennachie-Gebiets (ch wird h gesprochen, Betonung auf der letzten Silbe) gehören, erhält man eine vage Vorstellung, wie es hier ausgesehen haben mag, als zwischen 9000 und 3000 v. Chr. der dichte kaledonische Wald aus Eichen, Erlen, Weiden, Schottischen Kiefern und Ulmen noch existierte. Die heute vorherrschenden Nadelbäume sind sicherlich eintöniger, doch bieten sie nicht nur Drosseln, Finken, Amseln, Spechten, Elstern, Eulen und Sperbern gute Lebensbedingungen, sondern auch Füchse, Wildkatzen, Wiesel, Fasane, Hasen und Rotwild sind zurückgekehrt und haben sich stetig vermehrt. Leider bekommt man die meisten von ihnen ähnlich selten zu sehen wie Falken, Bussarde und Kreuzottern, die das offene Moorland bevorzugen.

Maiden Causeway und Maiden Stone: Ein Mädchen aus Drumdorno hatte viele Verehrer. Aus Rache schloß einer der von ihr Abgewiesenen in den Pittodrie Woods einen verhängnisvollen Pakt mit dem Teufel, dem er seine Seele zum Tausch anbot. Am Abend vor ihrer Hochzeit, als die junge Frau Haferplätzchen backte, stand plötzlich ein schöner Fremdling vor ihr. Er fragte sie, ob sie ihn heiraten würde, wenn er einen Weg auf den Bennachie legen könnte, bevor sie mit dem Backen fertig sei. Aus schierem Übermut und weil sie dieses Vorhaben als unmöglich ansah, gab sie dem Drängen des Fremdlings nach und versprach es. Noch bevor sie die letzten Plätzchen aus dem Ofen holte, sah sie, daß der Weg fertig war. Sie erkannte in dem Fremdling den Teufel und flüchtete in die Pittodrie Woods. Der Teufel holte sie jedoch ein, und als sie um Hilfe rief, wurde sie in einen Stein, den Maiden Stone, verwandelt. So jedenfalls die Legende. Tatsächlich ist der Maiden Stone mit seinen reichen Verzierungen eines der schönsten Kunstwerke aus piktischer Zeit.

Auf dem Gipfel des **Mither Tap** befindet sich eine Steinplatte mit der Inschrift »Thieves Mark« (Zeichen der Diebe). Unter der Jahreszahl AD 1858 stehen etwas schief die Buchstaben B (für Balquhain), P (für Pittodrie) und LE (für Logie Elphinstone), drei Gutsbesitzer, die sich Grund und Boden unrechtmäßig angeeignet hatten.

Bis 1859 war der Bennachie Gemeinbesitz, d. h. jeder konnte dort sein Vieh weiden, sich Torf, Steine und Holz nehmen oder den Boden bewirtschaften. Um 1850 lebten etwa zwölf Familien auf kleinen Parzellen im Osten des Hügels. Dann jedoch beanspruchten die Gutsbesitzer der angrenzenden Ländereien das Gebiet für sich selbst und erwirkten einen entsprechenden Gerichtsbeschluß in Edinburgh. Nach diesem *rape of the Bennachie* (Raub des Bennachie) mußten die ortsansässigen Kleinbauern entweder Pacht zahlen, oder sie wurden gewaltsam aus ihren Häusern vertrieben. Esson's Carpark ist nach dem letzten Siedler, ein Nachfahre des ersten Kleinbauern auf dem Bennachie, benannt, der dort 1939

Die Römer und die Schlacht am Mons Graupius

Gut 300 Jahre versuchten die Römer, in Schottland Fuß zu fassen. In England hatte die Besiedlung nach anfänglichen Rückschlägen keine ernsthaften Probleme bereitet, und Spuren römischer Zivilisation sind dort vielerorts zu finden. Mit Hadrian's Wall hatte man sich überdies ein steinernes Bollwerk nach Norden geschaffen, das einen wirkungsvollen Schutz gegen piktische Überfälle darstellte.

Der Eroberungswille der Römer endete aber nicht an diesem Wall im Norden Englands, immer wieder versuchten sie, Schottland ins römische Reich einzugliedern. Die Kette von Wachtürmen südlich von Crieff läßt vermuten, daß hier eine Befestigungslinie geplant war, vielleicht auch als Vorposten für das wohl größte römische Lager im Norden, das Ardoch-Fort bei Braco südlich von Crieff. Auf Geheiß von Kaiser Antoninus wurde 142 n. Chr. mit dem Bau des nach ihm benannten Antonine Wall begonnen, der Schottland auf der Höhe Glasgows zwischen dem Firth of Clyde und dem Forth in Nord und Süd teilen sollte. Ähnlich wie beim Hadrians-Wall sollten neben einem Erdwall mit Wachtürmen auch parallel ein Graben und eine Militärstraße entstehen. Das Vorhaben wurde nie vollendet, weil man auf Dauer nicht genug Soldaten abkommandieren konnte. Heute sind die Überreste dieses Walls nur an einigen Stellen bei genauer Ortskenntnis mit viel Vorstellungskraft erkennbar. Nach etwa 40 Jahren gaben die Römer (entmutigt?) dieses Bollwerk auf und zogen sich hinter Hadrian's Wall zurück.

Römische Befestigungsanlagen finden sich vereinzelt noch weiter nördlich bis zur Linie Dundurn/Crieff/Perth entlang der heutigen A 85. Von dort wurden Vorstöße nach Norden unternommen – wenig erfolgreich und kaum geeignet, den starb. Da trotz der allgemeinen Entrüstung über die Aneignung, die in eben dieser Steinplatte (wenn auch mit falscher Jahreszahl) ihren Niederschlag fand, niemand während der dafür vorgesehenen Zeitspanne von 40 Jahren gerichtlich Einspruch einlegte, wurde der Rechtsanspruch der drei in den Buchstaben verewigten Gutsbesitzer unanfechtbar.

Blick auf den Bennachie

einheimischen Bewohnern der nördlicheren Gefilde römische Vorstellungen von Zivilisation und rechter Lebensart zu vermitteln. Die Römer nannten ihre Gegner (verächtlich?) Pikten, was soviel heißt wie bemalte Männer.

Wie fast alle sieggewohnten Nationen taten sich die Römer schwer mit dem Eingeständnis, daß sie tatsächlich ein Volk nicht unterwerfen konnten, dem sie sich so überlegen fühlten. Ein Sieg mußte her, um das ›angeschlagene Image‹ wiederherzustellen. Und so kam es zur mysteriösen Schlacht am Mons Graupius (Grampians – vielleicht der Bennachie?) im Jahr 84 n. Chr. Unter der Führung des Feldherrn Agricola, so schreibt dessen Schwiegersohn Tacitus, besiegten die Römer die Pikten. Kampfplatz und Truppenstärken sind unbekannt, und zahlreiche andere Ungereimtheiten der Beschreibung haben zu der Vermutung Anlaß gegeben, es könne sich um eine reine Propagandaschlacht gehandelt haben. Warum sollten die Römer kurze Zeit nach einem so phänomenalen Sieg den Rückzug beginnen? Geblieben ist der Ausspruch des Piktenführers Calgacus über die Römer: »Sie schaffen eine Einöde und nennen es Frieden« (*Solitudinem faciunt, pacem appellant*).

16

Vom Einfluß der Adligen auf die Landschaft

Eine Wanderung an der Küste bei Cullen

Nicht nur Findlater Castle, der Endpunkt der Wanderung, zeigt, wie Adlige sich die Natur zunutze machten, solange es ihnen paßte, sondern schon der Ausgangsort Cullen verdankt seine heutige Form den Launen mehrerer Adliger.

WEGVERLAUF: Parkplatz – Hafen (5 Min.) – Logie Head (35 Min.) – Findlater Castle (30 Min.) – Parkplatz (1.10 Std.)

DAUER: ca. 2.20 Std.

LÄNGE: ca. 8 km

SCHWIERIGKEITSGRAD: Es handelt sich um eine einfache Küstenwanderung, die sich sogar als Spaziergang für den Abend eignet, eine Zeit, in der man Meer und Küstenformationen ungestört genießen kann. Die meisten matschigen Stellen wurden befestigt. Dennoch ist ein Küstenweg immer feucht.

KARTE: OS 29

EINKEHRMÖGLICHKEITEN: in Cullen

ANFAHRT: Von Aberdeen auf der A 96 bis kurz vor Fochabers, wo die A 98 rechts nach Cullen abzweigt. Auf dieser Straße gelangt man ins Stadtzentrum und parkt auf dem Square (insgesamt 112 km).

DER WANDERWEG

Ausgangspunkt der Wanderung ist der leicht zum Hafen hin abfallende **Marktplatz**, The Square. Als im 18. Jh. die Grafenfamilie derer von Seafield die Besitzungen vom Adelsgeschlecht der Ogilvies übernommen hatte und in Cullen House residierte, war ihnen Old Cullen bei ihren Ausdehnungs- und Verschönerungsplänen im Weg und wurde kurzerhand niedergerissen. Die Einwohner mußten in das um 1820 neu im Schachtbrettmuster angelegte Cullen umziehen. Mittelpunkt war der Marktplatz, wo noch einige der ursprünglichen Gebäude erhalten sind, u. a. das in den 20er Jahren des 19. Jh. errichtete Rathaus. Hier steht auch das Marktkreuz aus Old Cullen, ein achteckiger Pfeiler mit Wappentier aus dem Jahre 1696 auf einem im gotischen Stil errichteten, ebenfalls achteckigen Sockel von ca. 1830. Das dort eingearbeitete Holzrelief zeigt eine Muttergottes mit Kind, die noch älter als das Kreuz sein soll.

Auf dem Weg vom Marktplatz zum Hafen fällt der Blick unweigerlich auf die imposanten **Eisenbahnbrücken** an der Küste. Auch hierfür zeichnet indirekt die Familie Seafield verantwortlich. Eine Gräfin von Seafield weigerte sich im 19. Jh., der Eisenbahngesellschaft Land für den Bau der Bahnlinie zu verkaufen. So mußte die Great North of Scotland Railway 1886 diese bis zu 25 m hoch aufragenden Brücken als Umgehung erbauen. Heute ist dieser Teil der Eisenbahnlinie stillgelegt. Vielleicht ist es ein gerechter Ausgleich, daß Cullen House mittlerweile in Wohnungen umgewandelt wurde.

Zur linken Seite an der Küste sieht man hinter den Brückenbogen Seatown, das teils noch aus dem 17. Jh. stammende Fischerdorf unmittelbar an der Küste. Auch Cullen selbst lag ursprünglich am Meer an der Mündung des Cullen und hieß Invercullen (*inver* = an der Mündung). Während der Unabhängigkeitskriege um 1300 gegen den englischen König Eduard I. wurde die Bevölkerung jedoch umgesiedelt, und zwar landeinwärts nach Old Cullen.

Man geht rechts an den Lagerhäusern im Hafen (5 Min.) vorbei. Der Bau des Hafens begann im Jahr 1817, auch wenn die Fischerei eine wesentlich längere Tradition in Cullen hatte. Spezialität des Orts war geräucherter Schellfisch. Heute liegen fast nur noch die Boote der Hobbysegler im Hafen.

Man gelangt auf einen breiten Weg mit Sand- und Geröllunterground. Der Weg ist gut erkennbar und verläuft

An der Küste bei Cullen

immer in Sichtweite der Küste, so daß man ihn nicht verfehlen kann. Zwischen Meer und Klippen läuft man an den Dünen entlang, folgt also nicht dem Weg nach rechts oben auf die Kuppe. An einem *salmon bothy* (Schutzhütte) mit dem Namen Portlong verengt sich der Weg und führt dann weiter, auch über Steine, bis an einen Vorsprung mit einem aufragenden Felsen (**Logie Head**, 40 Min.). Hier, aber auch an anderen steilen Felsklippen, kann man häufig Kletterer beim Training sehen.

Der Weg verläuft jetzt über Erhebungen auf und ab und über eine stufenförmige Befestigung nochmals hinauf, immer dicht hinter den braunen Felsen. Matschige Stellen sind mit Steinen und Holzbrettern abgedeckt.

Man ignoriert alle Abzweigungen nach rechts hinauf auf die Dünen und

Wanderung 16: An der Küste bei Cullen

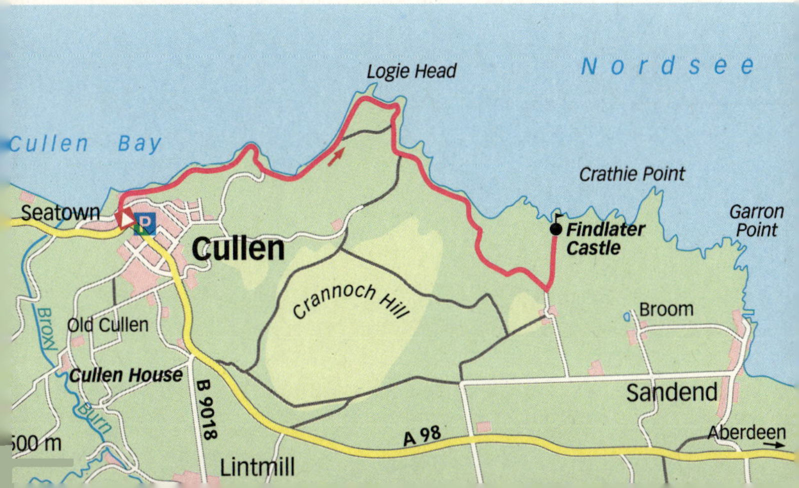

Findlater Castle

geht bis zu einem Zaun, den man über einen *stile* überquert. Hinter dem Zaun geht man hoch und bleibt oben.

An den Hängen sieht man häufig Rotwild. Dieser Teil der Küste, an dem in den 30er Jahren ein Franzose als Einsiedler lebte, heißt bei den Einheimischen Sunnyside. Man geht links an einem Zaun entlang, und in einem der Felder auf der rechten Seite sieht man einen steinernen Taubenschlag aus dem 16. Jh. Man gelangt von hinten an ein Schild, das Richtung Strand auf Sunnyside Beach weist.

Man befindet sich jetzt oberhalb von **Findlater Castle**, das verfallen und größtenteils grasüberwachsen auf einer ins Meer hineinragenden Felsklippe steht (1.10 Std.). Ab 1455 lebte das Adelsgeschlecht der Ogilvies hier. Aber um 1600 entsprach diese Behausung wohl nicht mehr den gestiegenen Ansprüchen, die Ogilvies bauten sich mit Cullen House einen neuen Familiensitz in der Nähe der Kirche, und die Burg zerfiel. Der Rückweg verläuft auf derselben Strecke, da man sonst über die viel befahrene Straße laufen müßte.

Speyside Way

Dieser markierte Fernwanderweg soll später eine Gesamtlänge von 96 km erreichen und Spey Bay am Moray Firth mit Glenmore Lodge bei Aviemore verbinden. Die erste Hälfte, 48 km von Spey Bay bis Ballindaloch, wurde im Juli 1981 offiziell eröffnet.

Der nördlichste Punkt des Speyside Way ist Tugnet oder Spey Bay, ein Vogelparadies knapp 20 km westlich von Cullen am Moray Firth gelegen. Der durch Hochwasser und Gezeiten an das Ostufer angespülte Sandkies muß regelmäßig entfernt werden, damit der Fluß sich keine neue Mündung schafft. Tugnet war lange Zeit ein wichtiger Umschlagplatz für Lachs, der ab 1830 in dem wohl größten Eishaus Schottlands gelagert wurde. Heute beherbergt das *Ice House* ein Museum.

Von Tugnet führt der Weg am Ostufer des Spey auf *fishermen's walks* (Anglerwegen) nach Fochabers. Man passiert das 290 m lange Speymouth Railway-Viadukt, das im Jahr 1886 für die Eisenbahnverbindung von Elgin zur Küste nach Banffshire erbaut wurde und heute Teil eines öffentlichen Wegs ist.

Fochabers hat eine ähnliche Geschichte wie Cullen (siehe S. 120ff.). Es wurde 1776 vom Herzog von Gordon errichtet, da sich das ursprüngliche Dorf auf dessen Grund und Boden befand und abgerissen wurde. Von Fochabers nach Boat o'Brig, dem Ende der ersten Etappe (16 km), folgt man der Straße nach Ordiequish, vorbei an den *earth pillars* bei Aultderg, säulenartigen Erdgebilden, die vom Regenwasser in Tausenden von Jahren aus dem weichen roten Ton und Kies gewaschen wurden. Boat o'Brig verdankt seinen Namen einer eingestürzten Brücke, die bis zum Wiederaufbau durch eine Fähre ersetzt wurde.

Von Boat o'Brig bis Craigellachie (11,5 km), dem Endpunkt der zweiten Etappe, führt der Weg größtenteils durch Aufforstungen, meist Nadelwälder, bzw. dicht an ihnen vorbei. Nördlich des Wegs, U-förmig vom Fluß Spey umgeben, liegen die Reste von Aikenway Castle, das aus dem 15. Jh. stammen soll. Wenn man Arndilly House, einen Herrensitz aus der Mitte des 18. Jh., hinter sich gelassen hat, wandert man über kleinere Landstraßen bis nach Craigellachie.

Nicht unmittelbar am Weg, aber sehenswert ist die 1814 errichtete Telford-Brücke nördlich von Craigellachie, die älteste noch existierende Brücke ihrer Art Zwischen hohen Stützpfeilern aus Quaderstein mit je zwei kleinen Türmchen spannt sich eine gußeiserne Konstruktion von knapp 46 m Länge in ungefähr 10 m Höhe über den Spey.

Von Craigellachie führt ein markierter Abstecher ca. 5,5 km in Richtung Dufftown. Der Weg folgt dem Tal des River Fiddich bis zur Convalmore Distillerie und dem dortigen Picknickplatz. Von hier ist es nicht weit zur wohl allseits bekannten Glenfiddich Distillerie, den Ruinen des Balvenie Castle und Dufftown selbst.

Die dritte Etappe von Craigellachie nach Ballindalloch (20,5 km) folgt der ehemaligen Eisenbahnlinie recht nah am Fluß entlang. In den 60er Jahren wurde diese Strecke stillgelegt, da der erwartete Güterverkehr ausblieb und der Personen- und Ausflugsverkehr die Unterhaltungskosten nicht deckte. Durch einen kurzen Tunnel erreicht man Aberlour, Sitz der für Shortbread, Butterkekse, die in dekorative Dosen verpackt werden, und Oatcakes, runde ungesüßte Haferplätzchen, berühmten Firma Walkers. Im weiteren Verlauf passiert man drei Whisky-Brennereien in Carron, Knockando und Tamdhu, die zu dem ca. 100 km langen Malt Whisky Trail gehören, der acht der bekannteren Whisky-Brennereien der Speyside verbindet, aber auch – so Eingeweihte – noch um einige Ziele erweitert werden kann.

Auf dieser letzten Etappe kann man Falken und Sperber sehen, zahlreiche Wildblumen locken eine Vielfalt von Schmetterlingen an. Ballindalloch markiert das vorläufige Ende des Speyside Way. Die Verhandlungen über den weiteren Verlauf sind noch nicht abgeschlossen, da der Weg zum Teil über Privatbesitz führen müßte.

Im Frühjahr 1988 wurde ein weiterer Abstecher ins ca. 24 km entfernte Tomintoul, dem höchstgelegenen Dorf in Moray, der Öffentlichkeit übergeben. Auch dieser Weg ist markiert, allerdings aufgrund der rauheren Landschaft bei schlechten Sichtverhältnissen nur mit Karte und Kompaß zu begehen. Über die alte Bridge of Avon und an den Toren des Ballindalloch Castle vorbei verläßt der Weg bald gepflasterte Straßen und folgt Pfaden durch das Moorland und über Hügel, die gute Sicht auf die Umgebung bieten. Über das ausgedehnte Torfmoor Feithmusach erreicht man dann das nördliche Ende von Tomintoul. Von dort bringt den müden Wanderer in der Sommerzeit (6. Juni bis 24. September) mittwochs, freitags und sonntags ein Bus (Informationen in Ballindalloch oder Tugnet) in knapp zwei Stunden wieder zum Ausgangspunkt, dem Tugnet Ice House, zurück.

Speyside Way

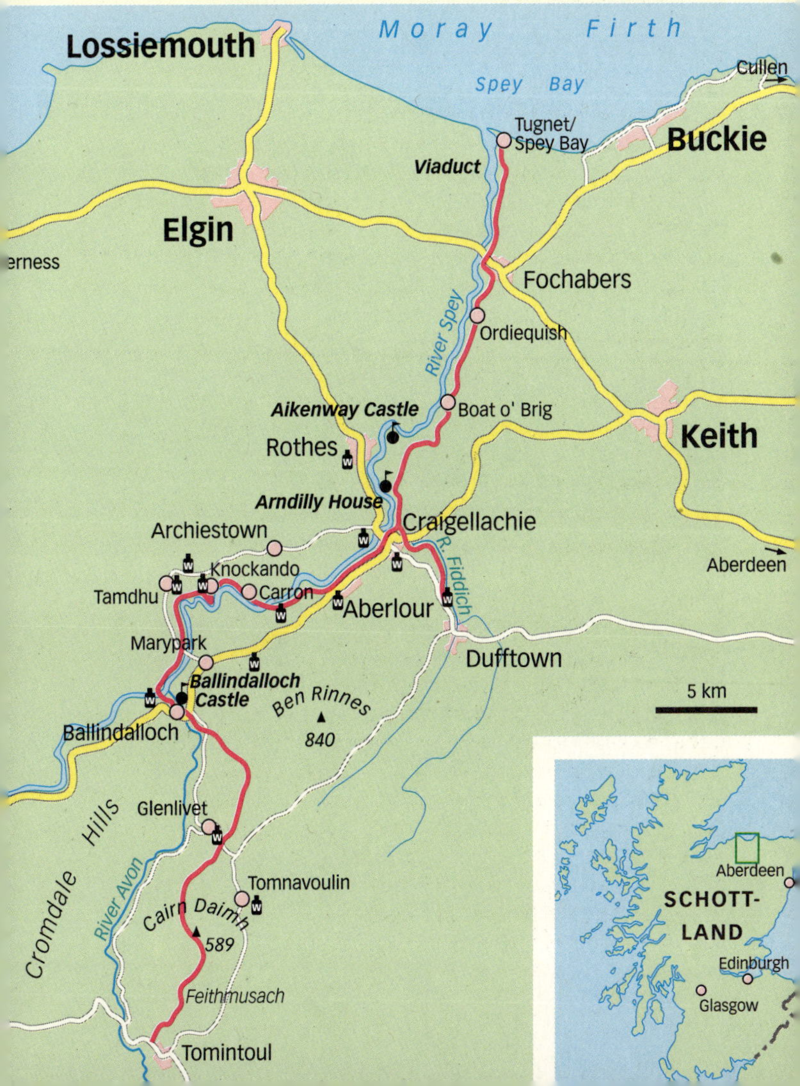

KITTYFISHER
OB 61

17

Bis zur Teufelsspitze und zurück

Eine Rundwanderung vom Linn of Dee aus

Diese Wanderung führt in die Bergwelt der Deeside, allerdings durch die Täler an zwei Flüssen entlang, nicht auf die Gipfel, da diese recht schwer zu erklimmen sind. Die Bewältigung einiger Steigungen ist aber auch in den Tälern unvermeidlich.

WEGVERLAUF: Parkplatz – White Bridge (55 Min.) – Devil's Point (2.25 Std.) – Luibeg Bridge (45 Min.) – Derry Lodge (45 Min.) – Brücke (1.10 Std.) – Parkplatz (45 MIn.)

DAUER: 6¾ Std.

LÄNGE: 25 km (600 m Anstieg)

SCHWIERIGKEITSGRAD: Diese Wanderung ist wegen der Länge, auch wegen des hauptsächlich feuchten Geröll-, Fels- und Torfuntergrunds recht anstrengend.

KARTE: OS 43

EINKEHRMÖGLICHKEITEN: keine

ANFAHRT: Von Braemar fährt man über die A 93, von dort weiter bis nach Inverey. Dort hält man auf dem Parkplatz am Ende der Straße (ca. 10 km).

DER WANDERWEG

Vom Parkplatz geht man ein Stück rechts vom Glen Dee mit dem River Dee in Richtung Lairig Ghru zurück. Man läuft an einer Brücke vorbei, die 1857 von Königin Viktoria eröffnet wurde. Sie führt über den Linn of Dee, eine schmale, knapp 140 m lange Klamm, durch die das Wasser des Dee je nach Jahreszeit mehr oder weniger spektakulär und ›whiskyfarben‹ hinabfließt. Am Tor informiert ein Schild über die Jagdsaison im Jagdrevier von Mar (Hirsche 1. 8.–20. 10. und Hirschkühe 20. 10.–28. 2.). Besucher werden gebeten, auf den Wegen zu bleiben und Hunde an der Leine zu führen.

Ein breiter Feldweg führt, teilweise durch Wald oder an Hängen mit Heidekraut vorbei, nach knapp einer Stunde zur **White Bridge**, die man jedoch nicht überquert, sondern kurz vorher rechts auf einen Feldweg in Richtung des Wegweisers ›Aviemore by Lairig Ghru‹ abbiegt. Der Weg führt rechts am River Dee entlang in ein breites Tal.

Je weiter man geht, desto höher werden die Berge: in Laufrichtung vorn links der 1004 m hohe **Devil's Point**, rechts daneben auf der anderen Talseite Carn a'Mhaim mit 1037 m. Der Untergrund ist, wie in Flußnähe kaum anders zu erwarten, sehr feucht, auf den Steinen und stark erodierendem Torfboden auch rutschig.

Der Weg führt bis an den Fuß dieser Berge, wobei man vorher ein Flüßchen überqueren und an dessen linkem Ufer entlanglaufen muß (3.20 Std.). Kurz vor einer Mountain Refuge Hut (Courreur Bothy) trifft der Weg im spitzen Winkel mit einem von rechts kommenden Pfad zusammen, auf dem man zurückgeht.

An dieser Schutzhütte beginnt der **Lairig Ghru**, die wohl bekannteste Verbindung zwischen Deeside und Speyside, die durch das Gebiet von Rothiemurchus bis in die Nähe von Aviemore führt. Besonders in der kälteren Jahreszeit hat diese, gelegentlich schwer zu bewältigende Strecke manchen Wan-

Luibeg Burn

Rotwild am Luibeg Burn

derer überfordert, so daß der Rettungsdienst eingreifen mußte.

Auf einem sehr nassen und steinigen Pfad nähert man sich auf dem Rückweg dem Fluß Luibeg Burn, den man entweder auf der Brücke **Luibeg Bridge** gut 500 m (links) überquert oder direkt durch eine Art Gehege auf einer Insel über zwei Seitenarme hinweg (4.05 Std.).

Kurz danach wird der Weg wieder breiter und sandiger. Rechts vom Fluß liegt ein Wäldchen mit alten Bäumen, links am Hang eine Aufforstung mit Nadelbäumen. Der Weg führt auf den Fluß Lui Water zu. Auf der anderen Flußseite steht in Laufrichtung ein kleines weißes, von alten Bäumen umgebenes Haus.

Man muß einen Seitenarm des Flusses Derry Burn überqueren und dann links am Fluß entlanggehen bis zur Brücke mit Hinweisschildern. Man läuft rechts an einem verlassenen Haus, der **Derry Lodge**, vorbei (4.50 Std.). Es diente ehemals als Jagdhütte, dann als Jugendherberge, bevor es aufgegeben und dem Verfall überantwortet wurde.

Hier finden sich noch außergewöhnliche Exemplare der kaledonischen Kiefern, die der Abholzung entgangen sind, weil man bis zum 18. Jh. nicht über geeignete Methoden des Holztransports verfügte. Dann entdeckte man die ›kanadische‹ Methode, die Baumstämme die Flüsse hinabtreiben zu lassen, wobei einige Männer auf den Stämmen deren Lauf überwachten. Sie landeten am Zusammenfluß von Dee und Lui, wo es einst ein Sägewerk gab.

Neben diesem sich natürlich regenerierenden Wald sieht man auch die

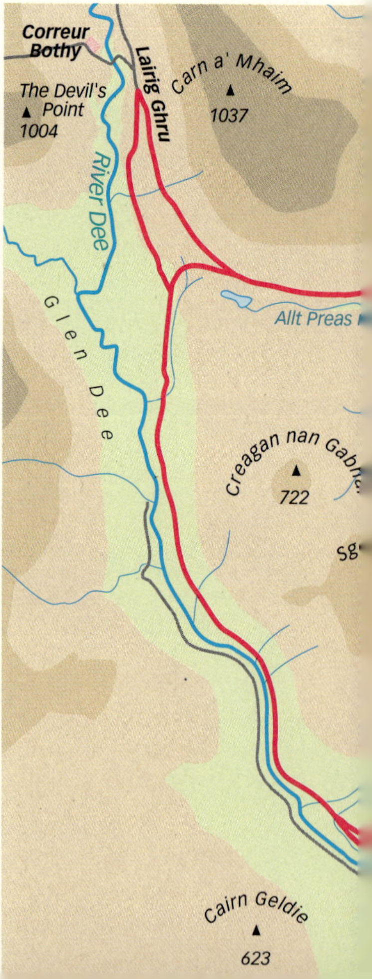

Wanderung 17: Eine Rundwanderung vom Linn of Dee aus

Bemühungen des Menschen, den Waldbestand zu sichern. Dieses Eingreifen ist vor allem deshalb nötig, weil das für die Jagd gehaltene Rotwild das Wachstum der jungen Bäume verhindert. An beiden Flußufern kann man Aufforstungen sehen.

Man läuft auf einem breiten Feldweg, bis man nach ca. 3 km wieder eine **Brücke** überquert (6 Std.) und rechts vom Fluß an einem Zaun entlang bis zur Straße geht. Hinter diesem Zaun befinden sich Schonungen, die vor dem Zugriff des Wilds geschützt werden sollen. Leider werden auch die Wandermöglichkeiten durch solche Gehege empfindlich eingeschränkt und der Reichtum an Landschaftsformen erheblich reduziert. Noch größere Umwälzungen in der Gestaltung des gesamten Mar-Lodge-Anwesens könnte es geben, wenn sein Besitzer, der amerikanische Milliardär John Kluge, seinen Plan verwirklicht, die gut 31 000 ha Land meistbietend zu veräußern. Neben zahlreichen Natur- und Tierschutzverbänden hat sich auch Thronfolger Prince Charles persönlich dafür ausgesprochen, das Anwesen in britischen Staatsbesitz zu bringen. Auf der Straße wendet man sich dann nach rechts zum Parkplatz ($6^3/_4$ Std.).

Schottisch-englische Versöhnung in der Royal Deeside

Schloß Balmoral, der Sommersitz der englischen Königin, und der River Dee verbinden sich zur Royal Deeside, der königlichen Landschaft des Dee, die auch dann majestätisch ist, wenn die Hoheiten nicht in ihrer Sommerresidenz weilen.

Von allen schottischen Flüssen liegt die Quelle des Dee am höchsten, 1219 m hoch in der Nähe des Gipfels des Einich Cairn (1237 m). Von dort fließt er durch das tiefe Tal des Lairig Ghru, durch Wald, Moor und Felder bis nach Aberdeen, durch eine geschichtsträchtige Landschaft mit Burgen und Herrenhäusern, vorbei an Schlachtfeldern und Resten alter Kulturen.

Das 1628 errichtete Braemar Castle war einst eine Hochburg der Jakobiter, und das Invercauld Arms Hotel steht genau an dem Platz, wo 1715 der Graf von Mar die Standarte des ›alten Prätendenten‹ Jakob (»The Old Pretender«) mit seinen Ansprüchen auf den englischen Thron entrollte. Ungefähr 10000 Hochländer folgten seinem Aufruf zum Kampf gegen die Engländer, doch scheiterte der Aufstand vor allem an den mangelnden Fähigkeiten des Grafen als Soldat und Führer. Nach dem letzten großen Aufstand wurde die Burg 1745 Garnison der Truppen des Hannoveraner-Königs Georg II., sicherlich nicht ganz im Sinn ihrer ursprünglichen Besitzer.

Wenn sich heute ähnlich große Menschenmassen in Braemar treffen, tun sie das in friedlicher Absicht. Die farbenprächtigen Hochlandspiele, Braemar Highland Gathering, sind wohl die berühmtesten ihrer Art und locken jährlich Tausende von Besuchern an.

Die Ursprünge dieser Spiele sollen bis zu Malcolm III. Canmore ins 11. Jh. zurückreichen, der in regelmäßigen Wettkämpfen die schnellsten Boten und die fähigsten Kämpfer für sein Heer ermitteln ließ. Andere führen die Spiele auf eine 1826 gegründete Gesellschaft zur Wahrung schottischen Brauchtums und männlichen Hochlandsports zurück. Nach der Rebellion von 1745 war es den Schotten nicht nur verboten, Waffen mit sich zu führen, auch Kilts und Kleidung im Tartanmuster durften nicht mehr getragen werden,

Schloß Balmoral

außerdem war es untersagt, Dudelsack zu spielen. Erst der englische König Georg IV. unternahm 1822 wieder eine Reise in den Norden seines Königreichs. Als er in Edinburgh in traditioneller schottischer Kleidung erschien, wurde der Kilt wieder salonfähig – sogar bei den Tieflandschotten, die ihn vorher nicht getragen hatten.

Häufige Besucher des Hochlands waren später Königin Viktoria und ihr Ehemann Prinz Albert. Sie mieteten Schloß Balmoral 1848 für einen Urlaub, vier Jahre später entschloß sich Prinz Albert zum Kauf des gesamten Besitzes. Das aus dem 15. Jh. stammende Schloß wurde abgerissen und der jetzige Palast nach Plänen des Prinzen im schottischen Baronialstil erbaut. 1855 war er bezugsfähig.

Bis heute verbringt die königliche Familie traditionell ihren Sommerurlaub jedes Jahr in Balmoral – wie man aus der Boulevardpresse weiß, nicht zum ungeteilten Vergnügen aller Familienmitglieder. Hunderte von Schaulustigen säumen jeden Sonntag den Verbindungsweg zwischen dem Schloß und Crathy Church, um einen Blick auf die Königin bei ihrem sonntäglichen Kirchgang zu werfen.

18

Wo sich Byron und Prince Charles inspirieren ließen

Eine Wanderung zum Lochnagar und Loch Muick

Diese Wanderung führt zu einem der landschaftlich reizvollsten Punkte Schottlands, dem von schroffen Felsen umgebenen See Lochnagar und auf den Gipfel, der heute auch so genannt wird. Der Rückweg entlang dem Loch Muick verläuft durch etwas sanftere, gezähmte Landschaftsformen.

WEGVERLAUF: Parkplatz – Haus am Wald (20 Min.) – Abzweig nach links (1 Std.) – Sattel (1 Std.) – Cuidhe Cròm (35 Min.) – Cac Carn Beag (40 Min.) – Abzweig oberer Alternativweg (20 Min.) – Abzweig unterer Alternativweg (45 Min.) – Jagdhütte (30 Min.) – Bootshaus (1 Std. 10 Min.) – Parkplatz (30 Min.)

DAUER: ca. 7 Std. (kurze Alternative ohne Aufstieg ca. 3 1/2 Std.)

LÄNGE: 20 km (ca. 800 m Höhenunterschied)

SCHWIERIGKEITSGRAD: Eine aufgrund der z. T. sehr steilen Anstiege, bei denen gelegentlich die Hände zur Hilfe genommen werden müssen, anstrengende und schwierige, wenn auch bei guten Wetterbedingungen ungefährliche und lohnende Wanderung.

KARTE: OS 36

EINKEHRMÖGLICHKEITEN: keine

ANFAHRT: Von Braemar auf der A 93 nach Ballater (27 km). Dort nimmt man die B 976 nach Westen bis zur Bridge of Muick, wo man nach links der Straße nach Spittal of Muick folgt, an deren oberen Ende nach 11 km ein Parkplatz liegt. Bus von Bramaer nach Ballater.

DER WANDERWEG

Das Spittal of Glenmuick war bis Mitte des 19. Jh. eine Herberge für Viehtreiber, die über Capel Mount(h) weiter nach Süden ins Glen Clova zogen. Auch die Whisky-Schmuggler benutzten diese Strecke. Im Februar 1745 machte hier ein Teil von Bonnie Prince Charlies Truppen Rast auf dem Weg nach Culloden, von wo die meisten nicht zurückkehrten. Heute gehört das gesamte Gebiet der königlichen Familie.

Vom Parkplatz geht man über eine Brücke an einem kleinen Haus, dem »Besucherzentrum«, vorbei. An einer Weggabelung mit zwei Hinweisschildern ›Loch Muick Path‹ (geradeaus) und ›Lochnagar Path‹ (rechts), folgt man dem breiten Feldweg nach rechts. Nach einer weiteren Brücke gabelt sich der Weg an einem Haus. Rechts geht es zum Glen Muick, d. h. in die Richtung, aus der man gekommen ist. Man hält sich links und geht an dem nächsten Schild ›Lochnagar Path‹ direkt am Haus vorbei (20 Min.) und vor dem Zaun rechts.

Der Weg wird enger und führt über eine schmale Holzplankenbrücke in den Wald hinein. Nach dem Waldstück muß man unten den Fluß Allt-na-giubhsaich (gesprochen altnaguschich) überqueren. Der Weg verläuft über eine längere Strecke stetig ansteigend, nach oben nehmen die Steigungen ab. Dort bietet sich eine schöne Aussicht auf ein bewaldetes, mit Heidekraut bewachsenes Tal.

Nach einer scharfen Rechtskurve verläuft der Weg ebener. Dort führt ein deutlich erkennbarer Pfad links abwärts (1.20 Std.). Jetzt bieten sich zwei Möglichkeiten: Geradeaus geht es hinauf Richtung Lochnagar. Wer sich nicht auf diese anstrengendere, aber lohnende Strecke begeben will, nimmt den Pfad,

Wanderung 18: Zum Lochnagar und Loch Muick

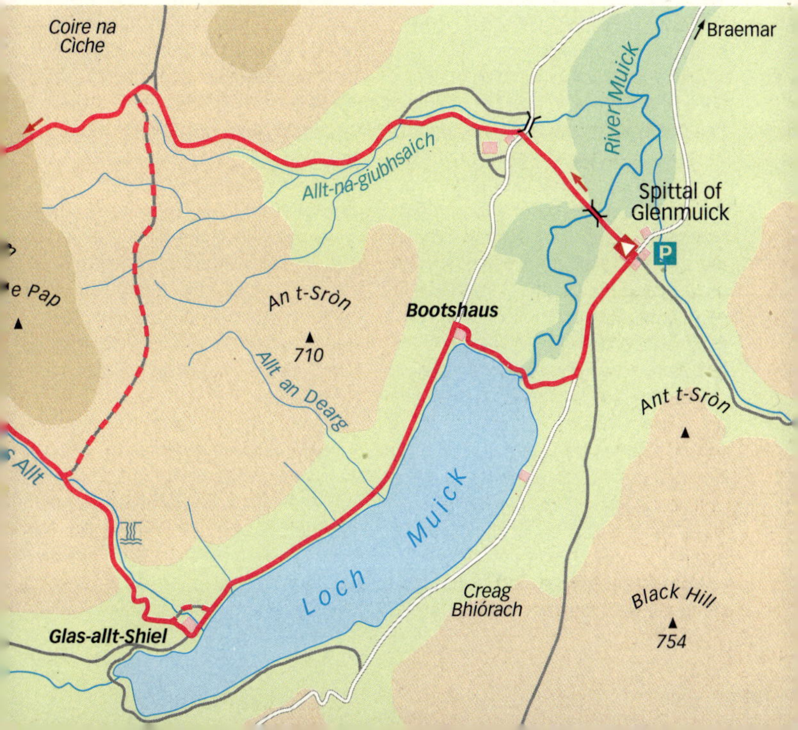

der kurze Zeit später links abzweigt und in ca. 3 km bis zum Fluß Glas Allt führt. Dort überquert man den Fluß, wendet sich nach links und läuft weiter bergab in Richtung Loch Muick.

Wer die ›Langfassung‹ wählt, klettert hoch auf den Sattel, von dem man den See **Lochnagar** (Betonung auf der letzten Silbe) das erste Mal sehen kann (2.20 Std.). Bei dem Anblick dieses Sees der Ziegen oder rauhen Sees (so wörtliche Übersetzungsversuche) inmitten der schroffen Felswände kann man verstehen, daß der Dichter Lord Byron ins Schwärmen geriet und die majestätische Wildheit der steilen und zerklüfteten Felsen des dunklen Lochnagar im Gegensatz zu der harmlosen, hausbackenen Schönheit Englands lobte. Prince Charles inspirierte der See zu der Kindergeschichte »Der alte Mann von Lochnagar«. Böse Zungen behaupten allerdings, daß er nie am See gewesen sei.

Vom Sattel geht es nach links über große Felsbrocken, bei deren Überquerung die Hände hilfreich sein können, steil hinauf auf das Plateau des 1083 m hohen **Cuidhe Cròm** (2.55 Std.), nicht aber bis zu dessen Gipfelpunkt. Über den Rand der zerklüfteten Klippen mit Sicht auf den See erreicht man stetig steigend den höchsten Gipfel (3.35 Std.), **Cac Carn Beag** (gesprochen Kach Karn Big), was aus dem Gälischen stammt und kleiner Misthügel bedeutet. Für die meisten heißt dieser höchste Gipfel der Bergkette südlich des River Dee jedoch wie der See einfach Lochnagar. Nicht ganz Schwindelfreie benutzen einen breiteren, links verlaufenden Pfad, der, weil er unterhalb des Gipfels entlangführt, aber weniger imposante Ausblicke bietet.

Wenn man das Panorama vom Gipfelpunkt ausgiebig genossen und die umliegenden Berge und Ortschaften mit Hilfe der Orientierungstafel identifiziert hat, beginnt der Abstieg auf dem breiteren Anstiegsweg, von dem man aber nach rechts in das mit Heidekraut und Blaubeeren bewachsene Tal ab-

Lochnagar

Nach links führt ein breiter flacher Weg am Loch Muick entlang. Zwar ist man anfangs dankbar über die fehlenden Steigungen und genießt auch die Sicht auf den See, doch kann nach so vielen überwältigenden Eindrücken dieser Rückweg doch etwas langweilig werden. Man ist froh, wenn man das Bootshaus (6.20 Std.) erreicht hat und weiß, daß man über den Weg, der nach rechts auf die andere Seite führt, in einer halben Stunde zum Auto gelangt (6.50 Std.).

zweigt (3.55 Std.). Man folgt dem Fluß Glas Allt auf der linken Seite, bis er so schmal wird, daß man ihn gut überqueren kann – spätestens dort, wo ein deutlich erkennbarer Weg, der untere Alternativweg, von links einmündet (4.40 Std.).

Man läuft mit Blick auf das geschützt und malerisch unterhalb heidekrautbewachsener Hänge liegende Loch Muick. An einem Wasserfall vorbei führt der Weg z. T. in kleinen Serpentinen abwärts auf ein Waldstück zu. Dort kann man entweder nach links über eine Brücke auf den Loch Muick-Rundweg abbiegen oder geradeaus durch den Wald auf ein kleines Haus zugehen (5.10 Std.). Dieses Haus wurde 1868 von Königin Viktoria als **Jagdhütte** erbaut und wird noch heute von den jüngeren Mitgliedern der königlichen Familie genutzt. Wenn nicht gerade hoher Besuch anwesend ist und Sicherheitskräfte die Annäherung an das Haus verhindern, kann man einen Blick durchs Fenster wagen.

AM WEGE

Seine bizarre Form verdankt **Lochnagar** zunächst den unterschiedlichen Schüben flüssigen Magmas, das sich vor ca. 400 Mio. Jahren durch Risse und Spalten einen Weg aus dem Erdinneren zur Oberfläche bahnte. Die jeweils nachfolgenden heißen Schichten schoben sich wie russische Puppen ineinander, wobei auch schon erkaltetes Gestein wieder aufriß und schmolz.

Vor ca. 50 Mio. Jahren hob sich das gesamte Hochland und neigte sich nach Südosten (s. S. 12). Damals herrschte hier subtropisches Klima. Seit dieser Zeit fließen die längsten Wasserläufe von Westen nach Osten bzw. Südosten.

Die Eismassen und Gletscher der letzten Eiszeit vor gut 10000 Jahren waren die letzten formenden Kräfte. Eine 1500 m dicke Eisschicht bedeckte das gesamte Hochland, so daß selbst die höchsten Gipfel nicht hervorragten. Die sich in diesem Gebiet nach Nord-Nordosten bewegenden Gletscher schufen tiefe Schluchten und U-Täler, von denen eines das Tal des Muick (gesprochen Mick) ist, an dessen Ufer der Rückweg entlangführt.

Die Highlands

Schottland ohne die Highlands ist wie Schnee ohne Wasser. Die Gebirgsregion nimmt knapp die Hälfte des Landes ein, aber nur 5 % der Bevölkerung wohnen dort. (Zum Vergleich: Auf einer größeren Fläche als Nordrhein-Westfalen leben weniger Menschen als in Bochum.) ›Schuld‹ an der dünnen Besiedlung ist das, was diese Region bei Wanderern und Naturfreunden so beliebt macht: Berge, Moor, Steilküste.

Für intensive Landwirtschaft ist der Boden zu schlecht und für Industrieansiedlungen die Infrastruktur völlig unzureichend, von fehlenden abbauwürdigen Bodenschätzen und den äußerst schwierigen Transportbedingungen gar nicht erst zu reden. Wo der Boden mit Mühe Schafe, nicht aber Menschen ernähren kann, setzt Abwanderung ein, zunächst in die fruchtbareren Nachbargebiete, langfristig aber vor allem in die Ballungszentren des mittelschottischen Tieflands.

Innerhalb der Grafschaften, die zu der Region Highlands zusammengeschlossen wurden, gibt es erhebliche geographische Unterschiede und folglich auch ungleich verteilte wirtschaftliche und soziale Lasten, die zu einem deutlichen Nord-Süd- und West-Ost-Gefälle führen.

Sutherland im Nordwesten ist wohl am schwersten betroffen. Von den 4499 km^2 zwischen den Linien Melvich – Helmsdale im Osten und Lochinver – Bonar Bridge im Süden sind nur 1,5 % – meist entlang der Küste – landwirtschaftlich nutzbar. Der Rest besteht aus malerischen, aber ökonomisch wenig rentablen Bergen, Seen, Flüssen und Mooren. Es verwundert daher nicht, daß hier durchschnittlich noch nicht einmal drei Einwohner auf einem Quadratkilometer leben – Tendenz weiterhin fallend.

Anders in der nordöstlichen Grafschaft Caithness. Dort erlauben bessere geographische und klimatische Bedingungen – kaum Berge, weniger Wasserflächen, geringerer Niederschlag – auf zwei Dritteln des Bodens Viehhaltung (neben Schafen auch Rinder) und auf weiteren 15 % den Anbau von Hafer, Steckrüben und Feldfutter. Die wenig zerklüftete Küste begünstigt die Fischerei, mit Schwerpunkt in Wick. Vor allem das umstrittene Atomkraftwerk in Dounreay westlich von Thurso schuf Arbeitsplätze und begünstigte ein bescheidenes Bevölkerungswachstum. Mehr als dreimal so viele Menschen wie in Sutherland wohnen dort auf einem Quadratkilometer.

Auch im südlich angrenzenden Ross und Cromarty zeigt sich das typische West-Ost-Gefälle. Während in den Naturschutzgebieten um Beinn Eighe und Inverpolly die Besiedlungsdichte statistisch kaum mehr erfaßbar ist, bietet der fruchtbare Osten rund um die Distrikthauptstadt Dingwall

Im Dundonell Forest in den Highlands

(aus dem altnordischen Wort *thingvoller*, was soviel wie Parlament oder Versammlungsplatz des Volkes bedeutet) sehr vielen Menschen eine Existenzgrundlage.

Südlich der Linie Kyle of Lochalsh – Beauly Firth erstreckt sich die vormals größte Grafschaft Schottlands, Inverness mit der gleichnamigen Distrikthauptstadt, dem größten Ballungszentrum des Hochlands. Mehr als 50 Wasserkraftwerke an den zahlreichen Flüssen und Seen garantieren die Stromversorgung der Region und haben auch andere Industriezweige nachgezogen.

Wie an der gesamten Westküste überwiegt auch nordwestlich der großen Bruchlinie (s. S. 12) von Glen Mor das traditionelle, jedoch wenig romantische *crofting*, Leben und Arbeiten in bäuerlichen Kleinbetrieben auf Erbpachtbasis, das, wenn überhaupt, den Eigenbedarf deckt, meist jedoch eine Nebentätigkeit erfordert. Nicht selten verschafft die Zimmervermietung (Bed and Breakfast) diese unverzichtbaren Zusatzeinnahmen.

Da fruchtbares Land äußerst knapp und auf schmale Streifen an der nacheiszeitlich gehobenen Küste beschränkt ist, entwickelt sich der Tourismus gebietsweise zum dominierenden Wirtschaftszweig, ohne den sich die Abwanderung und daraus resultierende Überalterung der Bevölkerung sicherlich unaufhaltsam beschleunigen würden.

19

Die Kraft der Gletscher

In der Chalamain Gap

Diese Wanderung führt in das 250 km^2 große Naturschutzgebiet Cairngorm National Nature Reserve, das in Zusammenarbeit mit den vier Großgrundbesitzern von Rothiemurchus, Glenfeshie, Glen Avon und den Mar Lodge Estates eingerichtet wurde, um die Vegetationsvielfalt und die damit verbundenen Lebensräume der Tiere zu erhalten. Sie zeigt überdies durch die Eismassen der Gletscher sehr abwechslungsreich geprägte Landschaftsformen.

i

WEGVERLAUF: Parkplatz – Rentiergehege (20 Min.) – Eag a'Chait (20 Min.) – Kreuzung mit dem Lairig Ghru-Weg (1.10 Std.) – Ende des Chalamain Gap (35 Min.) – Einmündung auf den Hinweg (40 Min.) – Parkplatz (15 Min.)

DAUER: ca. 3½ Std.

LÄNGE: 10,5 km

SCHWIERIGKEITSGRAD: Von der Länge her bietet diese Wanderung keine großen Schwierigkeiten. Das Laufen auf teils äußerst feuchtem, manchmal matschigen Torfboden ist nicht immer angenehm. Der Durchgang durch die mit Geröll gefüllten Schluchten ist ungefährlich, erfordert aber gelegentlich den Einsatz der Hände.

KARTE: OS 36

EINKEHRMÖGLICHKEITEN: keine

ANFAHRT: Von Aviemore auf der B 9152 nach Inverdruie und weiter an Loch Morlich vorbei bis zu den Skiliften. Auf einem Parkplatz an einer scharfen Linkskurve, kurz bevor sich die Straße gabelt, läßt man das Auto stehen (insgesamt ca. 15 km).

DER WANDERWEG

Vom Parkplatz überquert man die Straße und geht ein Stück bergan bis zum Ende der Leitplanke. Dort führt rechts ein Weg hinab zu einer Brücke über den Fluß Allt Creag an Leth-choin. Diese Brücke mußte schon mehrfach erneuert werden, weil der Fluß durch die Wucht des Schmelzwassers zu einem reißenden Strom geworden war, der von den Vorgängermodellen wenig mehr als die Randbefestigungen übriggelassen hatte. Die vorgelagerten eingezäunten Steinblöcke sollen dieser neuen Brücke ein ähnliches Schicksal ersparen. Auf der anderen Seite geht man den Hang in Serpentinen hinauf zum Schild ›To the Lairig Ghru‹ und folgt ihm auf der linken Uferseite.

Auf der rechten Wegseite liegt ein Rentiergehege (20 Min.), in weiterer Entfernung dahinter Loch Morlich. Links unten am Fluß gibt es zwei Pfade. Der breite, nach links abbiegende Weg, auf dem man sich befindet, überquert den ersten Pfad und mündet nach einem etwas steiler abfallenden Stück in den tiefergelegenen Pfad ein, der nach rechts und damit vom Fluß wegführt. Kurze Zeit später nähert man sich von rechts einem Seitenarm des Flusses, vor dem wiederum rechts die Talenge **Eag a'Chait** liegt, die man durchwandert (40 Min.). Geröll und Felsbrocken zeugen von den gewaltigen Kräften der Gletscher, die hier tiefe Einschnitte schufen und Felsbrocken von den Hängen abrissen oder mitgeführtes Gestein ablagerten.

Wenn man aus dem Tal heraustritt, bietet sich eine schöne Aussicht auf Anpflanzungen, Loch Morlich und Rothiemurchus Lodge – vom Militär als Ferienhaus genutzt –, dahinter Loch an Eilein, geradeaus Aviemore. Man benutzt weiter den schmalen Pfad auf derselben Höhe, weil der Boden unten sehr uneben und weiter oben sehr steinig wird.

Man läuft in einem Linksbogen auf halber Höhe des 728 m aufragenden Castle Hill, so daß man Rothiemurchus Lodge schließlich den Rücken zuwendet. In Laufrichtung erscheint das nördliche Ende des **Lairig Ghru** (1.50 Std.) – auf der Wanderung vom Linn of Dee aus erreicht man das südliche Ende (s. S. 129). Dort stand lange die Sinclair Memorial Hut, die viele Wanderer schmerzlich vermissen werden. Leider mußte sie wegen zunehmender Verschmutzung und Vandalismus abgerissen werden. Rechts liegen die fünf Bergspitzen von Sgòran Dubh Mór.

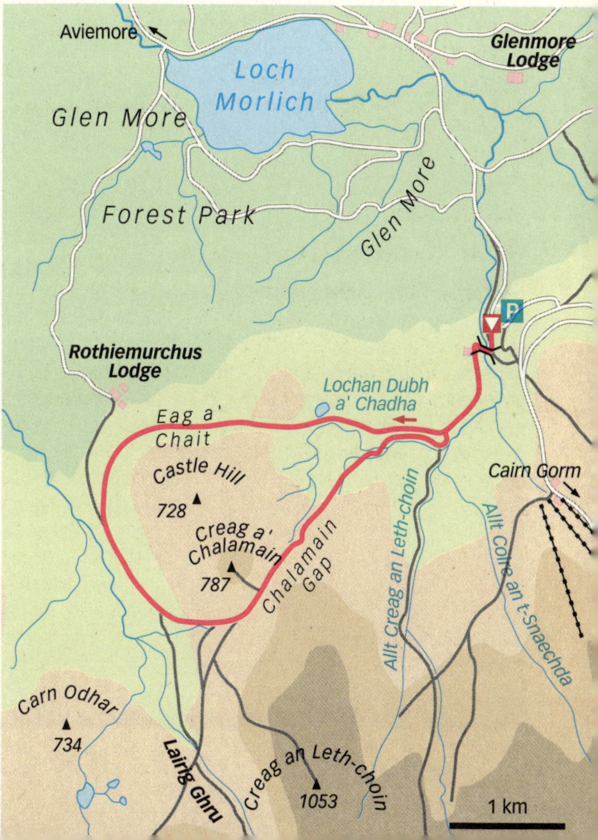

Wanderung 19: In der Chalamain Gap

Kurz bevor von rechts oben ein Fluß ins Tal fließt und das Tal sich nach links weitet, verläuft ein Weg stetig ansteigend nach links hinauf. Von rechts mündet der Weg aus dem Lairig Ghru ein, und man folgt ihm nach links. An einem *cairn* führt links ein Pfad auf den 787 m hohen **Creag a'Chalamain.** Und obwohl man bereits hier gute Sicht hat, lohnt der nicht sehr schwierige Anstieg auf den Gipfel, da sich dort ein vollständiger Rundblick bietet. (Insgesamt verlängert sich die Wanderung um 30 Min.)

Man bekommt ein Gefühl für die Weite der Cairngorms, die höchstgelegene zusammenhängende Bergregion Schottlands, die vier der fünf höchsten schottischen Berge aufweist. Der ursprüngliche Name der Cairngorms ist Monadh Ruadh, die Roten Berge, eine Anspielung auf das rosafarbene Granitgestein, aus dem die Cairngorms überwiegend bestehen. Der Härte dieses Gesteins ist es zu verdanken, daß die Berge während der letzten Eiszeit weniger an Höhe einbüßten, obwohl – wie in den beiden Talschluchten deutlich zu sehen – die Gletscher auch hier ihre deutlichen Spuren hinterlassen haben. Auch die abgerundeten Gipfel und Plateaus gehen auf die Eiszeit zurück.

Der Weg wird unten recht sumpfig. Das Tal **Chalamain Gap** ist mit Geröllmassen, eine weitere Hinterlassenschaft der letzten Eiszeit, zugeschüttet. Manche große Felsbrocken sind zu überqueren, doch macht es Spaß, sich einen geeigneten Weg zu suchen (2.25 Std.).

Hinter dem Geröllfeld muß man sich links halten, da es rechts zu matschig ist. An der Weggabelung wählt man den rechten Abzweig, d. h. man bleibt rechts vom Fluß und steigt auf den tiefergele-

Blick von den Cairngorms

genen Pfad hinab. Man sieht links das Rentiergehege sowie den Hinweg und hält darauf zu. An geeigneter, d. h. trockenster, Stelle überquert man das Flüßchen und steigt die kleine Höhe zum Hinweg hinauf (3.05 Std.). Der Weg rechts am Fluß führt auch zurück, ist aber sehr feucht. Über die Brücke und die Straße gelangt man zum Parkplatz (3.20 Std.).

AM WEGE

In der Nähe des Ausgangspunktes der Wanderung sieht man die Talstation des Sesselliftes – manchen ein willkommener Anblick, anderen ein Dorn im Auge. Im Dezember 1961 wurde der erste Sessellift auf dem **Cairn Gorm** eröffnet, und seitdem wurde das Skigebiet systematisch erweitert und ausgebaut. Im Sommer sehen die Masten und Winden der Schlepplifte in der Berglandschaft ausgesprochen grotesk aus. **Aviemore**, einst eine kleine Ortschaft mit Postkutschenstation, später mit Bahnhof, verwandelte sich in eine mondäne Retortenstadt mit Alljahresbetrieb. Als 1987 das 25. Jubliläum der Inbetriebnahme des Sessellifts gefeiert wurde, war das den Naturschützern eher ein Anlaß zur Trauer. Die Erosionsschäden durch den Skisport sind beträchtlich, und durch den Sommerbetrieb des Lifts fallen auch die notwendigen Regenerationsphasen für die Natur fast völlig weg. Tausende von ›Mogel-Munroisten‹ fahren alljährlich mit dem Lift bis zur obersten Station und ›bezwingen‹ die verbleibenden Meter auf einem mittlerweile breit ausgetretenen Pfad.

Clans and Clearances

Leben und Überleben im Hochland war von alters her nur in Großfamilien, den Clans, möglich und angenehm. Der karge Boden mußte gemeinsam bewirtschaftet und das Vieh gemeinschaftlich auf den weiten Hängen gehütet werden. Die Einsamkeit langer dunkler Winterabende wäre allein oder in Kleinfamilien unerträglich gewesen.

Der Zusammenhalt der Clans wurde nach außen durch das Tragen desselben Tartan (Kilt) manifestiert. Die Tradition, den Ältesten zum Oberhaupt zu machen, war piktischen Ursprungs. Dort hieß der Führer *Mormaer* oder *Toiseach*, und er hatte die Entscheidungsgewalt über das, was als Recht und Ordnung anerkannt wurde. Das Land jedoch gehörte allen zusammen und konnte nur gemeinsam veräußert werden.

Innerhalb eines Clans galt eine unverbrüchliche Loyalität in einem strikten System von wechselseitigen Rechten und Pflichten. Nach außen respektierte man nur den König. Andere Clans wurden im Kampf um Land und Macht nicht geschont. Das wirkte auf Außenstehende nicht besonders vertrauenerweckend. So bemerkte Pedro de Ayala, spanischer Botschafter am Hofe Jakobs IV.: »Die Schotten sind nicht fleißig, und das Volk ist arm. Sie verbringen ihre Zeit damit, Krieg zu führen, und wenn es keinen Krieg gibt, kämpfen sie gegeneinander.«

Diese Beobachtung traf natürlich nur auf die Hochlandschotten zu. Im Tiefland war man fleißig und friedlich, protestantisch und fortschrittlich. Diese Gegensätze spitzten sich zu, als das englische Parlament den rechtmäßigen Stuart-König Karl I. absetzte und enthaupten ließ. Das alles geschah, obwohl die Stuarts Schotten waren, ohne eine Konsultation des schottischen Parlamentes. Auch die Glorreiche Revolution geschah im englischen Alleingang, und so sahen sich die meisten Clans nicht zur Kooperation verpflichtet. Selbst nach dem Massaker von Glencoe (s. S. 192f.) blieb man ein *Jacobite*, d. h. ein treuer Untertan von Jakob II. und seinem Sohn Jakob Eduard Stuart.

1715 fand der erste, schlecht organisierte Versuch statt, den Thron für die Stuarts wiederzugewinnen. Es gab einige Aufstände und eine Schlacht mit ungewissem Ausgang in

Sherriffmuir, doch keinen Erfolg. ›The Old Pretender‹, wie der alte Thronanwärter Jakob Eduard genannt wurde, verließ Schottland sehr schnell wieder und starb im gesegneten Alter von 78 Jahren in Rom.

Die Rebellion von 1745 unter seinem Sohn Karl Eduard, besser bekannt als Bonnie Prince Charlie, hatte andere Ausmaße. Sein persönlicher Charme begeisterte viele Hochlandschotten so, daß sie mit ihm blind in Schlachten zogen, die auf Dauer nicht zu gewinnen waren. In Culloden rächten sich die Engländer für die Panik, die der Prinz mit seinem Marsch auf London ausgelöst hatte. Fast alle Stuart-Anhänger fielen im Kampf, Bonnie Prince Charlie entkam mit Hilfe von Flora MacDonald zunächst nach Skye, dann nach Frankreich und Italien, wo auch er hochbetagt starb.

Für seine Anhänger in der Heimat brachen härtere Zeiten an. In der Region zwischen Fort William, Kyle of Lochalsh und Inverness gibt es kaum eine Burg, auf der nicht Truppen stationiert waren, von den Garnisonen Ruthven und Bernera ganz zu schweigen. Über die Militärstraßen drangen nicht nur Soldaten, sondern auch englische Lebensvorstellungen in das Hochland ein. Aber auch die innere Solidarität der Clans war gebrochen. Die Oberhäupter verkauften das Land, das ihnen nicht allein gehörte, an die Engländer oder wandelten es in Weideland um.

Im Zuge dieser *clearances*, der planmäßigen Entsiedelung zum Zweck der Schafzucht, wurden die Menschen mit Gewalt aus ihren Häusern vertrieben und auch fruchtbare Berghänge den Schafen übereignet. Seitdem hat sich der Boden rapide verschlechtert: Moor und Farn überziehen die Highlands und ersticken das Wachstum anderer Pflanzen.

Den Engländern war die militärische Unterwerfung aber nicht genug. Die Angst vor hochländischem Patriotismus verlangte mehr als nur die Entwaffnung des Feindes. Der symbolische Triumph englischer Zivilisation über Hochlandbarbarei fand seinen Ausdruck in den Verboten, Tartan-Kleidung zu tragen und den Dudelsack zu spielen. Erst nach knapp 40 Jahren sahen sich die Engländer 1782 in der Lage, diese Verbote wieder aufzuheben, als sie sicher sein konnten, daß vom Norden keine Gefahr mehr drohte.

20

Ein See für die Insel und einer für das junge Vieh

Um Loch an Eilein und Loch Gamhna

Diese gemütliche Wanderung besticht durch die Vielfalt von Flora und Fauna sowie die Schönheit der umgebenden Landschaft. Die alten, z. T. bizarr verformten Nadelbäume und Birken, das schimmernde Heidekraut in der offenen Moorlandschaft, die lilienumsäumten Seen, die Berge und Hügel sind unübertroffen in ihrer harmonischen Abstimmung von Konturen und Farben.

i

WEGVERLAUF: Besucherzentrum – asphaltierte Straße (40 Min.) – Informationszentrum (15 Min.) – Beginn Loch Gamhna (35 Min.) – Weggabelung am Ende von Loch an Eilein (50 Min.) – Lochan Deò (10 Min.) – Tor mit *cairn* (10 Min.) – Blackpark (15 Min.) – Ausgangspunkt (20 Min.)

DAUER: ca. 3¼ Std.

LÄNGE: 14 km

SCHWIERIGKEITSGRAD: Diese Wanderung ist leicht genug, so daß man die Schönheiten der Natur in vollen Zügen genießen kann. Feld- und Waldwege sind angenehmer Untergrund und selbst Torf- und Geröllstrecken kaum beschwerlich.

KARTE: OS 36

EINKEHRMÖGLICHKEITEN: keine

ANFAHRT: Man fährt von Aviemore auf der B 9152 nach Inverdruie (ca. 3 km) und parkt dort am Parkplatz des Rothiemurchus Visitor Centre.

DER WANDERWEG

Gegenüber dem Besucherzentrum, wo man Mountain Bikes mieten, Kutschfahrten oder geführte Wanderungen durch das Rothiemurchus Estate buchen kann, geht man durch das Schwingtor auf eine Wiese und am anderen Ende über die Straße auf den ›Forest Walk‹. Hinter einem weiteren Schwingtor steht ein Schild: ›Rothiemurchus Footpath‹, aus der dort aufgestellten Kiste kann man einen Prospekt mitnehmen.

Rothiemurchus ist ein riesiger Besitz, seit 1580 Eigentum der Familie Grant. Der Name Rothiemurchus heißt große Ebene der Nadelbäume, und hier finden sich noch Schottische Pinien vom alten kaledonischen Wald, d. h. Bäume, die sich ohne menschlichen Eingriff selbst regeneriert haben und zum Teil 300 Jahre alt sind.

Aufmerksamkeit, Geduld und Glück sind erforderlich, wenn man im Wald einen Fuchs, eine Wildkatze oder ein rotes Eichhörnchen sehen will, am Wasser Fischreiher, Bussarde und Fischadler beobachten möchte oder sogar einen Adler über dem weiten Moorland. Weniger selten sind Meisen, Zaunkönige, Zeisige, Kreuzschnäbel und Baumläufer, und auch das Rotwild ist inzwischen teilweise recht zutraulich geworden.

Der Weg führt zwischen Heidekraut und einer Wiese auf einen Zaun mit einem *stile* zu. Am Ende des Feldes klettert man wieder über einen *stile.* An der Gabelung wendet man sich nach rechts, und läuft etwas bergab. Hier fängt der Wald an. Unten liegt das kleine Lochan Mor. Man geht auf einem breiten Weg rechts an diesem See vorbei, in dem Wasserlilien gedeihen, ringsum Heidekraut, Birken und Tannen. Man passiert ein *cottage* und erreicht eine asphaltierte Straße, der man nach links folgt (40 Min.). Dort liegt auf der linken Seite Milton Cottage. Auf der rechten Seite der Straße fließt der kleine Milton Burn. Dieser Straße folgt man bis zum Parkplatz am **Loch an Eilein.**

Rechts auf dem Parkplatz befindet sich ein kleines Informationszentrum (55 Min.). Links davon steht noch die Ruine eines Kalkofens, in dem Kalk zum Düngen der Felder und für den Hausbau gebrannt wurde. Der Steinbruch lag am Hügel dahinter und ist jetzt fast vom Wald verdeckt. In früheren Zeiten bestand hier eine Siedlung, als das Wasser von Loch an Eilein noch mit einem Damm gestaut wurde, um die Holzstämme sammeln zu können, bevor sie über den Umschlagplatz in Inverdruie den Spey abwärts getrieben wurden. Denn seit dem 18. Jh. bilden Holz und Holzverarbeitung einen wesentlichen Wirtschaftsfaktor für das Rothiemurchus Gut.

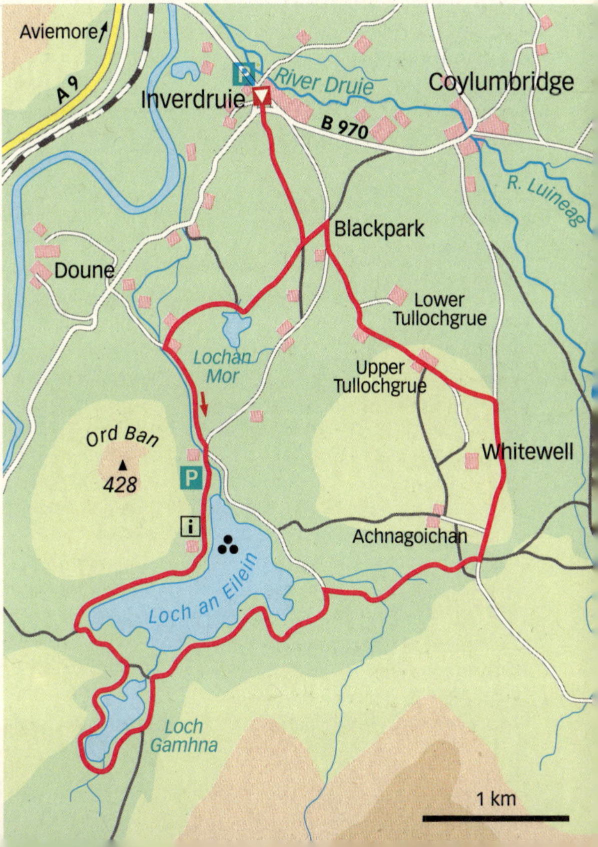

Wanderung 20: Um Loch an Eilein und Loch Gamhna

Loch an Eilein

Links vom Informationszentrum, an der Ruine des Kalkofens vorbei, führt der Weg zum See. **Loch an Eilein** ist ein sogenanntes Kesselloch, das entstand, als sich während der Eiszeit ein großer Eisbrocken im Grund festsetzte und erst langsam schmolz. Der breite Feldweg ist der offizielle, Wanderer haben sich jedoch einen Pfad weiter unten am Seeufer gebahnt, um die kleine Insel mit der Burgruine besser sehen zu können. Dieser Insel verdankt der See seinen Namen, denn Loch an Eilein heißt nichts anderes als See der Insel.

Die Burg auf der Insel stammt aus dem 14. Jh., wurde aber später wiederholt umgebaut. Der Verbindungsweg zum Land liegt unter der Wasseroberfläche und wird nur bei extremer Trokkenheit sichtbar. Noch heute streitet man sich, ob der wegen seiner unberechenbaren Grausamkeit berüchtigte Wolf von Badenoch diese Burg bewohnt hat. Alexander Stewart, so sein richtiger Name, ein Sohn König Roberts II., ließ 1390 die Kathedrale von Elgin niederbrennen, weil der Abt ihn wegen seines unmoralischen Lebenswandels getadelt hatte. Fest steht, daß die Burg als Zufluchtsort, im 16. Jh. auch als Gefängnis diente. Lange Zeit waren zwei Fischadler die einzigen Bewohner, die aber wohl wegen der zu eifrigen Beobachter Ende des letzten Jahrhunderts das Weite suchten.

An der nächsten Gabelung geht man nach links auf dem breiten Feldweg

weiter. Der Weg führt etwas ins Hinterland, d. h. vom Loch an Eilein weg. An der folgenden Gabelung wendet man sich nach rechts Richtung Loch Gamhna ($1^1/_2$ Std.), da der Weg geradeaus nur um Loch an Eilein herum und wieder zurück führt.

Zwischen **Loch Gamhna** oder See für das junge Vieh, das hier getränkt wurde, und Loch an Eilein hindurch führt die ›Alte Diebesstraße‹, über welche die Viehdiebe aus Lochaber im Westen ihre Raubzüge ins fruchtbare Küstentiefland organisierten.

Am See verengt sich der Weg zu einem Pfad, auf dem einige umgestürzte Bäume liegen. Auch hier wachsen Wasserlilien am Ufer. Man klettert über einen Zaun und geht dann über einen kleinen Fluß, über den man Baumstämme gelegt hat. Man umrundet den See im Linksbogen und gelangt wieder an das Ufer von Loch an Eilein (2.20 Std.). An dessen rechtem Ufer geht man weiter bis zu einer Weggabelung. Nach links führt der Weg zurück zum Parkplatz am Informationszentrum. Man geht aber nach rechts in Richtung des Schildes ›Footpath‹ in offenes Gelände.

Wo sich kurz hinter einer Bank der Weg gabelt, folgt man dem beschilderten Weg nach rechts Richtung Lairig Ghru und Gleann Einich. Dort geht man geradeaus weiter Richtung Aviemore und **Lochan Deò** ($2^1/_2$ Std.). An einem querverlaufenden Weg wendet man sich nach links Richtung Coylumbridge und passiert kurze Zeit später links ein weißes Haus, Whitewell.

Dieser breite Weg führt durch ein Tor neben einem großen *cairn*, in dem einige Informationen über die Cairngorms zu lesen sind (2.40 Std.). Links vom Weg liegen auf der kleinen Anhöhe Häuser. Auch durch das nächste Gatter geht es geradeaus weiter. Ca. 50 m dahinter endet der Wald. Vor zwei einzelnstehenden Bäumen wendet man sich nach links den Pfad hinauf, der oben an einer Straße an einem Schild ›Footpath‹ endet, das in die Richtung zeigt, aus der man gekommen ist. Man geht rechts hinauf und über einen Weidenrost. Kurz danach mündet ein Feldweg von rechts unten ein. Auf diesem Wegstück bis zum Bauernhof kann man die beste Aussicht auf dieser Route genießen: Berge und Täler im weiten Umkreis und der Ort Aviemore.

Man folgt der Straße über den Bauernhof bis an eine T-förmige Kreuzung (Blackpark) und biegt nach rechts ab (2.55 Std.). Kurze Zeit später wendet man sich an einem Gatter mit dem Schild ›Footpath‹ dahinter nach links bis zu einem querverlaufenden Pfad. Man geht nach rechts und erreicht wieder den Hinweg. Über das Feld gelangt man zum Parkplatz zurück ($3^1/_4$ Std.).

»To see or not to see«: Nessiterras Rhombopteryx alias Nessie

Es gibt sie wirklich, die unermüdlichen, geduldig ausharrenden Beobachter und Erforscher eines der letzten Rätsel unserer Erde. Gut versorgt mit Kameras und Proviant säumen sie den Rand des wohl bekanntesten schottischen Sees, um dessen prominenten Bewohner bei einem unvorsichtigen Auftauchen sofort abzulichten. Sie warten auf Nessie, das äußerst zurückhaltende Ungeheuer, das zu oft gesichtet wurde (angeblich 3000mal in den letzten 50 Jahren), um es als Hirngespinst abzutun, und zu selten, um an seine Existenz zu glauben.

Nessie ist keineswegs ein neuzeitlicher Werbegag findiger Tourismusagenturen. Schon der hl. Columban, der sich im Jahre 565 von Südwesten her aufgemacht hatte, um die heidnischen Pikten bei Inverness zu bekehren, berichtete von seinem Ringen mit einem Monster. Er wertete diesen Kampf als von Gott gesandte Prüfung und den glücklichen Ausgang als gutes Omen für seine Mission.

Die Ergebnisse jahrzehntelanger Forschung von Amateuren und professionellen Suchtrupps sind in der Loch-Ness-Monster-Ausstellung in Drumnadrochit zu bestaunen, doch bleibt das abschließende Urteil dem Besucher überlassen. 500 000 englische Pfund Belohnung hat die Guinness-Brauerei auf Nessies Fang ausgesetzt.

Ob *Project Urquhart*, das vorläufig letzte Großunternehmen zur Erforschung von Loch Ness, sich diese Fangprämie sichern wollte, ist unbekannt. Sicher ist aber, daß es das Rätselraten nicht beenden konnte. Höhlen oder Tunnel, in denen sich Nessie vor unliebsamen Besuchern verstecken könnte, wurden nicht entdeckt. Dafür fand man heraus, daß der See bei Urquhart Bay die unerwartete Tiefe von 230 m erreicht und eine unerklärlich starke Strömung von hier zum gegenüberliegenden Seeufer verläuft. Zwischen Fort Augustus und Foyers befinden sich seltsame 10 bis 20 m hohe künstliche Gebilde auf dem Grund des Sees, angeordnet in einer versetzten Reihe im Abstand von ca. 60 m. Das Verteidigungsministerium schweigt zu Spekulationen einiger Einheimischer, daß es sich um Vertäuungsvorrichtun-

gen für Minenversuche handeln könnte, die im Ersten Weltkrieg hier stattgefunden haben sollen. Weniger rätselhaft sind die Schiffs- und Flugzeugwracks, von denen sich ca. 20 auf dem Grund des Sees befinden. Die eigentliche Sensation dieser Expedition war jedoch ein etwa zweiminütiger Sonarkontakt zu einem großen, nicht identifizierten Objekt zwischen Foyers und Invermoriston. Sollte sich die gute alte Lady letzten Endes doch noch wissenschaftlich beweisen lassen? Steht gar ihr Fang bevor?

Mehr wert ist die jahrhundertealte Dame allemal unter Wasser, denn die Highlands leben überwiegend vom Tourismus, und Nessie ist eine, wenn auch weitgehend unsichtbare Hauptattraktion. Daher will man auch nicht zulassen, daß Nessie durch die Gehege einer Fischzucht eingeengt wird. Spenden an den *Nessie Appeal Fund* werden für die Gestaltung einer monstergerechten Umwelt verwendet.

Ohne Rücksicht auf Nessies Ruhebedürfnis verläuft eine andere Expedition. Ein Mini-U-Boot, das Schlammablagerungen auf dem Grund des Sees chemisch untersuchen und Auskunft über geologische Formationen geben soll, bietet gleichzeitig Touristen gegen ein Entgelt von knapp 70 Pfund pro Person und Stunde Gelegenheit, nach dem Ungeheuer Ausschau zu halten. Ob sich diese Einrichtung länger als die Saison 1994 halten wird, ist noch nicht geklärt.

Unterdessen läuft Nessies Vermarktung auf vollen Touren. Von Fort William bis Inverness strahlt sie den Besucher an, mit Tartanschal und Tam o'Shanter-Mütze, auf T-Shirts, Topflappen und Eierbechern, ein grünes Monster, halb Saurier, halb Seeschlange – Ähnlichkeiten mit der Realität wären rein zufällig. Sollte Nessie gefangen werden, droht Inverness der Untergang in Feuer und Flut – so die Prophezeiung des Brahan Seer, des schottischen Nostradamus, der im 17. Jh. südöstlich von Strathpeffer lebte und wahrsagte.

21

Über viele Zwischenhochs zur verdienten Panoramasicht

Auf den Meallfuarvanie bei Loch Ness

Der Meallfuarvanie präsentiert sich von ferne als massiger Klumpen. Auf dem Weg zum Gipfel, der knapp 700 m hoch ist, muß man fast 550 Höhenmeter bewältigen. Oben angekommen, wird man für den mühevollen Aufstieg mit einer faszinierenden Rundumsicht belohnt. Unterhalb liegt das Tal der Bruchlinie (s. S. 12), deren Verlauf man in beide Richtungen verfolgen kann. In gleicher Höhe sieht man die Gipfel des nordwestlichen Hochlands und die Monadhliath Berge. Ringsum liegen verstreut zahlreiche Lochs unterschiedlicher Größe, so auch das berühmte Loch Ness.

i

WEGVERLAUF: Parkplatz – Ende des Wäldchens (10 Min.) – Zaun (10 Min.) – Gipfel (2 Std.) – Ausgangspunkt (2 Std.)

DAUER: 4.20 Std.

LÄNGE: 11 km (550 m Höhenunterschied)

SCHWIERIGKEITSGRAD: Die Wanderung bietet insgesamt kaum größere Schwierigkeiten, obwohl es fast ständig auf und ab geht. Gelegentlich macht sich jedoch Frustration breit, weil die zahlreichen Zwischengipfel die trügerische Hoffnung auslösen, man hätte es schon geschafft.

KARTE: OS 26

EINKEHRMÖGLICHKEITEN: keine

ANFAHRT: Von Inverness auf der A 82 bis Lewiston hinter Drumnadrochit. Hinter der Brücke über den River Coiltie biegt man sofort rechts ab in die anfangs recht steile und schmale Straße nach Bunloit. Nach gut 6 km, hinter Ancarraig, gelangt man an einen Zufahrtsweg zu einer Farm auf der rechten Seite, wo man das Auto auf einem neuen Parkplatz abstellt.

DER WANDERWEG

Vom Parkplatz geht man nach rechts und folgt dann den Hinweisschildern ›Footpath to the Hill‹ in ein kleines Birken- und Erlenwäldchen. An einem Drahtzaun entlang führt der Weg aus dem Wald hinaus und auf einen gerade aufwärts durch hohes Heidekraut führenden Weg (10 Min.). Man läuft den rechten Ausläufer des Bergs hinauf in Richtung auf einen auf dem Sattel verlaufenden Zaun, den man überklettert. Von hier hat man keine Mühe, nach links weiter bis zum Gipfel hinaufzusteigen. Der Pfad ist nicht zu verfehlen. Man muß mehrere Täler und kleinere Erhebungen überwinden, auf nach oben zunehmend feuchtem Untergrund, teils in kleinen Serpentinen bis zum Gipfelplateau (2.20 Std.).

Von hier oben hat man einen wundervollen Blick auf die Great Glen-Bruchlinie (s. S. 12), die vor ca. 300 Mio. Jahren entstand und von den vier Lochs Linnhe, Lochy, Oich und Ness gefüllt wird. Im Jahre 1822 verband der Architekt Thomas Telford diese Seen zum Kaledonischen Kanal, der vom Moray Firth im Nordosten bis zum Firth of Lorn im Südwesten reicht. Bei guter Wetterlage kann man fast die gesamte Strecke bis zum Ben Nevis im Süden bei Fort William überblicken. Eingebettet liegt diese Bruchlinie in die faszinierende Bergwelt der Highlands. Im Westen liegen zwischen den Hügeln und Gipfeln unzählige Seen, der größte von ihnen, Loch nam Breac Dearga, gleich unterhalb des Gipfelplateaus.

Am östlichen Ufer von Loch Ness sieht man im Vordergrund vor den Monadliath-Bergen auch ein Stück industrieller Naturveränderung. Bei Foyers entstand 1896 das erste Wasserkraftwerk Großbritanniens. Heute entnimmt man zur Stromerzeugung Wasser aus dem höher gelegenen Loch Mhor und pumpt es später wieder zurück.

Der Rückweg verläuft zwar auf demselben Pfad wie der Hinweg, jedoch erscheint wegen der veränderten Perspektive die Landschaft wie verwandelt. Man hält sich in Sichtweite von Loch Ness und läuft parallel dazu über den Sattel. Orientierungspunkt nach der Überquerung des Zauns, wenn Loch Ness nicht mehr im Blickfeld liegt, ist zunächst ein weißes Haus im Wald, rechts von einer Baumgruppe. Wenn

Loch Ness mit Urquhart Castle

Wanderung 21: Auf den Meallfuarvanie bei Loch Ness

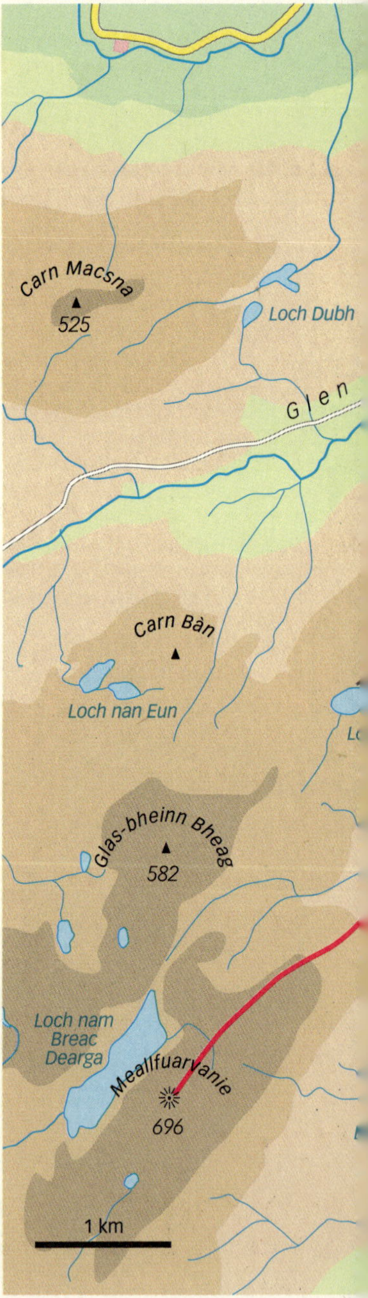

dieses Haus nicht mehr zu sehen ist, richtet man sich nach dem einzelnstehenden Haus auf der anderen Seeseite rechts von einem Hochspannungsmast an einer Baumgruppe (4 Std.).

AM WEGE

Urquhart Castle, strategisch günstig auf einem Vorsprung in Loch Ness gelegen, war neben Dunstaffnage bei Oban, Inverlochy Castle nahe Fort William und Inverness Castle eine der vier Burgen, die die gute Verkehrsverbindung durch den Great Glen gegen feindliche Übergriffe schützen sollten. Während der Unabhängigkeitskriege und in den Unruhen nach der Glorreichen Revolution wurde Urquhart Castle mehrfach belagert, gestürmt, zerstört und restauriert. Im Jahre 1545 lag die Burg ein erstes Mal in Trümmern, nachdem die von den westschottischen Inseln stammenden Macdonalds sie überrannt hatten. Sie wurde wiederaufgebaut, im Bürgerkrieg von Cromwells Truppen geplündert und schließlich von Jakobitern vergeblich belagert, als drei republikanische Kompanien dort Quartier bezogen hatten. Bei ihrem Abmarsch zerstörten sie die Burg weitgehend. Dem Besitzer wurde Schadensersatz gezahlt, er baute die Ruine jedoch nicht wieder auf. Den Rest der Zerstörung besorgten Dorfbewohner, Wind und Wetter – im Februar 1715 war Urquhart fast bis auf die Außenmauern abgetragen. Aber selbst die Ruine, mittlerweile instandgesetzt und gegen Entgelt zu besichtigen, vermittelt noch einen lebhaften Eindruck von der einstigen Größe der Gesamtanlage. Öffnungszeiten: Mo–Sa 9.30–19 Uhr, So 14–19 Uhr.

Drumnadrochit
R. Enrick
Urquhart Bay
Cnoc a'Bhuachaille
396
Lewiston
Strone
Creag na h-Iolaire
Urquhart Castle
Clunemore
Coiltie
Divach Falls
Divach Burn
A 82
Loch Ness
Ancarraig
Bunloit
Coire an Rurghe
Balbeg
P
Dubh-Lochan
Inverfarigaig
Dun Garbh
Dun Dearduil
Grotaig
Farigaig Forest
Grotaig Burn
Lochan Torr an Tuill
Glen Liath
Loch Ruairidh
Foyers

Goldrausch auf schottisch

An der Küstenstraße von Inverness nach Norden liegt Helmsdale, ein Ort, der seinen heutigen bescheidenen Ruhm der Tatsache verdankt, daß er im 19. Jh. Ausgangspunkt eines wahren Goldrausches im Strath of Kildonan war.

R. N. Gilchrist kehrte 1868 nach 17jähriger Arbeit in australischen Goldminen in sein Heimatland zurück, wo Anfang des Jahrhunderts ein einzelnes Goldstück gefunden worden war. Mit Erlaubnis des Grafen von Sutherland arbeitete sich Gilchrist von Helmsdale flußaufwärts zu den Seitenarmen hoch. Schon ein Jahr später verdiente der Graf an der immer größer werdenden Zahl der Goldsucher, denen er gegen hohe monatliche Gebühren je 4 m^2 Land zuwies. Eilig an den Flüssen errichtete Hütten und Zelte boten den ca. 500 Goldsuchern Obdach. Helmsdale profitierte jedoch nur kurz vom ›Goldrausch‹. Jäger, Angler und Farmer beschwerten sich, daß ihre Interessen durch die Goldsucher empfindlich beeinträchtigt würden: Wild und Lachse verschwanden, es gab kaum geschützte Täler für Schafe und Lämmer. Am 1. 1. 1870 fügte sich der Graf und verbot die Goldsuche, kaum zwei Jahre nach ihrem Beginn.

Im **Timespan Museum** in Helmsdale wurde der Dorfladen so wieder aufgebaut, wie er zur Zeit des Goldrauschs ausgesehen hat. Ein Tonband versucht die authentische Geräuschkulisse wiederzugeben: Salz und Getreide werden verkauft, schnarchende Goldsucher in spe ruhen sich von der langen Reise hörbar aus. Auch heute findet man noch späte Nacheiferer dieser Pioniere. Zwar sind die Zelte komfortabler geworden, doch an der Technik der Goldsuche hat sich kaum etwas geändert. Tatsächlich findet sich noch Gold, wenn es meist auch nur für ein Bier reicht. Aber wer weiß? Die Goldader wurde bis heute nicht entdeckt.

22

Am Kap der wilden Tiere

Entlang dem Allt Smoo auf den Beinn Ceannabeinne

Diese Wanderung wird besonders für diejenigen lohnend sein, die sich für geologische Besonderheiten wie Einwirkung der Gletscher auf die Geländeform interessieren. Es ist jedoch auch eine landschaftlich reizvolle Strecke, deren Höhepunkt der Blick auf Küste und Inseln, Berge und Seen, Hochmoor und Felsklippen bildet.

WEGVERLAUF: Parkplatz – Pfad zum Loch Meadaidh (30 Min.) – weißer Fußabdruck (40 Min.) – Gipfel (40 Min.) – Straße (50 Min.) – Parkplatz (20 Min.)

DAUER: 3 Std.

LÄNGE: ca. 9 km (ca. 300 m Höhenunterschied)

SCHWIERIGKEITSGRAD: Sowohl die Orientierung als auch der Abstieg vom Gipfel verlangen Aufmerksamkeit. Trotzdem ist die Wanderung gut zu bewältigen.

KARTE: OS 9

EINKEHRMÖGLICHKEITEN: keine

ANFAHRT: Von Durness fährt man auf der Hauptstraße (A 838) nach Osten bis zum Parkplatz an den Smoo Caves und stellt dort sein Auto ab.

DER WANDERWEG

Man überquert die Straße und steigt über den Steg an die linke Flußseite des Allt Smoo hinab. Man geht rechts an einem Zaun entlang, bis er nach links abknickt, und über die Reste einer Mauer geradeaus weiter. Durch den ersten ausgetrockneten Seitenarm des Allt Smoo führt der Weg am linken Ufer des Hauptflusses weiter. An einem kleinen Rechtsknick des Flusses überquert man einen Zaun über einen *stile* und folgt dem Pfad etwas oberhalb des Flusses.

Man geht ca. 2 km am Fluß entlang, über alle Seitenarme hinweg. Hier, nahe der Mündung, besteht das Flußbett des **Allt Smoo** aus 500 Mio. Jahre altem Kalkstein, der unter anderem aus den Kalkschalen von Weichtieren und Korallen entstand. Kalkstein ist recht weich, so daß der Fluß mit seinem relativ hohen Säuregehalt, den er seinem Lauf durch torfiges Moor verdankt, und die mitgeführten Steine den Grund des Flußbetts aushöhlen und Vertiefungen, Mulden und Rinnen schaffen konnte.

Im Quellgebiet des Allt Smoo sind solche Abtragungen weniger ausgeprägt, da das Flußbett dort aus Gneis besteht. Ständige Erosion führte dazu, daß der Fluß mehrfach seinen Lauf begradigte und dort verlief, wo ihm der Untergrund den geringsten Widerstand bot, d. h. im U-Bogen um hartes Gestein herum. Jetzt fließt er geradeaus, und das alte Flußbett fällt trocken.

Allt Smoo

Wo sich von der anderen Flußseite ein Feldweg nähert, der von Loch Meadaidh kommt (30 Min.), folgt man dem Seitenarm des Allt Smoo nach links bis zu einem Pfad, der zwischen dem Beinn Ceannabeinne und dem 422 m hohen Meall Meadhonach hindurchführt. Dieser Paß, **Bealach Beag**, diente bis zum späten 19. Jh., bevor es die Küstenstraße gab, als Abkürzung nach Portnancon Ferry, von wo man dann über Loch Eriboll nach Ard Neackie übersetzen konnte. Durch ein Gatter gelangt man auf eine Art Traktorspur, erst links, dann rechts vom Flüßchen. Der Weg steigt zunächst an, wird dann jedoch flacher und teilweise sehr steinig.

Wenn man den Fluß zum zweiten Mal überquert, diesmal von der rechten auf die linke Seite, sieht man auf einem Stein einen weißen Fußabdruck als Wegmarkierung (1.10 Std.). Nach wenigen Metern verläßt man den Traktorweg und beginnt links in einem kleinen Bergeinschnitt den Anstieg auf den **Beinn Ceannabeinne.** Auf der Anhöhe breitet sich eine weite, sehr feuchte Graslandschaft aus, durchsetzt mit kleinen Teichen und Wasserstellen. Man geht bis zum Vermessungspunkt, der den Gipfel markiert (1.50 Std.).

Die Gletscher der letzten Eiszeit gaben dem Beinn Ceannabeinne, wörtlich: das Ende der Berge, seine jetzige Gestalt. Auf ihrem Vorstoß nach Nordwesten schliffen sie die südöstliche Flanke des Bergs fast rund, während an der dem Meer zugewandten Seite große Gneisbrocken abgerissen wurden und zerklüftete Felsklippen entstanden.

Vom Gipfel schaut man hinunter auf Durness, das in der altnordischen Bezeichnung *Dyra Ness* soviel wie Ort oder Kap der wilden Tiere bedeutete, wohl wegen der vielen Wölfe, die es dort früher gab. Von hier oben sieht der langgestreckte Ort nicht ganz so trostlos aus, vielleicht auch wegen der ihn umgebenden saftigen grünen Wiesen und dem hellen Sand in der Sango Bay. Hinter Durness ragt Faraid Head ins Meer hinaus, von wo man einen vorzüglichen Blick auf die Klippen hat – bis der Zaun eines militärischen Sperrgebiets zur Umkehr zwingt. Links davon liegt Cape Wrath, der nordwestliche Zipfel des schottischen Festlands. Das gesamte Umland scheint aus Bergen, Seen und Mooren zu bestehen. Hinter Loch Eriboll und Loch Hope erhebt sich der Munro Ben Hope (927 m); im Südwesten erblickt man die Bergkette Foinaven, in deren Verlängerung der Beinn Ceannabeinne das ›Ende‹ bildet.

Der Abstieg erfolgt parallel zu Loch Eriboll in Richtung Meer. Man orientiert sich an der großen Insel Eilean Hoan und der kleinen Insel An Dubh-sgeir (rechts dahinter). Vorbei an einem *cairn* auf einem kleineren Hügel geht man bergab. Am Anfang der Talsohle nähert man sich einem Flüßchen, das zur Straße A 838 hinabführt (2.40 Std.). Man wendet sich nach links und geht auf der Straße bis zum Parkplatz zurück (3 Std.).

AM WEGE

Im Westen von Durness liegt das **Balnakeil Craft Village.** Dieses ›Dorf des Handwerks‹ entstand aus Kasernen des Zweiten Weltkriegs, die einmal zu einer Frühwarnstation gehörten. Da sie aber schon vor ihrer Fertigstellung veraltet waren, wurden sie vom Militär nie in Betrieb genommen. Im Jahr 1964 kaufte sie der Grafschaftsrat, um dort Industrie anzusiedeln – allerdings ohne den gewünschten Erfolg. Nun arbeiten in den Hütten seit ca. 30 Jahren Kunsthandwerker ganz unterschiedlicher Sparten,

Wanderung 22: Am Allt Smoo entlang auf den Beinn Ceannabeinne

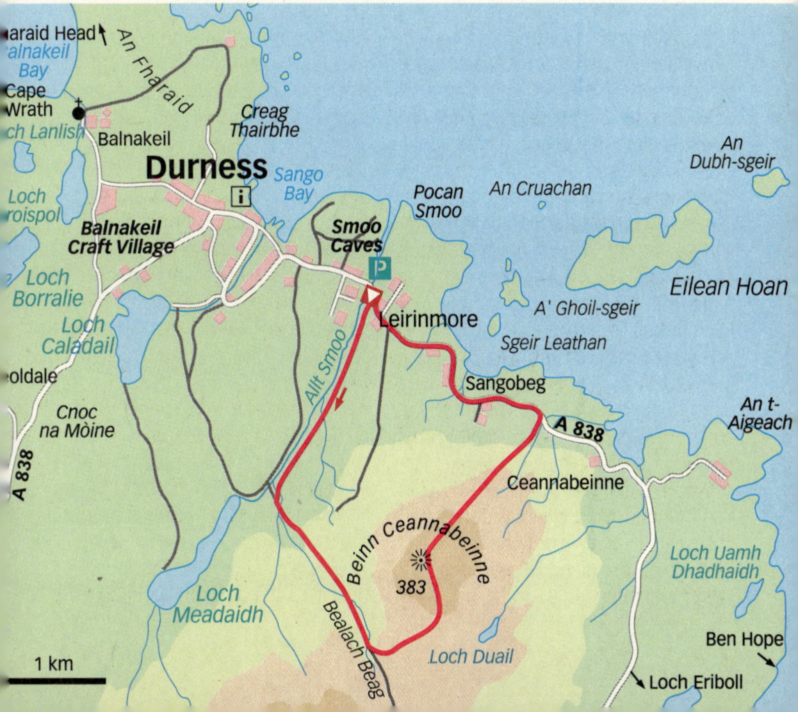

von denen allerdings die wenigsten Schotten sind. Allen Verschönerungsbemühungen zum Trotz verrät die Anlage ihren militärischen Ursprung immer noch stärker als ihre heutige Nutzung.

Westlich des Balnakeil Craft Village liegt die **Ruine der Friedhofskapelle von Balnakeil** (Platz der Kirche). Dort stand einst die zweite christliche Kirche in Sutherland, die vom hl. Maelrubha von Applecross, einem Cousin des hl. Columban, zwischen 700 und 722 n.Chr. gegründet wurde. Im Jahr 1619 ließ der zweite Lord Reay der MacKays die Kirche neu erbauen. Die Finanzierung soll durch einen nicht ganz christlichen Tauschhandel bewerkstelligt worden sein. Domhnuall MacMhurchadh (Donald MacMurchow) wünschte ein christliches Begräbnis, was nicht ganz selbstverständlich war, da er 18 Gegner seines Clan-Oberhaupts getötet hatte, angeblich, indem er sie den Smoo-Wasserfall im Osten des Orts hinabstürzte. Außerdem wollte er aufrecht bestattet werden, um seinen Feinden nicht das Vergnügen zu gönnen, auf ihm herumzuspazieren. Für 100 schottische Pfund kaufte er sich einen Stehplatz in einer Mauernische der Kirche und ermöglichte so den Neubau. Die Kirchenleute beruhigten ihr Gewissen mit dem Hinweis, daß er nur zur Hälfte in der Kirche beigesetzt sei, da es sich um eine Außenmauer handelte.

Im Osten von Durness liegen die drei **Smoo Caves**, die bis in die mittlere Steinzeit bewohnt waren. Das altnordische Wort *Smjuga* heißt soviel wie schmale Spalte oder kleiner Wasserlauf, wohl ein Hinweis auf den Allt Smoo, der sich über Kaskaden in die zweite Höhle ergießt. Die erste der Kalksteinhöhlen ist durch einen gut 10 m hohen und 40 m breiten Bogen vom Strand frei zugänglich, die zweite Höhle nur mit einem Führer im Schlauchboot. Sir Walter Scott bekennt in seinen Tagebüchern, daß ihn die Höhlen in Angst und Schrecken versetzten, vielleicht weil er sich an eine der zahlreichen Spukgeschichten erinnerte, welche die Smoo Caves umgeben. Im 17. Jh. traf der erste Lord Reay der MacKays dort angeblich den Teufel. Unsichtbare Hähne sollen gekräht und Dudelsackpfeifer gespielt haben. Wahrscheinlich erfand man die zahlreichen Schauergeschichten, um Kinder vor Gefahren sowie Schmuggler und Schwarzbrenner vor allzu neugierigen Zeitgenossen zu schützen.

Ruine der Friedhofskapelle von Balnakeil

Im Nordwesten von Durness liegt **Cape Wrath**, was nicht Kap des Zorns heißt, wie man immer wieder liest und wie es die wilde Landschaft mit der zerklüfteten, teils bis über 250 m in schwerer See aufragende Steilküste auch rechtfertigen würde. Wrath ist die anglisierte Form des altnordischen Worts *hvraf* oder *parph* und bedeutet Wendepunkt. An diesem nordwestlichsten Zipfel des schottischen Festlands mußten die Wikinger ihre Schiffe südwärts wenden, um an die Westküste und auf die Hebriden zu gelangen.

Auf diese unbewohnte Halbinsel gelangt man mit einem kleinen Motorboot von Keoldale aus. Ein Minibus fährt dann in gut einer Stunde 17 km über eine holprige Straße bis zum Leuchtturm – allerdings nur, wenn der Fährbetrieb nicht wegen Manövern oder Schießübungen eingestellt wurde, denn ein großer Teil der Halbinsel ist militärisches Sperrgebiet. Der Leuchtturm liegt 120 m über dem Meeresspiegel und ist mehr als 40 km weit zu sehen. Erbaut wurde er vom Großvater des Schriftstellers Robert Louis Stevenson, Robert Stevenson, und am 1. 2. 1828 in Betrieb genommen. Bei Sichtweiten unter fünf Meilen – statistisch herrscht Nebel an zweihundert Tagen im Jahr – ertönt auch heute noch das 1910 eingebaute Nebelhorn.

23

Die Einsamkeit einer Moorlandschaft

Ullapool Hill Walk

Auf diesem Weg ist man meistens allein mit der Natur, die hier nicht spektakulär, sondern unaufdringlich ist in ihren vielfältigen Grüntönen, die sich sanft abheben vom Dunkelbraun, fast Schwarz des Torfs und dem ebenfalls braun gefärbten Wasser des Flüßchens. Auch wenn diese Region von menschlichen Eingriffen nicht völlig verschont geblieben ist, fasziniert sie besonders im Mittelteil durch ihre weitgehende Unberührtheit.

i

WEGVERLAUF: Ausgangspunkt – querverlaufender Feldweg (35 Min.) – Brücke (20 Min.) – Glastullich (15 Min.) – Flußüberquerung (35 Min.) – Abzweig nach links (30 Min.) – Holzplankenbrücke (20 Min.) – Straße (25 Min.) – Ausgangspunkt (25 Min.)

DAUER: ca. $3^1/_2$ Std.

LÄNGE: 13 km (200 m Höhenunterschied)

KARTE: OS 19 und 20; NH 09/19

SCHWIERIGKEITSGRAD: Diese Wanderung ist nicht sehr anstrengend, erfordert aber wasserdichtes Schuhwerk. Bei schlechter Sicht ist sie nicht zu empfehlen, da man sich leicht verlaufen kann.

EINKEHRMÖGLICHKEITEN: Ceilidh Place sowie weitere Restaurants und Pubs in Ullapool

DER WANDERWEG

Die Wanderung beginnt östlich der A 835, die auf Stadtgebiet zuerst Mill Street, dann North Road heißt, in der Broom Court (zweite Abzweigung, da Broom Court halbkreisförmig verläuft). Zwischen einer Werkstatt mit einer Art Fuhrpark und einem Umspannwerk geht man durch ein Tor mit der Aufschrift ›Hill Walk‹.

Man folgt einem steinigen, später mit dicken Pfosten markierten Weg recht steil in einer Spitzkehre hinauf. An der ersten Weggabelung geradeaus auf ungefähr gleicher Ebene weitergehen, nicht dem besser erkennbaren Pfad nach rechts oben folgen. (Man kann diesen Weg über den Hügel Meall Mor an einer Hausruine vorbei nehmen, doch muß man später auf unmarkierten Wegen wieder nach unten zurückkehren.)

Der Pfad verläuft eben bzw. leicht bergab am Fuße der Hügel und oberhalb des von hier noch nicht sichtbaren Steinbruchs. In Blickrichtung liegt Loch Achall, dahinter Rhidorroch Wood – ein seltener Anblick in dieser von unzähligen Tümpeln und kleinen Seen durchsetzten Moorlandschaft. Nach ca. 1,5 km stößt man auf einen querverlaufenden Feldweg (35 Min.). Man geht zunächst ein kleines Stück nach links auf einem Schotterweg in Richtung auf den eingezäunten Steinbruch, dann durch ein Holzschwenktor und auf dem gut erkennbaren Pfad bis zu einem zweiten Tor weiter bergab. Durch ein dahinterliegendes Wäldchen gelangt man an eine kreuzende geteerte Straße, der man nach links über die neue Brücke (55 Min.) über den Ullapool River und weiter bis zum Schafrost folgt. Dort biegt man nach links auf den Farmweg zum Haus **Glastullich** ab (1.10 Std.). Der Pfad führt an mehreren links abknickenden Wegen vorbei nach oben und wird dort oben in der weiten Moorlandschaft schmaler.

Hier finden sich kaum noch Spuren zivilisatorischer Eingriffe. Zur vollen Entfaltung gelangen die Farben von Gras, Torf und Tümpeln nach einem kräftigen (auch nicht so seltenen) Regenguß, wenn die Sonne die dunklen Wolken zu vertreiben beginnt. Alles glitzert und schimmert in unterschiedlichen Schattierungen, und es breitet sich der charakteristische Geruch von nassem Gras und Torf aus, etwas modrig, aber nicht unangenehm und sehr beruhigend.

Man läuft auf eine Ebene mit recht sumpfigem Untergrund zu, die man in weitem Linksbogen umgehen muß. Nach ungefähr 800 m überquert man einen Fluß ($1^3/_4$ Std.), einen weiteren Kilometer später einen querverlaufenden Pfad, der rechts nach Loch Dubh führt. Auf einem undeutlichen Pfad geht es geradeaus weiter, bis man kurz hinter

Wanderung 23: Ullapool Hill Walk

Blick auf Ullapool

einem weiteren Flüßchen nach links auf einen querverlaufenden Pfad abbiegt ($2^1/_4$ Std.). Man erreicht nach insgesamt ca. 2.35 Std. eine Holzplankenbrücke und schwenkt dahinter nach rechts auf den breiten Feldweg ein, der zwischen etwas höheren Hügeln und Felsen verläuft. In diesem Bereich ist das Torfstechen für den privaten Bedarf gestattet. Kurz bevor der Weg rechts von einer Kiefernanpflanzung auf die A 835 stößt, führt er leider noch an einer Mülldeponie und einem Sendemast vorbei.

Man erreicht die Straße gut 2 km nördlich von Ullapool (3 Std.). Das Schachbrettmuster des Stadtplans verrät, daß **Ullapool** nicht natürlich gewachsen ist, sondern geplant wurde, und zwar 1778 von der Britischen Fischereigesellschaft im Zuge des Heringbooms, der dann aber noch nicht einmal 100 Jahre anhielt. Man sieht auch die vorgelagerten Inseln, auf die man von Ullapool aus übersetzen kann, z. B. auf die Summer Isles, um Vögel und Seehunde zu bewundern. Manchmal sieht man auch eine Fähre auf dem Weg nach Lewis.

AM WEGE

Nicht versäumen sollte man den Besuch des **Ceilidh Place** in Ullapool (gesprochen Käli), einer exzentrischen Mischung aus Hotel, Restaurant, Café, Ausstellungsraum und Buchladen, der in den nunmehr 23 Jahren seiner Existenz zu einer etablierten Institution in Sachen Kunst im schottischen Norden geworden ist (14, West Argyle Street). Das Klubhaus auf der gegenüberliegenden Straßenseite verfügt über einen Konzertsaal, in dem regelmäßig Konzerte mit schottischer oder klassischer Musik stattfinden.

Loch Broom

24

Landschaft pur: Flüsse und Lochs, schroffe Berge und Moor

Eine Umrundung des Ben Enaiglair

Durch einen Wald mit schönem alten Baumbestand gelangt man in offene Moor- und Berglandschaft. Eindrucksvoll ist der Anblick der schroffen Felsen des 1084 m hohen Beinn Dearg. Aber auch im Süden über Home Loch hinweg erheben sich imposant die Gipfel der Fannichs. Gegen Ende der Wanderung kann sich das Auge in einer fast unendlich erscheinenden Moorlandschaft erholen.

i

WEGVERLAUF: Parkplatz – Haus (25 Min.) – Weggabelung hinter Home Loch (20 Min.) – zweite Weggabelung am Steinpfosten (1.20 Std.) – Ende der Umrundung (1.40 Std.) – Parkplatz (45 Min.)

DAUER: $4^1/_2$ Std.

LÄNGE: 14,5 km (ca. 500 m Höhenunterschied)

SCHWIERIGKEITSGRAD: Diese Wanderung bietet von der Orientierung und Länge her keinerlei besondere Probleme, ist jedoch wegen des recht feuchten und unebenen Moor- und Gesteinsuntergrunds im Mittelteil etwas beschwerlich.

KARTE: OS 20

EINKEHRMÖGLICHKEITEN: keine

ANFAHRT: Von Ullapool auf der A 835 Richtung Garve bis zur Braemor Junction. Dort kann man das Auto auf dem großen Parkplatz abstellen (insgesamt ca. 19 km).

DER WANDERWEG

Am rechten Rand des Parkplatz gelangt man über einen *stile* auf recht feuchtes Weideland. Der Pfad führt nach links am Lael Forest vorbei, der seit 1929 der Forstkommission gehört und in dem sich etliche außergewöhnlich schöne alte Bäume finden. Man läuft auf einen Bach zu, den man überquert. Im dahinterliegenden Wald stößt man auf einen breiteren Pfad, der an einem Gatter vorbei in das offene Gelände führt.

Rechts liegt **Home Loch**, malerisch eingebettet in die karge Moorlandschaft vor der Szenerie der Fannich-Gipfel, von denen vier Munroes (über 918 m hoch) sind. Links des Flusses, der aus dem Home Loch fließt, führt der Weg bergan. An großen Felsbrocken auf beiden Seiten des Wegs zweigt nach links der Pfad ab ($^3/_4$ Std.), auf dem man zurückkommt. Unser Weg führt zunächst in Serpentinen aufwärts. Vom Sattel sieht man rechts unten einen kleineren und zwei größere Seen. An der nächsten Gabelung steht am linken Wegrand ein Steinpfosten, der einen links abzweigenden Pfad markiert

(2.05 Std.). Diesem folgt man nach oben, zwischen zahlreichen kleine Tümpeln am Wegrand hindurch.

Von hier hat man das Beinn Dearg-Massiv im Blick, das sich auf der anderen Talseite erhebt, schroff und bei verhangenem Himmel bedrohlich, zugleich majestätisch-unnahbar wirkend. Auch der **Ben Enaiglair**, den man im Linksbogen umrundet, zeigt sich auf der ›Rückseite‹ recht schroff und felsig.

Der Weg führt unterhalb der Felsbrocken in Schleifen und Serpentinen bergab, zunächst rechts vom Fluß, dann links. Nach der Enge des Tals öffnet sich nach rechts (Nordosten) der Horizont und gibt den Blick auf eine fast unendlich scheinende Moorlandschaft frei. Im Kontrast zum Lila-Violett des Heidekrauts taucht unten am River Broom das saftige Grün und Gelb des Acker- und Weidelands auf. Der Weg wird trockener und fast eben, bis er wieder auf den Anstiegsweg stößt ($3^3/_4$ Std.). Man genießt nochmals den Blick auf Home Loch und die Fannichs, bevor man durch den Wald zum Ausgangspunkt zurückgeht ($4^1/_2$ Std.).

AM WEGE

Knapp 1 km vor dem Ausgangspunkt der Wanderung liegt an der A 835 ausgeschildert die **Corrieshalloch Gorge,** deren Besichtigung man nicht versäumen sollte. Die ca. 1,5 km lange und gut 60 m tiefe Klamm wurde während der Eiszeit vom Schmelzwasser in den harten Felsen gespült. Von einer kleinen Hängebrücke kann man den Measach-Wasserfall am oberen Ende der Schlucht bewundern. Die Brücke stammt von Sir John Fowler, dem Erbauer der Eisenbahnbrücke über den Forth, so daß man sich ihr getrost anvertrauen kann, auch wenn sie leicht schwankt.

Wanderung 24: Eine Umrundung des Ben Enaiglair

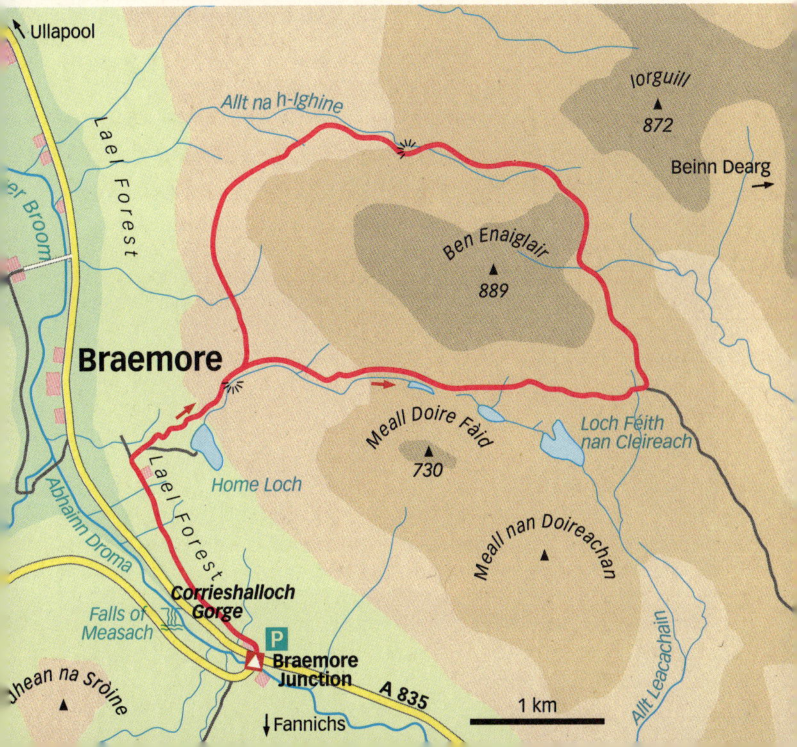

25

Bizarre Formen aus jedem Blickwinkel

Rund um den Stac Pollaidh

Stac Pollaidh (oder in der anglisierten Form Stac Polly) heißt wörtlich und sehr zutreffend der Berg im Torfmoor. Er beeindruckt weniger durch seine Höhe (613 m) als durch seine Form. Verzerrte Sandsteinsäulen, Spitztürmchen und zerklüftete Felsen geben diesem Berg von jeder Seite ein anderes Aussehen.

i

WEGVERLAUF: Parkplatz – Fuß des Bergs (15 Min.) – Teich auf der Nordseite (35 Min.) – Ende der Umrundung (40 Min.) – Parkplatz (10 Min.)

DAUER: 1.40 Std.

LÄNGE: 4 km (ca. 250 m Höhenunterschied)

SCHWIERIGKEITSGRAD: Die Wanderung ist, vom steilen Anfangsstück abgesehen, leicht, verlangt aber etwas Umsicht wegen der vielen versteckten Tümpel und Vertiefungen.

KARTE: OS 15

EINKEHRMÖGLICHKEITEN: keine

ANFAHRT: Von Ullapool fährt man auf der A 835 in nördlicher Richtung ca. 14 km bis zum Abzweig nach Achiltibuie (links). Auf dem ersten Parkplatz links an der Straße nach ca. 8 km – direkt unterhalb von Stac Pollaidh – finden gut 10 Autos Platz.

◀ An der Küste bei Durness

DER WANDERWEG

Der Weg beginnt gegenüber dem Parkplatz rechts am Flußufer. An einem Steinhaufen nach dem ersten steilen Anstieg folgt man an der Weggabelung dem rechten, weniger steilen Pfad bis zum Fuße des Felsens (15 Min.). Schon hier sieht man deutlich die Spuren, die die Verwitterung an diesem Berg aus Sandstein ohne härtere Gesteinshülle hinterlassen hat. Man sieht auch, daß der Weg zu den Gipfeln einiges Training und guten Gleichgewichtssinn verlangen würde, während die hier gewählte Route, die auch einen weiten Blick auf die umgebende Landschaft freigibt, gefahrlos zu bewältigen ist.

Nach der zweiten Anhöhe darf man den Bogen nicht zu weit nach rechts ausdehnen, da dort zu viele versteckte Teiche liegen. Man hält sich eher links, d.h. bergwärts, und geht auf eine kleine Anhöhe zu, die ebenfalls mit Felsbrocken übersät ist. Der Pfad verläuft auf feuchtem Untergrund recht undeutlich weiter nach oben und dann in weitem Bogen am Fuße des Felsens um den Berg herum. Auch hier nicht zu weit rechts gehen, sondern auf den Fuß der rechten Anhöhe zu. Der Weg verläuft undeutlich, ist jedoch durch *cairns* markiert. An einem weiteren *cairn* nicht nach links über einen steilen Schotterweg hinaufgehen, sondern rechts auf halber Höhe weiter.

Wenn man um sich blickt, versteht man die Namengebung des **Stac Pollaidh**. Vor ca. 4000 Jahren zerstörte eine Klimaverschlechterung den Wald, der sich in natürlicher Pflanzenfolge nach der letzten Eiszeit vor ca. 10 000 Jahren entwickelt hatte. Es bildete sich Torfmoor, das nur noch niederen Pflanzen genug Nahrung bot. Durch Feuer, Rodung und Nutzung als Weidefläche zerstörte der Mensch die Restbestände dieses Waldes, der sich auf dem säurehaltigen Torfboden nicht regenerieren kann. So gedeihen hier vor allem Heidekraut, Krähenbeere, Fingerhut und das insektenfressende Fettkraut neben Sumpfgras, Moos und Flechten.

Östlich und nördlich des Stac Pollaidh erstreckt sich eine mondartige Kraterlandschaft, die mit den vielen Seen und *tarns* (kleinen Teichen), den Felsen und kleinen Hügeln öde und verlassen wirkt. Dazwischen ragen ungewöhnliche Bergformen auf: nordöstlich der runde massige Höcker des Suilven (713 m) und die Spitze des Canisp (846 m), näher im Osten der Cul Mor (849 m) hinter Loch an Doire Dhuibh. Bei gutem Wetter kann man im Westen bis zum Atlantik sehen.

Auf der nördlichen Seite von Stac Pollaidh stößt man auf einen kleineren Teich (50 Min.). *Cairns* weisen vor dem Teich nach links, und man sollte ihnen folgen. Wegen der zahlreichen kleinen Teiche und Pfützen ist Vorsicht geboten. Auf dieser Seite zeigen sich die bizarren Verformungen in Felsspitzen und kleinen Türmchen am deutlichsten. Der Weg führt ständig bergab und ist weiter unten wieder mit *cairns* markiert. Wenn man auf der Rückseite des Berges hinabgestiegen ist, liegen links deutlich erkennbar zwei große Steinbrocken. Über die Straße hinweg sieht man unten eine Halbinsel mit Sandstrand im Loch Lurgainn und dahinter den Beinn an Eoin (618 m). Die *cairns* weisen den Weg bergab nach links zu dem Fluß im Tal Coire Gorm, dem man sich aber nicht zu sehr nähern sollte. Nach dem letzten *cairn* geht man ein Stück parallel zur Straße und dann ($1^1/_2$ Std.) auf dem Hinweg noch 10 Minuten zum Parkplatz zurück.

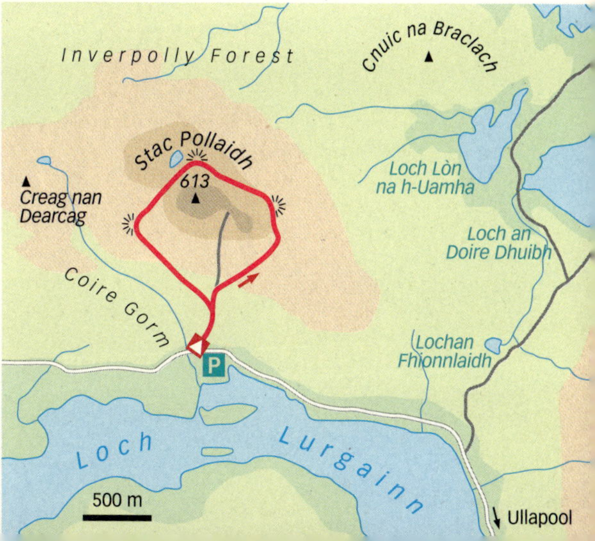

Wanderung 25:
Rund um den Stac Pollaidh

Dem Klima zum Trotz: Die Ermöglichung des fast Unmöglichen: Schottische Gärten

Die Vegetation in den zahlreichen Gärten des schottischen Hochlands scheint allen klimatischen Widrigkeiten zu trotzen. Hier blühen subtropische Pflanzen im Freien, die außerhalb ihrer Heimatregionen sonst nur in Gewächshäusern existieren können. Hier wachsen riesige Bäume, wo der saure Torfboden eigentlich nur Heidekraut und Moosen genug Nahrung bietet.

Viele dieser Gärten gehören zu Burgen oder Schlössern (Dunrobin, Brodie, Cawdor an der Ostküste, die meisten Gärten auf den Inseln) und blieben oftmals noch so erhalten, wie sie vom Gründer geplant wurden. In einigen Fällen diente Versailles als Vorbild, in anderen die weniger symmetrisch angelegten englischen Landschaftsgärten. Manche Parks sind jedoch viel älteren Ursprungs, Dirleton Gardens stammen z. B. aus dem 16. Jh. Threave Garden wurde eigens zu Lehrzwecken für Studenten angelegt. In fast allen Parks wachsen neben Rhododendron Azaleen, Heidekraut, einheimische Wiesen- und Gartenblumen sowie Wasserpflanzen in künstlichen oder natürlichen Seen. Die bekanntesten Gärten sind in Scotland's Garden Scheme zusammengeschlossen, was bedeutet, daß 40 % der Einnahmen aus den Eintrittsgeldern wohltätigen Zwecken zufließen.

Inverewe Garden, am Ufer des Loch Ewe (gesprochen ›Ju‹) auf einer Halbinsel an der Westküste bei Loch Maree (s. S. 176ff.) gelegen, ist ein gutes Beispiel dafür, was sich aus einer Einöde machen läßt. Der Garten verdankt seinen Vegetationsreichtum dem unermüdlichen Sammeleifer seines Gründers Osgood Mackenzie, der das Gelände 1862 kaufte. Die Nähe des Golfstroms, welcher der Westküste Großbritanniens nahezu frostfreie Winter beschert, veranlaßte ihn, einen Garten anzulegen, obwohl der Torf- und Felsuntergrund kaum geeignet schien. Erde oder Sand gab es auf dem roten torridonischen Sandstein fast gar nicht, die damals existierende Bepflanzung bestand aus einer einzigen ungefähr 1 m hohen Zwergweide. Die heftigen Stürme, denen die Halbinsel von allen Seiten ausgesetzt ist, stellten den Landschaftsarchitekten vor ein weiteres schweres Problem.

Inverewe Garden

In Fischkörben mußte Erde herbeigeschafft werden, um einen äußeren Gürtel von Schottischen und Korsischen Pinien zum Schutz gegen Wind und Salzgischt anpflanzen zu können. Es folgten Rhododendronhecken, Birken, Eichen, Bergeschen, Lärchen und Buchen. Nach ca. 15 Jahren waren die Bäume so hoch, daß empfindlichere Arten wie Eukalyptus und Palmen sowie exotische Blumen in deren Schutz gedeihen konnten. 1953 und 1983 rissen zwei Stürme große Lücken in diesen Schutzwald. Allein 1983 wurden fast 50 Bäume entwurzelt. Die durch die Sturmschäden notwendig gewordenen Neuanpflanzungen sorgen heute allerdings für ein ausgewogeneres Altersgefälle des Waldes und verringern die Gefahr, daß viele der ursprünglich gleichaltrigen Bäume zur selben Zeit absterben und den Park ungeschützt zurücklassen.

26

Am See des irischen Heiligen Mael Rubha

Von Loch Maree zu Lochan Fada

Diese Wanderung führt vom legendenumwobenen Loch Maree, einem der größten Frischwasserseen Schottlands, den viele Besucher auch für den schönsten halten, am Fuße hoher Berge entlang mit Blick auf grün-violett schimmernde Hügel zum kleinen langen See, so die Übersetzung von Lochan Fada, in ein unberührtes, keinem Autofahrer zugängliches Gebiet.

i

WEGVERLAUF: Parkplatz – Pontonbrücke (15 Min.) – Pfeil aus Steinen (15 Min.) – Holzbrücke (30 Min.) – Wasserfall (1 Std.) – Lochan Fada (1 Std.) – Rückweg (3 Std.)

DAUER: 6 Std.

LÄNGE: 18 km

SCHWIERIGKEITSGRAD: Die Wanderung ist weder von der Orientierung noch von den zu bewältigenden Steigungen schwer, verlangt aber aufgrund der Länge ein wenig Kondition.

KARTE: OS 19; Outdoor Leisure 8

EINKEHRMÖGLICHKEITEN: keine

ANFAHRT: Von Kinlochewe auf der A 832 nach Incheril (ca. 2,5 km), dort links abbiegen. An der Kreuzung im Ort wieder links bis zu den letzten Farmhäusern, dort am Wegesrand parken.

DER WANDERWEG

Man geht auf dem Feldweg in Fahrtrichtung weiter an der Farm vorbei durch ein Tor (wieder schließen!). An der Weggabelung hält man sich links. An einer Stelle, an der Geröll abgesackt ist, führt der Weg weiter geradeaus und dann schräg links durch ein Holztor (ebenfalls wieder schließen) auf den Weg am Zaun entlang. Dieser teilt sich vorübergehend in zwei parallele Pfade mit einem Höhenunterschied von 1 bis 2 m. Nachdem die Wege wieder zusammengelaufen sind, geht man erneut durch ein Holztor etwas nach links und über eine Art Pontonbrücke (Holzplanken ohne Geländer) über den Fluß Allt Chnàimhean (15 Min.).

An einer Weggabelung folgt man dem Pfeil, der mit Steinen auf den Grasboden gelegt ist, nach rechts ($^1/_2$ Std.). Geradeaus geht man auf Loch Maree zu, hat aber kaum eine Möglichkeit, die den Weg kreuzenden Flüsse zu überqueren. Der Pfeil weist auf einen breiten Weg links von der dichten Farnbewachsung, über das Geröllfeld, das im Frühjahr und Winter Wasser führt, rechts an einem verfallenen Cottage vorbei.

An einem kleinen Wäldchen auf der rechten Seite führt der Weg sehr nah an Loch Maree heran. Über eine Holzbrücke mit zwei Toren überquert man den Abhainn an Fhasaigh (1 Std.). An der folgenden Weggabelung muß man noch ein Stück geradeaus auf den Berg hinauf, bevor man dann am nächsten Abzweig rechts in das **Gleann Bianasdail** einschwenkt.

Diesen Weg entlang dem nördlichen Ufer des **Loch Maree** zur Westküste mußten vor dem Bau der Straße am Südufer die Postboten zurücklegen. Im frühen 17. Jh. stand – heute kaum vorstellbar – in Furnace (Schmelzofen), ziemlich genau in der Mitte des Nordufers, die größte Eisenschmelze Schottlands, die jährlich pro Ofen 3500 t Holz benötigte. Trotz zahlreicher Proteste gegen die Abholzung der Wälder sogar von Regierungsseite stellte der Betreiber Sir John Hay, der spätere Graf von Kinnoul, die Arbeiten erst ein, als es im weiten Umkreis kein Holz mehr gab.

Der Weg nach rechts ins Tal ist deutlich erkennbar und führt über ein klei-

Wanderung 26:
Von Loch Maree zu Lochan Fada

Bei Lochan Fada, Stepping Shoes im Abhainn an Fhasaigh

nes Rinnsal, nah an einem Fluß mit einem Wasserfall vorbei. Zur Linken sieht man die Gipfel von Slioch (der Speer) und Sgurr an Tuill Bhàin hinter kleineren Erhebungen hervorragen. Rechts fällt das Gelände recht steil ab. Auf vorwiegend feuchtem Untergrund führt der Weg teils steil ansteigend, teils über relativ flache Passagen links am Fluß entlang. Man muß ein Flüßchen nach rechts auf einen deutlich erkennbaren Weg überqueren. Hinter einem weiteren Wasserfall (2 Std.) führt der Weg links leicht bergauf und entfernt sich vom Fluß.

Das letzte Stück verläuft hinab zum **Lochan Fada** (3 Std.). Mit Blick auf den hohen Gipfel des Mullach Coire Mhic Fhearchar am anderen Ufer und die von zahlreichen Seen durchsetzte Hügelwelt im Osten (rechts von der Laufrichtung) schmeckt das Picknick besonders gut. Zwar muß man auf demselben Weg zurückgehen, doch verhindert der Wechsel der Perspektive, daß der Weg langweilig wird.

Ein Heiliger, König Viktoria und ein Liebespaar

Wahrheit und Legende um Loch Maree

Loch Maree verdankt seinen Namen dem irischen Heiligen Mael Rubha, der auf der kleinen Insel Eilean Ma-ruibhe, heute Isle Maree genannt, lebte. Lange Zeit war diese Insel ein Pilgerort, auf der noch 1678 Bullen geopfert wurden. Einst gab es dort auch eine heilige Quelle, deren Kräfte heilend wirken sollten – sie versiegte jedoch mittlerweile.

Ebenfalls abgestorben ist ein *Wishing Tree*, in dessen Rinde Besucher eine Münze steckten, bevor sie sich etwas wünschten. Auch Königin Viktoria soll diesem Brauch während ihres Aufenthalts 1877 gefolgt sein. Ein Gedenkstein vor dem Hotel erinnert an diesen Besuch. Im Slattadale Forest wurde ein Wasserfall, wenn auch kein besonders imposanter, nach Königin Viktoria benannt.

Ansonsten stehen auf der Isle Maree, die wie auch alle anderen Inseln nur mit Erlaubnis der Naturschutzbehörde betreten werden darf, noch zwei sagenumwobene Grabsteine, ›Das Liebespaar von Loch Maree‹. Einer Legende zufolge, die ein wenig an »Romeo und Julia« erinnert, sollen sich zur Zeit der Wikinger ein Prinz und eine Prinzessin ineinander verliebt haben. Damals mußten die Prinzen erst Heldentaten vollbringen, bevor sie der Freuden der Ehe für würdig befunden wurden. Als der junge Mann nach langer Abwesenheit zurückkehrte, wurde seine Angebetete in einer Totenbarke ans Ufer des Sees gerudert. Von Schmerz übermannt, erdolchte er sich, noch bevor die Prinzessin, die sich nur tot gestellt hatte, um seine Liebe zu prüfen, es verhindern konnte. Daraufhin tötete sie sich auch.

Eine zweite Fassung der Legende ist etwas komplizierter und verlangt noch mehr Gutgläubigkeit als die erste. Heftige Winterstürme hielten einst Prinz Olaf von Norwegen auf der Insel fest, auf der Deora, Tochter des Königs von Dalriada, in der Obhut eines alten Lehrers und des jungen Kriegers Red Hector lebte. Prinz und Prinzessin verliebten sich ineinander, doch auch Red Hector liebte die Prinzessin. Es kam zum Duell, Red Hector siegte und mußte fliehen. Olaf, der nur verwundet war, wurde von Deora gesund gepflegt.

Nachdem Deora an den Hof ihres Vaters zurückgerufen worden war, schickte Olaf nach dem alten Lehrer aus, um herauszufinden, wie es um die Liebe von Deora bestellt sei. Ein rotes Signal vom Ufer sollte gute Nachricht bedeuten, Schwarz eine schlechte. Nach geraumer Zeit erschien ein schwarzes Signal, und Olaf, wie zu erwarten, tötete sich. Kurz darauf kehrte Deora mit dem Lehrer und Dienern zurück. Als sie den toten Prinzen fand, beschuldigte sie den Lehrer, der sie daraufhin erschlug – es war in Wirklichkeit Red Hector, der sich nur verkleidet hatte. Nur durch einen Sprung ins Wasser konnte er sich seinen Verfolgern entziehen. Er wurde in ein *kelpie* verwandelt, einen Wassergeist in Pferdegestalt, der noch heute für die plötzlichen Stürme über Loch Maree verantwortlich sein soll.

Loch Maree

27

Wo das Gebirge sehr hoch und das Gestein sehr alt ist

Eine Bergwanderung auf das Beinn Eighe-Massiv

Die Berge und die Landschaft im Torridon-Gebiet zählen zu den eindrucksvollsten im schottischen Hochland. Die einzigartige Verbindung von großen lieblichen Seen mit scheinbar unzugänglichen Bergen begeistert jeden Wanderer. Der Genuß der Aussicht von oben muß jedoch mit reichlich Schweiß erkauft werden.

WEGVERLAUF: Parkplatz – Stepping Stones (35 Min.) – *cairn* mit Abzweig (15 Min.) – Wasserfall (30 Min.) – Schneise auf dem Berg (1 Std.) – Vermessungspunkt Beinn Eighe (1 Std.) – Abstieg zur Straße (2 Std.) – Parkplatz (40 Min.)

DAUER: 6 Std.

LÄNGE: 15 km (ca. 550 m Höhenunterschied)

SCHWIERIGKEITSGRAD: Den Anfang bis zum Wasserfall am Loch Coire Mhic Fhearchair kann jeder Wanderer bewältigen. Den Aufstieg sollte sich jedoch nur zutrauen, wer gut trainiert und schwindelfrei ist. Knöchel und Knie werden beim Abstieg stark beansprucht.

KARTE: OS 19 und 25; Outdoor Leisure 8

EINKEHRMÖGLICHKEITEN: keine

ANFAHRT: Von Kinlochewe fährt man ca. 9 km auf der A 896 bis zum Parkplatz auf der rechten Seite.

DER WANDERWEG

In dieser Region befinden sich die wohl ältesten Gesteinsarten der Erde: Auf zwei Mrd. Jahre alten Gneis schichtet sich 750 Mio. Jahre alter roter Sandstein mit einer 600 Mio. Jahre alten Kuppe aus silbrig-weiß schimmerndem Quarz. Gewaltige Erdbewegungen, Gletscher und Witterungseinflüsse preßten dieses harte Gestein in bizarre Formen. Im kambrischen Quarz entdeckte man Fossilien einiger der ältesten wurmartigen Tiere der Erde. Vom ursprünglichen Kaledonischen Wald, der noch vor ca. 8000 Jahren das gesamte Gebiet bedeckte, findet man hier nichts mehr. Überhaupt wachsen Bäume nur an den unteren Hängen und Wasserläufen.

Man geht ein kleines Stück auf der Straße zurück, bis links vom Fluß Allt Coire an Anmoich ein gut markierter Weg bergan führt. Links liegt der Liathach, dessen sieben Gipfel durch eine fast 8 km lange Kammlinie verbunden sind, rechts der Beinn Eighe. Man läuft auf einem relativ flachen Stück zwischen den beiden Bergen hindurch. Nach ca. 2,5 km überquert man den Fluß Allt a'Choire Dhuibh Mhóir auf Steinen, sogenannten *Stepping Stones* (35 Min.), was im Frühling oder Spätherbst bei höherem Wasserstand schwierig sein kann. Rechts und links vom Pfad liegen kleine Teiche und Seen. Auf dem säurehaltigen Sandsteinboden gedeihen nur typische Moor- und Heidepflanzen, darunter auch insektenfressende wie Sonnentau und Fettkraut.

Ca. 1 km nach der Flußüberquerung weist ein *cairn* auf einen rechts abzweigenden schmalen Pfad hin (50 Min.), der am rechten Rand der Geröllsteine um den 981 m hohen **Sàil Mhór** führt. Auf der linken Seite des Pfades markieren immer wieder *cairns* den Weg. Über Felsplatten läuft man am Fuße des Sàil Mhór entlang.

In Laufrichtung blickt man auf Beinn a'Chearcaill und links durch das Tal auf Loch Torridon. Geradeaus und links sieht man eine ähnlich mondartige Landschaft wie nördlich von Lochinver und dem Suilven: In einer kargen, von rötlichen Felsen durchsetzten Region liegen unzählige Seen und Teiche inmitten von Bergen, die sich vor diesem Hintergrund besonders imposant abheben. Da viele, auch große Steine recht locker liegen, sollte man beim Betrachten der Natur besser stehenbleiben. Der Weg verliert sich in einem dichteren Geröllfeld, man geht jedoch in derselben Richtung weiter auf den in der Ferne liegenden, 1010 m hohen Gipfel Ruadh-stac Mór zu. Einige höher auf-

Wanderung 27: Auf dem Beinn Eighe-Massiv

Blick vom Ruadh-stac Mór auf Loch Coire, Mhic Fhearchair und Sàil Mhór

ragende Steine dienen als Markierungen.

Auf der Rückseite des Sàil Mhór erreicht man einen Wasserfall (1.20 Std.), an dessen rechter Seite ein steiler Weg bergan führt. Kurz vor dem Loch Coire Mhic Fhearchair (gesprochen ›korrie-vik-errechar‹) wechselt man über Steine auf die linke Seite. Hier kann man sich angesichts der Berge entschließen, die Wanderung zu beenden und auf demselben Weg zurückzukehren, oder aber man ist von den Gipfeln so fasziniert, daß man weitermacht. In diesem Fall geht man links am See vorbei in Richtung auf die gut erkennbare Schneise im Berg links vom Triple Buttress, den ›dreifachen Stützpfeiler‹ (2.20 Std.). Ein direkter Weg ist nicht erkennbar, weshalb man am besten im grasbewachsenen Gelände bleibt, wo die Steine festen Halt haben (aber auch große Steine können wackelig sein). Der Aufstieg ist kurz vor dem Geröllfeld linker Hand an braunen Felsen möglich, die sehr dicht von Gras umgeben sind.

Auf dem Höhenkamm sollte man sich vorsichtig bewegen. Man hält erst ein Stück rechts auf die Schneise zu und steigt dann auf den nächsten Berg, den **Còinneach Mhór** (821 m). Der Kamm des Geröllberges verläuft parallel zu dem Weg durch das Tal Coire Dubh Mór, den man auch von oben sieht. Von da geht es auf den Beinn Eighe, auf dessen Gipfel man den Vermessungspunkt sieht (3.20 Std.).

Der Blick von hier oben auf die umliegenden Gipfel, Seen und Hügel ist im wahrsten Sinn des Wortes berauschend. Ein großer Teil des Gebiets, das man sieht, gehört seit 1967 dem National Trust for Scotland, der den Torridon-Besitz von 57 km^2 als Ausgleich für einen Teil der Grundsteuern übernahm, die nach dem Tod des vierten Grafen von Lovelace fällig geworden waren. Im Osten grenzt das Beinn Eighe National Nature Reserve (Naturschutzgebiet) mit 43 km^2 an, das bis an das südöstliche Ufer von Loch Maree reicht.

Der Abstieg ist recht beschwerlich. Auf dem rutschigen Geröllpfad sind Trittsicherheit und Abfedern erforderlich. An einem *cairn* biegt man nach links auf einen schmalen, steil abwärts führenden Pfad ab, der im Mittelstück in Serpentinen verläuft. Insgesamt ist der Rückweg lang und beschwerlich und läßt kaum Zeit, die Natur zu bewundern. Endlich an der Straße angekommen (5.20 Std.), muß man auf ihr noch gut 2 km nach rechts zum Parkplatz zurücklaufen (6 Std.).

28

Die furchterregenden ›versteckten‹ Wasserfälle

Zu den Falls of Glomach

Die Falls of Glomach, was wörtlich soviel wie furchterregende Wasserfälle heißt, gehören zu den höchsten Großbritanniens und liegen reizvoll eingebettet zwischen Bergen und Moor. Das Wasser stürzt 105 m tief in einen Kessel, wird jedoch nach 90 m durch einen Felsvorsprung etwas abgebremst. Die Wanderung führt von den Wasserfällen durch das ›Tal der lauten Vogelschreie‹, über den ›Paß des Murmelns‹ in das ›moosige Tal‹ zurück zur ›Tür des Schwarzen Wassers‹. So (an)sprechend wie die Namen ist auch die Landschaft.

i

WEGVERLAUF: Kintail Countryside Centre – Brücke über Abhainn Chonaig (30 Min.) – zweite Brücke (20 Min.) – Falls of Glomach (1.40 Std.) – Ende Loch Gaorsaic (1 Std.) – hinter dem Paß (40 Min.) – Dorusdain (40 Min.) – Ausgangspunkt (30 Min.)

DAUER: $5\frac{1}{2}$ Std.

LÄNGE: 20 km (400 m und 200 m Höhenunterschied)

SCHWIERIGKEITSGRAD: Die Wanderung weist einige Steigungen auf und ist vor allem wegen des z. T. recht feuchten Untergrunds hinter dem Wasserfall nicht immer ganz mühelos zu bewältigen.

KARTE: OS 33

EINKEHRMÖGLICHKEITEN: keine

ANFAHRT: Von Kyle of Lochalsh fährt man auf der A 87 über Invernate bis zur Abzweigung nach Morvich (links). An der zweiten Gabelung hält man sich zunächst rechts, hinter der Brücke dann links in Richtung Kintail Countryside Centre (ausgeschildert). Dort parkt man (insgesamt ca. 25 km).

DER WANDERWEG

Das Gebiet, durch das die Wanderung verläuft, gehört dem National Trust for Scotland, einer staatlichen Stiftung zur Erhaltung landschaftlicher und architektonischer Sehenswürdigkeiten in Schottland. Alle Wanderwege auf dem Gebiet des Trusts dürfen uneingeschränkt benutzt werden, und es besteht kaum die Gefahr, daß einmal erworbenes Gebiet wieder privatisiert und dadurch der Öffentlichkeit entzogen wird.

Vom **Kintail Countryside Centre**, das Informationsmaterial über die Moor-

Falls of Glomach

landschaft bereithält, läuft man auf der Straße weiter, am Walker Centre vorbei und über die Brücke über den River Croe, immer den Schildern zu den Falls of Glomach folgend. Der Weg führt über vorwiegend feuchten Untergrund an den Fluß Abhainn Chonaig, dem man am rechten Ufer folgt, bis man ihn an einer weiteren Brücke überquert (30 Min.). Hinter der Brücke geht man durch ein Holzschwingtor und nach links, dann sofort wieder rechts und durch ein Gehege. Über einen Zaun gelangt man auf einen breiten Schotterweg, der nach ca. 1 km wieder an eine Brücke führt (50 Min.). Hinter dieser Brücke, links vom Flüßchen, beginnt der recht steile Anstieg auf die Höhe des Wasserfalls.

Am Ende des Anstiegs gelangt man auf eine flachere Moorebene. Rückblickend sieht man auf die Arbeit der staatlichen Forstbehörde, die hier seit Jahren ein Aufforstungsprogramm durchführt zum wirtschaftlichen Nutzen der Region, nicht immer zu deren Verschönerung.

Der Weg verläuft in einer Rechtskurve um eine Erhebung herum. Da man sich dem Wasserfall von oben nähert, hört man ihn, bevor man ihn sieht, daher auch die Charakterisierung als ›versteckt‹ (Schild: ›Danger! Falls of Glomach‹). Der Weg von Norden zum Fuß der **Falls of Glomach** führt teilweise über Privatbesitz und ist nur mit Genehmigung des Eigentümers zu benutzen. Links führt ein Pfad recht steil

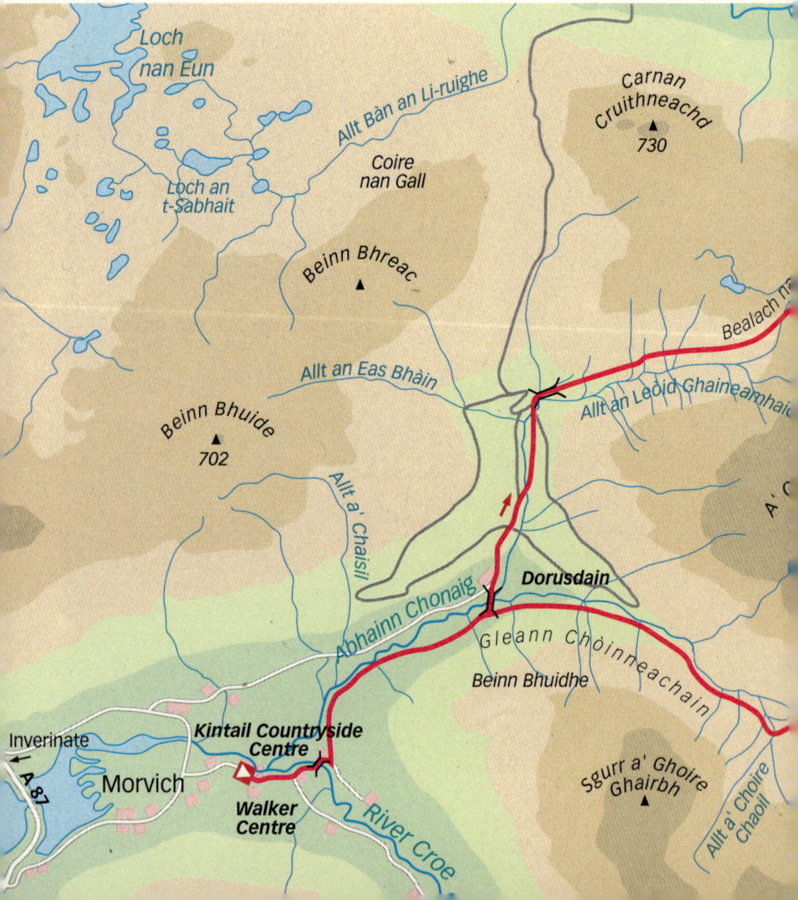

am Wasserfall entlang nach unten (2 1/2 Std.).

Für den Rückweg wendet man sich am Wasserfall nach rechts und folgt dem rechten Flußufer des **Abhainn Gaorsaic** über eine weite Moorebene, am besten so nah wie möglich am Fluß, da das Hinterland sehr sumpfig ist. Kurz vor einem Wasserfall auf der linken Seite des Weges wurden zwei etwas breitere Zuflüsse mit einem Holzgitter überbrückt. Unterhalb des Wasserfalls liegt Loch Thuill Easaich, dahinter Loch Gaorsaic (See der lauten Vogelschreie im gleichnamigen Tal), an dessen westlichem Ufer man bleibt. An den Resten eines alten Bootshauses vorbei geht man bis zum Ende des Sees, wo einige Felsbrocken auf einem Haufen liegen (3 1/2 Std.). Dort steigt man nach rechts querfeldein hinauf auf einen Pfad, den man weiter oben in einem Paß zwischen den Bergen verschwinden sieht. Diesem Pfad folgt man nach links weiter bergan. Unten liegt Loch a'Bhealaich (See des Passes), dahinter der 1032 m hohe Beinn Fhada, dessen gezackter Kamm sich über gut 10 km erstreckt.

Über den Paß des Murmelns (Bealach an Sgàirne) gelangt man ins Tal **Gleann Chòinneachain**, ›das moosige Tal‹, das später in den Hinweg einmündet. An der Gabelung mit einem Pfad von links unten zunächst rechts halten, auch rechts an der Felsspitze vorbei und dann in der Ebene geradeaus über den Paß hinweg (4.10 Std.).

Der Abstieg verläuft weniger steil oberhalb eines tiefen Tals, in dem ein Flüßchen plätschert. An der Gabelung folgt man dem unteren Weg. Nach einem in Serpentinen verlaufenden Wegstück überquert man auf Steinen den Fluß und wendet sich nach rechts. Man sieht aus halber Höhe Dorusdain House (Tür des Schwarzen Wassers), das heute unbewohnt ist (4.50 Std.). Wo sich der Weg wieder gabelt, folgt man dem rechten Abzweig nach unten in ein Waldstück hinab an den Fluß. An einer Brücke biegt man links auf den Hinweg ein und geht zum Parkplatz zurück.

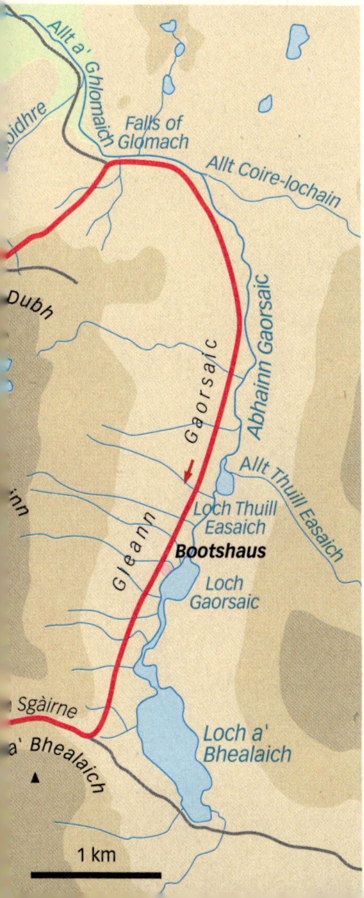

Wanderung 28: Zu den Falls of Glomach

Noah missed his chance when there were only two of them

Home Loch

Midges oder gälisch *Meanbh-chuileag* sind kleine Insekten, deren unangenehme Wirkung in keinerlei Verhältnis zu ihrer Körpergröße steht, die teilweise noch nicht einmal die der Fruchtfliegen erreicht. Vor allem die Westküste Schottlands und die westlichen Inseln werden in den Monaten Juni, Juli und August von Stechmückenplagen heimgesucht, da die kleinen Tiere ein warmfeuchtes Klima bevorzugen. Bei Wanderungen in tiefergelegenen, leicht sumpfigen Gefilden, bei Waldspaziergängen an lauen Sommerabenden oder bei Ausflügen an windstille Seeufer werden die Insekten dann zu ungebetenen Begleitern.

Glücklicherweise sind die meisten (leider nicht alle) Stechmücken auf Tierblut spezialisiert und lieben weder Wind noch trockenere Höhenlagen. Insektenmittel zeigen recht unterschiedlichen Erfolg, und bei manchen ist die Liste möglicher Nebenwirkungen so erschreckend, daß selbst Stechmücken ihren Stachel verlieren – symbolisch gesprochen. Es scheint, daß der wirksamste Schutz gegen Stechmücken die Flucht in höhere windige Plätzchen, in verräucherte Pubs oder andere geschlossene Räume ist. Wer einmal vergessen hat, beim Duschen das Fenster zu schließen, weiß, warum das absolut nötig ist. Aber auch das passiert nur einmal. Live and learn!

29

Wo Nessies Tochter wohnt

Von Loch Morar zum Loch Nevis

Die Wanderung beginnt am Nordufer von Loch Morar, dem mit bis zu 300 m tiefsten Frischwassersee Großbritanniens. Dort, so besagen hartnäckige Gerüchte, lebt das Ungeheuer Morag, die Tochter von Nessie. Am Ende blickt man auf die Halbinsel Knoydart, einen sehr entlegenen Teil Schottlands, dessen Kargheit einen eigenen Reiz hat. Wer dort wandern will, muß sein Zelt mitnehmen.

WEGVERLAUF: Holzbrücke – Lochan Innis Eanruig (30 Min.) – Stoul (45 Min.) – Rückweg (1.15 Std.)

DAUER: 2 1/2 Std.

LÄNGE: 8 km (300 m Höhenunterschied)

SCHWIERIGKEITSGRAD: Die Wanderung ist leicht und auch für Kinder geeignet.

KARTE: OS 40

EINKEHRMÖGLICHKEITEN: keine

ANFAHRT: Von Fort William auf der A 82 bis zur Abzweigung der A 830 Richtung Mallaig. Kurz vor Morar biegt man auf eine kleine Seitenstraße nach rechts Richtung Bracora ab (insgesamt ca. 70 km). Am Ende dieser Straße kann man bei mehreren Häusern vor einer kleinen Holzbrücke parken (Bracorina).

DER WANDERWEG

Der Pfad beginnt an der Holzbrücke und führt stetig ansteigend nach links den Berg hinauf. Bei der Gabelung hält man sich rechts auf dem breiten und gut erkennbaren Pfad. Der Weg spaltet sich manchmal um kleine Erhebungen herum, führt aber dahinter wieder

Wanderung 29: Von Loch Morar zum Loch Nevis

zusammen. Man überquert ein kleines Flüßchen.

Links sieht man einen kleinen See (Lochan Innis Eanruig, 30 Min.). Nach dem Anstieg erreicht man eine Art Plateau, das man überquert. Danach geht es durch eine Talsenke, in der es recht feucht sein kann. Der Weg gabelt sich vorübergehend wieder. Auf Steinen gelangt man zwischen Lochan Stole (links) und Lochan Ròpach (rechts) auf die andere Seite der Seen und geht dort links die Anhöhe hinauf. In Laufrichtung liegt Loch Nevis, am anderen Ufer links Inverie und die Knoydart-Berge.

Man steigt zu den Ruinen von **Stoul** hinab (1.15 Std.), eine der vielen verlassenen Siedlungen am Südufer von Loch Nevis. Als die Eisenbahn gebaut wurde, verlagerte sich das Wirtschaftsleben vom Inland an die Küste, und Mallaig übernahm von Tarbet die Funktion als wichtigster Fährort zu den Inseln Rum, Eigg und Skye. Man geht auf demselben Weg zurück.

Loch Nevis

Die unselige Paarung von Macht und Niedertracht

Im Jahre 1692 ereignete sich im Glen Coe ein Zwischenfall, der dem Tal den Beinamen *Glen of Weeping* (Tal der Tränen) gab. Wie fast immer, waren die Engländer am Verlauf der Dinge nicht unbeteiligt.

Seit dem 11. Jh. gehörte das Tal den MacDougalls. Der Clan lebte bescheiden von Ackerbau und Viehzucht an den fruchtbaren Berghängen. Im Jahr 1308 schloß das Clan-Oberhaupt einen Pakt mit den Engländern gegen Robert I., The Bruce, und bezahlte hoch für diese unpatriotische Allianz. Denn mit dem Sieg des schottischen Befreiers fielen die Glencoe-Besitzungen an die loyalen Macdonalds.

Dieser Besitzerwechsel brachte aber keine weiteren Änderungen. Während sich im Tiefland südlich von Stirling bis 1500 ein florierendes Wirtschaftssystem nach englischem Vorbild entwickelte, verlief das Leben im Hochland wie immer: Man produzierte, was man brauchte, nicht mehr. Gewinn brachte nur der Verkauf von Vieh, noch größeren Gewinn der Diebstahl von Vieh. Moralische Bedenken hatte man keine, da man das Vieh ja den Reichen nahm und so zu einem Ausgleich des sozialen Gefälles beitrug. Allerdings bestahlen sich die Clans auch untereinander, was wiederholt zu blutigen Zusammenstößen führte.

Mitte des 17. Jh. mußten die Clan-Oberhäupter wieder politische Entscheidungen treffen, entweder für die Monarchie oder für eine Republik nach Cromwells Vorstellungen. Diesmal schlugen sich die Bewohner des Glen Coe unter Montrose auf die Seite des Königs, die Campbells – befördert zu Herzögen von Argyll mit Stammsitz im Dollar Glen – dagegen kämpften für Cromwell und die Republik. Und diesmal hatten sich die Macdonalds richtig entschieden. Im Jahr 1689 dagegen standen sie auf der ›falschen‹ Seite in der Schlacht von Killiecrankie, die von den Engländern gewonnen wurde. Wilhelm III. bot jedoch allen Beteiligten, die bis zum 1. 1. 1692 den Treueeid auf ihn ablegen würden, Straffreiheit an.

Das starrköpfige alte Clan-Oberhaupt Alastair Macdonald machte sich erst am 30. 12. nach langem Drängen auf den Weg. Es ist bis heute unklar, ob Taktik, Senilität oder schlechtes Wetter ihn veranlaßten, nach Fort William und nicht, wie vorgeschrieben, nach Inveraray zu reisen, um den Eid zu leisten. In Fort William schickte man ihn jedoch zurück nach Inveraray, wo er wegen der heftigen Schneefälle zwei Tage zu spät ankam und überdies niemanden antraf, der sich befugt sah, den Eid abzunehmen. Am dritten Tag erschien der zuständige Offizier, und man entließ Macdonald mit der Zusicherung, daß alles geregelt sei.

Höheren Orts dachte man anders. Man hatte lange auf eine Gelegenheit gewartet, ein Exempel zu statuieren. Und es gab kaum jemanden, der den Macdonalds nicht einen Denkzettel gegönnt hätte. Instrument des ›Akts der Gerechtigkeit‹ wurde ein verarmter, dem Alkohol verfallener Campbell von Glenlyon, dessen Nichte mit einem jüngeren Sohn des Glencoe-Oberhaupts verheiratet war. Er zog am 1. 2. 1692 mit zwei Kompanien, aber ohne eindeutige Order ins Glen Coe voraus, und alle 120 Mann wurden von den Bewohnern gastfreundlich aufgenommen. Am 12. 2. kam der Befehl, daß alle Macdonalds, die jünger als 70 Jahre waren, am folgenden Tag zu töten seien. Eine solche Tat widersprach nicht nur den Gesetzen der Gastfreundschaft, die als unantastbar galt, sondern auch denen der Humanität, die zumindest Kinder und Frauen hätte ausnehmen müssen. Robert Campbell war jedoch nicht der Mann, sich diesem Befehl zu widersetzen, der auch seine NIchte und deren Kinder einschloß.

Die Ausführung erwies sich als schwierig, weil die zugesagte Verstärkung ausblieb, die Opfer weit verstreut wohnten und heftige Schneefälle die Kommunikation erschwerten. 38 Clan-Mitglieder wurden erschossen, aber viele kamen auf der Flucht vor Kälte und Hunger um. Zwei Söhne und ein Enkelsohn des Clan-Oberhaupts entkamen dem Massaker. Ein irischer Journalist deckte den Skandal auf, und die Überlebenden erhielten königliche Amnestie. Trotz des geleisteten Treueeids blieben die Macdonalds aber auch nach dem Gemetzel Anhänger der alten Stuart-Dynastie, und sie bezahlten ihre Treue mit ihrem Besitz, nachdem die Rebellionen von 1715 und 1745 gescheitert waren. Vielleicht waren diese Ereignisse auch nur eine gute Gelegenheit, die Siedler von den Hängen zu vertreiben, weil – wie die Engländer schon viel früher herausgefunden hatten – die Schafzucht einen höheren Profit abwarf. Seitdem ist das Glen Coe unbewohnt, und selbst Tiere sind in den unteren Regionen rar geworden.

30

Ein Friedhof für Riesen

Im Glen Coe

Die schroffen, teils vertikal abfallenden Felsen und Schluchten, die majestätisch und unnahbar aufragenden Berge, wolkenumhüllte Gipfel und peitschende Winde in den Tälern haben Dickens veranlaßt, das Glen Coe mit einem Friedhof für Riesen zu vergleichen. Tatsächlich soll der Riese Fingal mit seinem Sohn Ossian hier gelebt haben. Dieser Wanderweg führt, um das Glen Coe nicht noch zum Friedhof für überforderte Wanderer zu machen, durch zwei Täler, nicht auf die Gipfel.

i

WEGVERLAUF: Parkplatz – erste Flußüberquerung (15 Min.) – zweite Flußüberquerung (45 Min.) – Wasserscheide (20 Min.) – Anfang des Lairig Gartain (30 Min.) – Parkplatz (2.15 Std.) – Ausgangspunkt (35 Min.)

DAUER: 4.40 Std.

LÄNGE: 15 km (ca. 300 m Höhenunterschied)

SCHWIERIGKEITSGRAD: Der Rückweg ist insgesamt anstrengender als der Hinweg, teils weil der Pfad schmaler und das Gelände steiler ist, teils weil der Untergrund zum Schluß sehr feucht und schwer gangbar wird.

KARTE: OS 41

EINKEHRMÖGLICHKEITEN: keine

ANFAHRT: Von Fort William auf der A 82 Richtung Tyndrum bis ca. 1,5 km hinter dem Parkplatz zum Lost Valley. Nach einer engen Felsdurchfahrt überquert man eine Brücke. Rechts in einer Kurve liegt ein aus dem Felsen gehauener Parkplatz, der für ca. 10 Autos reicht (insgesamt 30 km). Passiert man das Schild ›Public Footpath Glen Etive‹, ist man ca. 300 m zu weit gefahren.

DER WANDERWEG

Man geht am Parkplatz rechts hinauf um den Felsen herum und sieht dort, wo es flacher wird, links vom Fluß den Weg, dem man folgen wird. Nach einem Wasserfall nähert man sich über ein kleines Rinnsal der linken Seite des Flusses **Allt Lairig Eilde** (gesprochen larik e-ildju, Paß der Hirschkuh). Der Pfad ist weiter oben deutlicher mit hellen Steinen markiert.

An großen Felsbrocken im Fluß wechselt man auf die rechte Seite (15 Min.) und nach ca. 2 km an einem kleinen Rechtsknick unterhalb eines Geröllfelds wieder zurück auf die linke Seite. Die gesamte Strecke verläuft zwischen hohen, teils schroff anzusehenden Bergen auf beiden Seiten, die meisten von ihnen Munros, d. h. über 3000 Fuß hoch. Unterschiedlichste Kräfte haben sie gestaltet: die Eiszeit, während der Gletscher von Rannoch Moor aus speichenförmig vordrangen; vulkanische Tätigkeit, Brüche und Bodensenkungen, durch die Lava und andere glühende Felsmassen an die Oberfläche gelangten; Abtragung und Verwitterung, die das Erstarrungsgestein in den Spalten und Rissen zu steil abfallenden Felswänden und Höhlen formten.

Nach gut 1 km sieht man, daß der Fluß in einem scharfen Rechtsknick aus einer Schlucht vom höchsten Gipfel des Beinn Fhada, des langen Bergs, der auch die Wasserscheide markiert, auf der rechten Seite herabfließt. Der Weg führt zunächst geradeaus weiter und an einem *cairn* auf einer kleinen Erhebung hinauf. Von hier öffnet sich der Blick auf das Glen Etive, das in Laufrichtung unten vorausliegt. Dieses Tal ist weiter und lieblicher als das Glen Coe, die umliegenden Berge ragen weniger hoch auf. Die deutliche U-Form verrät den Einfluß der Gletscher.

Über ein Geröllfeld, das sich über den Weg bis nach unten erstreckt, geht man bergab. Kurz dahinter, unterhalb eines kleinen Wasserfalls, führt ein Pfad über den Fluß in das Tal Lairig Gartain. Man kann auch weiter in Richtung auf die asphaltierte Straße gehen, die im Glen Etive verläuft. Auf der Abkürzung verliert man aber weniger an Höhe.

Wanderung 30: Im Glen Coe

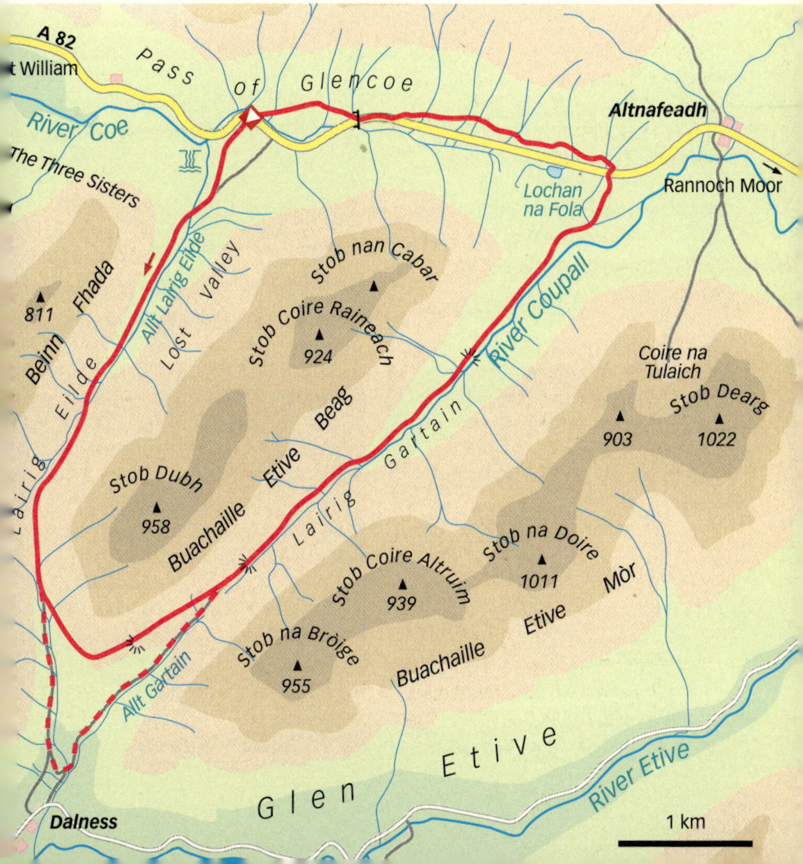

Das Tal **Lairig Gartain** ist schmaler und steiler als das vorher durchwanderte. Man folgt dem Weg links vom Fluß Allt Gartain. Wenn man sich umdreht, hat man eine wunderbare Sicht auf das breite Glen Etive mit dem Loch Etive, die Berge und grasbewachsenen Hügel sowie den Wald (Glenetive Forest). Man sollte auf dem oberen Pfad bleiben. In Laufrichtung erkennt man die Ausdehnung des Tals, dem man stetig ansteigend mit Blick auf das schmale abschüssige Ufer folgt. Der Pfad ist feucht, steil und schmal, an einigen Stellen muß man ein wenig klettern, ausweichen oder sich den Weg bahnen, wo kein Pfad erkennbar ist. Man muß einige Seitenarme des Flusses überqueren und sollte, wo möglich, etwas nach links aufsteigen. Oben erreicht man einen Trampelpfad, der sich gelegentlich im sumpfigen Untergrund verliert.

Je höher man steigt, desto schöner wird der Blick zurück auf das Glen Etive. Auf beiden Seiten des Tals wachen der Große und der Kleine Schafhirte von Etive (Buachaille Etive Mór und Buachaille Etive Beag). Wo die Berge der offenen Moorlandschaft weichen, dient als Orientierungspunkt in Laufrichtung Altnafeadh (Bach des Moorlandes), ein weißes Haus im Tannenwald, vor dem die Straße A 82 verläuft, zu der man zurück muß. An einigen Stellen, an denen der Pfad im sumpfigen und nassen Gelände nicht erkennbar ist, markieren *cairns* den Weg.

Man erreicht einen Parkplatz, überquert die Straße und läuft auf der anderen Seite auf einem gut erkennbaren

Blick in das Glen Coe vom Lairig Gartain

Weg (die alte Glen Coe-Straße) parallel zur A 82 bzw. vorübergehend auch auf der Straße zurück. Hinter einem Schlagbaum beginnt ein Feldweg, dem man folgt. Kurz bevor der Feldweg rechts auf eine Steinbrücke zuläuft, führt die Straße durch eine enge Felsschlucht. Dort steigt man links einen Pfad durch Farnbewuchs auf einen Felsvorsprung hinunter. Man geht in leichtem Linksbogen hinab auf die Straße. Hinter dem Felsen liegt der Parkplatz.

Over the Sea to Skye

Skye ist zweifellos die am häufigsten besuchte Insel im Westen Schottlands. Ein Grund dafür ist sicherlich, daß der Süden der Insel durch drei Fährverbindungen leicht erreichbar ist. Hinzu kommt, daß die drei Festlandshäfen an interessanten Routen mit einigen Sehenswürdigkeiten liegen. Die schmale Straße nach Mallaig verläuft durch einen entlegenen Teil des schottischen Hochlands, vorbei an den weißen Sandstränden von Loch Morar mit Blick auf die mit dem Auto unerreichbare Bergwelt der Halbinsel Knoydart. Die Straße nach Glenelg ist um einiges schmaler, für viele landschaftlich jedoch noch reizvoller als die nach Mallaig. Dort zeugt nicht nur die Ruine der Glenelg Barracks von der militärisch bewegten Vergangenheit des schottischen Hochlands. Die berühmten Glenelg Brochs im Osten des Ortes, steinere Wohntürme aus den Jahrhunderten um die Zeitenwende, machen deutlich, daß die Verteidigung auch damals schon eine zentrale Rolle spielte. Ebenfalls eine Besichtigung lohnt die wohl am meisten fotografierte Burg, Eilean Donan Castle auf der Strecke nach Kyle of Lochalsh. Von hier setzen die meisten Urlauber nach Skye über, aber vielleicht nicht mehr lange. Denn eine Brücke ist schon im Bau, und die Pfeiler ragen unübersehbar in die Höhe – nicht unbedingt ein ästhetischer Genuß.

Skye bietet auf einer Fläche von knapp 1750 km^2 sehr unterschiedliche Landschaftsformen. Sleat im Süden heißt auch »The Garden of Skye«, weil es hier so grün ist. Dominiert wird die südliche Hälfte jedoch von den Cuillins, den schwarzen und roten Bergen, deren gezackte Gipfel und schwindelerregende Kammlinien zu den schwierigsten Herausforderungen für Munroisten zählen. Auch im Norden bleibt die Insel bergig und felsig, die Erhebungen sind jedoch niedriger als im Süden. Das harte Erstarrungsgestein (hauptsächlich Basalt, Granit und Gabbro) ist im Laufe der Jahrhunderte in bizarre Formen verwandelt worden, deren bekannteste wohl »The Old Man of Storr« ist, ein Felsentürmchen von ca. 50 m Höhe, das schon von weitem sichtbar ist.

Gemessen an der relativ kleinen Flächen ist die Küstenlinie von Skye enorm lang. Die zahlreichen Buchten zergliedern das Land in viele Halbinseln unterschiedlichster Größe und Naturbeschaffenheit, von denen manche nur zu Fuß oder mit dem Boot erreichbar sind. Diese Form ist wohl auch für den Namen verantwortlich, denn Skye heißt im Gälischen soviel wie Flügel. Entlang dieser Küstenlinie liegt das wenige landwirtschaftlich nutzbare Land, während im Landesinnern Rauhweide, Moorland und Aufforstungen vorherrschen.

Skye dürfte eine der wenigen Inseln sein, deren Bevölkerung wächst. Für diesen Zuwachs sorgen Rückkehrer, denen es auf dem Festland doch nicht gefallen hat, Kinder von Auswanderern, die sich an ihre Ursprünge erinnern, oder Aussteiger, die in Skye auf ein alternatives Leben hoffen. Bei diesen Gruppen finden Initiativen zur Förderung des Gälischen uneingeschränkte Unterstützung, zumal sie stark subventioniert werden, während die Einheimischen, die als Kinder mit Gälisch großgeworden sind und die Nachteile kennengelernt haben, solche erzwungene Rückbesinnung eher skeptisch betrachten. Keine Meinungsverschiedenheit gibt es dagegen in der Beurteilung Skyes als Lebensraum. Alle sind voll des Lobes für die Natur und die Lebensqualität, keiner will wieder zurück in schmutzige, hektische Großstädte, auch wenn es dort besser bezahlte Jobs gibt. An dieser positiven Einstellung kann auch das Wetter nichts ändern – nicht umsonst heißt Skye im Volksmund *»the misty isle«* oder die dunstige, nebelige Insel –, denn der Wind bläst den Nebel meistens schnell fort. Nur der Regen kann im Winter länger dauern.

31

Auf den Roten Bergen

Von Sligachan auf den Beinn Dearg Mheadhonach

Diese Wanderung führt in die faszinierende Bergwelt der Cuillins und belohnt mit einer Aussicht, die fast die gesamte südliche Hälfte der Insel einschließt – Gipfel, Seen, Täler, Meer und Inseln. Vor dem Genuß muß jedoch ein wenig geschwitzt werden.

i

WEGVERLAUF: Parkplatz – Fuß des Sron a'Bhealain (25 Min.) – erster Gipfel (50 Min.) – Aufstieg zur Kammlinie (15 Min.) – Gipfel (15 Min.) – östlicher Punkt (10 Min.) – Rückweg (1.35 Std.)

DAUER: $3^1/_2$ Std.

LÄNGE: 10,5 km (600 m Höhenunterschied)

SCHWIERIGKEITSGRAD: Die Anstiege sind steiler, als sie von unten aussehen, und der Untergrund ist am Anfang sehr feucht und sumpfig. Bei gutem Wetter gibt es aber weder Orientierungsprobleme noch andere Gefahren.

KARTE: OS 32; Outdoor Leisure 8

EINKEHRMÖGLICHKEITEN: Sligachan Hotel am Ausgangspunkt

ANFAHRT: Von Portree fährt man auf der A 850 ca. 15 km nach Sligachan und parkt dort am Hotel.

DER WANDERWEG

Man überquert die Straße vor dem Hotel, geht über die Brücke und biegt in den Pfad zum Loch Coruisk ein (gesprochen Korruschk, Betonung auf der zweiten Silbe). Nach ca. 200 m auf dem gut erkennbaren Pfad sieht man links an einer kleinen Schlucht ein von Bäumen umgebenes Haus an einem Fluß. Dort biegt man nach links ab auf einen nicht immer deutlich erkennbaren Pfad, der manchmal über große Steinplatten führt, an anderen Stellen aber recht feucht und matschig ist. Man sieht schon von hier sehr deutlich in einiger Entfernung rechts den Pfad, der auf die Anhöhe hinaufführt.

Der Weg führt über teilweise äußerst feuchten Untergrund sanft ansteigend vom Fluß weg auf den Fuß des **Sron a'Bhealain** zu (25 Min.). Der Anstieg ist recht steil, wenn auch die Grasbüschel guten Halt gewähren. Belohnt wird man für diese Anstrengung mit dem weiten Blick in das Glen Sligachan und einem entspannenden Wegestück auf der Kammlinie des Druim na Ruaige zur rechten Seite hinüber. Zum Schluß steigt der Weg etwas stärker an, der Untergrund wird steiniger, und man erreicht eine Art Zwischengipfel vor dem letzten Anstieg zum **Beinn Dearg Mheadhonach** ($1^1/_4$ Std.).

Dieser Gipfel wirkt etwas abschreckend, weil es über Geröll ziemlich steil bergauf führt. Man sollte aber nicht auf den Anstieg verzichten. Zwar ist der

Blick von dem Zwischenplateau nach Westen auf die Black Cuillins auch vom Zwischengipfel aus schon faszinierend, ebenso hinab auf das Glen Sligachan und rückwärts auf das insgesamt flachere Land um Sligachan herum. Vom oberen Gipfel, der nur 100 m höher liegt, erschließt sich jedoch ein weiter Blick nach Osten und Süden. Vom östlichen Endpunkt der Kammlinie, den man gefahrlos erreichen kann ($1^1/_2$ Std.), erhält man das volle Panorama der südlichen Berge vom Marsco bis zur Bla Bheinn (Blaven)-Gruppe ($1^3/_4$ Std.). Man sieht über die Inseln Raasay und Scalpay zum Festland hinüber, aber immer wieder sind es die Black Cuillins, die den Blick auf sich ziehen, wenn sie sich im Gegenlicht der Sonne dunkel und unnahbar zeigen.

Der Rückweg führt über dieselbe Strecke. Etwas Vorsicht beim ansonsten problemlosen Abstieg ist bei der Geröllstrecke geboten.

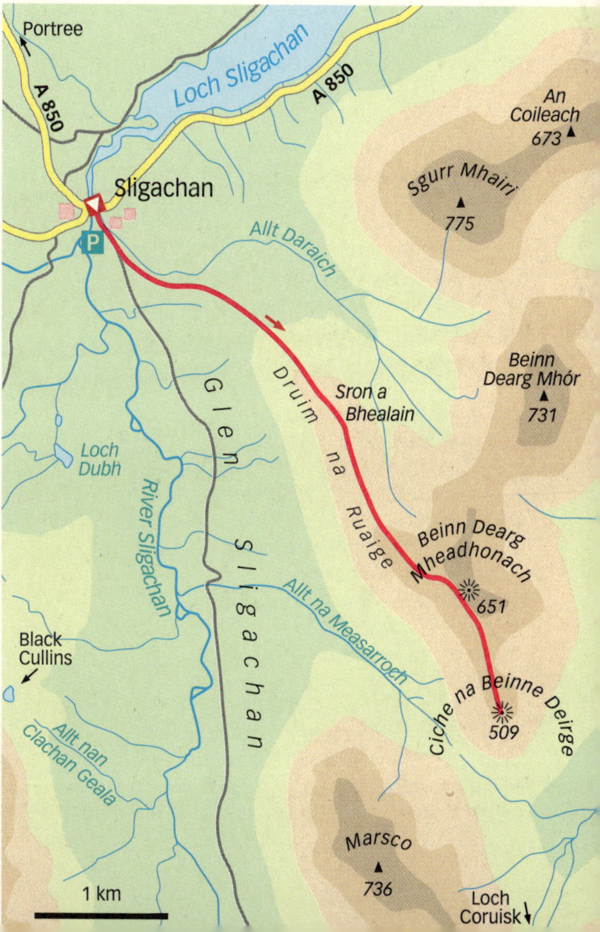

Wanderung 31:
Von Sligachan auf den Beinn Dearg Mheadhonach

32

Am Gefängnis vorbei zu windigen Höhen

Eine Umwanderung des Quiraing

Ähnlich wie beim »Old Man of Storr« sind auch die Felsformationen des Quiraing (gesprochen Kwiräng, Betonung auf der zweiten Silbe) durch Erdrutsche entstanden, als das Sedimentgestein die oben liegende Basaltlava nicht mehr tragen konnte und sie nach Osten wegsackte. Der Weg führt zunächst von unten an diese bizarren Formen heran und dann über einen Teil der Totternish-Kammlinie zurück, wobei man nicht nur diese Felsen in einer neuen Perspektive sieht, sondern den gesamten Norden der Insel bis zu den hohen Bergmassiven des Festlands überblicken kann.

i

WEGVERLAUF: Parkplatz – The Prison (30 Min.) – Anfang des steilen Aufstiegs (30 Min.) – Kammlinie (40 Min.) – Quiraing (20 Min.) – Parkplatz (30 Min.)

DAUER: 2 1/2 Std.

LÄNGE: 7,5 km (ca. 290 m Höhenunterschied)

SCHWIERIGKEITSGRAD: Die Wanderung verläuft zunächst über gut markierte Wege ohne nennenswerte Steigungen. Auf dem Rückweg sind kurze steilere Strecken zu bewältigen, wobei eine Orientierung bei schlechter Sicht problematisch werden kann.

KARTE: OS 23

EINKEHRMÖGLICHKEITEN: keine

ANFAHRT: Von Portree fährt man auf der A 855 nach Norden Richtung Staffin (ca. 27 km). Nach ungefähr 2 km biegt man in Brogaig nach links auf die kleine Straße nach Uig ab und fährt bis zu dem zweiten Parkplatz auf der linken Seite hinter dem Friedhof (ca. 3 km).

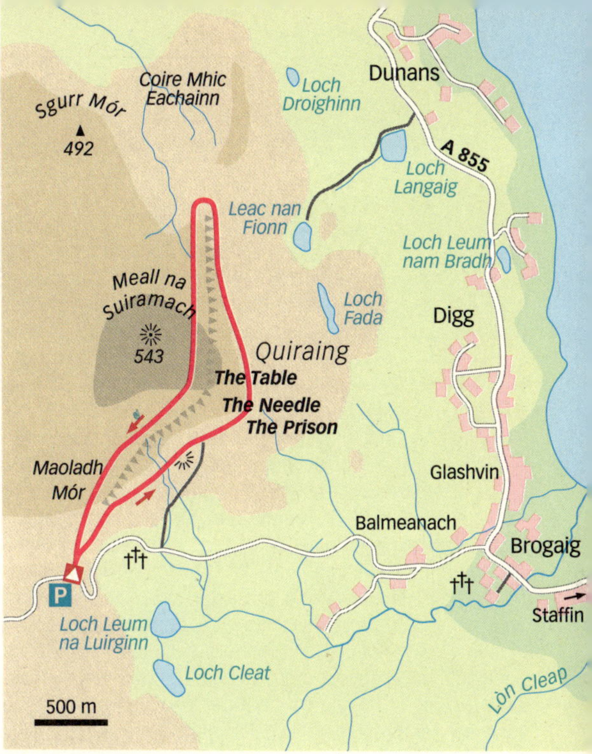

Wanderung 32:
Eine Umwanderung des Quiraing

DER WANDERWEG

Man überquert die Straße und biegt auf den Pfad ein, der unterhalb der Felsen deren Konturen folgt. Der Weg ist einfach zu bewältigen, große Steigungen fehlen. Die steilen Felsen zur Linken sehen eindrucksvoll aus in ihrer vertikalen Schroffheit. Schon vom Parkplatz aus kann man den abgerutschten Felsen, der »The Prison« genannt wird, auf der rechten Seite des Wegs liegen sehen. Man erreicht ihn in ungefähr einer halben Stunde. Links davon führt eine Geröllschneise auf eine Erhebung. Ebenfalls zur Linken sieht man ein Felstürmchen, das den passenden Namen »The Needle« trägt. Der Weg zu diesem Felsen führt steil bergauf und ist wegen des Gerölluntergrunds nicht leicht begehbar. Der Abstieg ist allerdings noch schwieriger als der Aufstieg.

Der Südwesten

Strathclyde ist eine langgezogene Region an der Westküste, die auf einer Fläche von 13700 km^2 die drei wichtigsten schottischen Landschaftsformen umfaßt: nordwestliches Hochland, mittleres Tiefland und südwestliches Hügelland. Hier wohnt auf einem Sechstel der Gesamtfläche des Landes die Hälfte seiner Einwohner, die meisten davon im Umkreis von 30 km um Glasgow.

Zahlreiche archäologische Funde belegen, daß Strathclyde zu den Regionen Schottlands gehört, die am frühesten besiedelt wurden. Argyll gilt gemeinhin als Wiege Schottlands. Heftige Territorialkämpfe setzten ein, nachdem die Römer sich aus Schottland und England zurückgezogen hatten. In dem damals britischen Königreich Strathclyde wehrten sich die Britonen nach allen Seiten: im Westen gegen die Wikinger, die die Inseln beherrschten, im Norden gegen die Skoten aus Dalriada, im Osten gegen die heidnischen Bewohner von Bernicia, eines Teils von Northumbria in England. Erst im 11. Jh. wurde Strathclyde endgültig in das sich konsolidierende schottische Reich eingegliedert.

Weiter im Süden liegt der Distrikt Dumfries und Galloway, den die meisten Touristen nur von der Durchfahrt kennen. In Gretna Green unweit der Grenze hält man kurz für das obligatorische Photo vor der »Heiratsschmiede«. Dann geht es weiter nach Norden oder Süden, ohne einen Blick auf die Reize dieses Hügellands zu werfen. Außer Burgen, Abteien, prächtigen Gärten und zahlreichen Funden aus der frühesten Besiedlungsgeschichte – Steinkreise sowie Hügelgräber und -festungen – besticht diese Region vor allem durch abwechslungsreiche Naturformen. Das fruchtbare Weideland an der Küste, das überwiegend für Viehhaltung genutzt wird, weicht landeinwärts der typischen Moorlandschaft, die als Rauhweide für Schafe dient, aber auch weiträumig aufgeforstet wird. Die größte zusammenhängende Waldanpflanzung ist der Forest of Ae nördlich von Dumfries, aber auch andernorts entstehen überall Wälder, wo der Boden es zuläßt. Nicht immer ist das Ergebnis so ausgewogen wie in Glen Trool oder Mabie Forest.

Der Mull of Galloway ist die südwestlichste Halbinsel Schottlands. Früher konnte man von dort sieben Königreiche sehen: Schottland, Irland, England, Wales, die Insel Man, Strathclyde und den Himmel. Noch besser, als sie nur zu sehen, war, mit ihnen Handel zu treiben, das blühendste Geschäft aber war der Schmuggel. 240 km Küstenlinie mit zahlreichen Buchten, Flußmündungen und Höhlen waren ideale Voraussetzungen, und man ließ sie nicht ungenutzt.

Die »Heiratsschmiede« in Gretna Green

Dumfries und Galloway können mit einer Reihe berühmter Persönlichkeiten aufwarten. Der Dichter Robert Burns, der auf Ellisland Farm das unvergessene »Auld Lang Syne« schrieb, hatte als Zollbeamter in Dumfries mehrfach an der Küste zu tun, damit Weinbrand, Wein, Tabak und Seide nicht ohne den Segen der Behörden den Besitzer wechselten. In Lochmaben wurde Robert I., The Bruce, geboren, und hier erstach er im Jahr 1306 in einer Kirche seinen Rivalen *The Red Comyn*, wofür ihn der Papst exkommunizierte. Aus Eskdale stammt der bekannte Architekt Thomas Telford, dem Schottland den Bau ungezählter Brücken, Straßen und Kanäle verdankt. Thomas Carlyle, der Sozialkritiker und Philosoph, wurde in Ecclefechan geboren. Dumfries inspirierte Sir James Matthew Barrie zu »Peter Pan«. Den 1978 verstorbenen schottischen Dichter Hugh MacDiarmid ehrte man auf dem Whita Yett Hill oberhalb von Langholm, seinem Geburtsort, mit einem umstrittenen Denkmal in Form eines aufgeschlagenen Buches, während die Skulpturen Henry Moores wahrhaft königlich auf das Glen Kiln Reservoir westlich von Dumfries blicken.

A Place that once was green

Gemeint ist Glasgow, dessen Name sich aus dem keltischen *Glas Ghu* ableitet und grünes Tal bedeutet. Das war zu der Zeit, als der Schutzpatron St Kentigern, auch St Mungo genannt, hier vor über 1400 Jahren in einer Höhle lebte. Heute steht eine Kathedrale aus dem 12. Jh. auf dem Platz seiner Kapelle, von der zwar nichts erhalten blieb, vielleicht aber einiges für den späteren Kirchenbau verwendet wurde.

Im Gegensatz zu Edinburgh besaß Glasgow nie eine Burg als Zentrum für die weitere städtische Entwicklung. Der Lebensnerv der Stadt war der Clyde, über den man Zugang zum Meer hatte. Seit 1350 gab es landeinwärts die erste steinerne Brücke über den Fluß, so daß auch der Handel zu Land über Glasgow abgewickelt wurde, da die Stadt damals noch von Marschland umgeben war.

Spätestens seit dem 18. Jh. hörte Glasgow auf, ›grün‹ zu sein. Für den Tabakhandel mit Amerika wurde der Clyde bis in die Innenstadt schiffbar gemacht, was der Wasserqualität nicht gerade zuträglich war. Das erste wirtschaftliche Tief kam mit der 1776 proklamierten Unabhängigkeit Amerikas, als die ehemaligen englischen Kolonien das Recht erhielten, freien Handel zu treiben.

Die verkehrsgünstige Lage und Kohlevorkommen sorgten jedoch in und um Glasgow für einen erneuten Aufschwung während der Industriellen Revolution. Wer zu jener Zeit von Glasgow und dem Clyde sprach, meinte Industrie und Schiffbau. Die Innenstadt verwandelte sich in ein riesiges Elendsviertel, der Clyde verkam zu einer Kloake. Wo so viele Menschen unter unwürdigen Bedingungen zusammengepfercht waren, konnten soziale Probleme, Unruhe und Gewalt nicht ausbleiben.

Während sich Edinburgh zum kulturellen Zentrum für ›bessere‹ Leute, oder solche, die sich dafür hielten, entwickelte, expandierte Glasgow zwar ständig, genoß aber weiterhin den Ruf einer kulturell verkümmerten Stiefschwester, eines gesellschaftlichen Niemandslands, gar einer lebensbedrohlichen Metropole. Im Gegenzug charakterisieren die Glaswegians in ihrer bekannten Schlagfertigkeit die vermeintliche Überlegenheit von Edinburgh als »all fur coat and no knickers«, was in freier Übersetzung so viel heißt wie alles Schau und nichts dahinter (wörtlich etwas unfeiner: »alles Pelzmantel und keine Unterhosen«).

Glasgow hat keinen Grund, sich hinter Edinburgh zu verstecken. Seit 1451 Universitätsstadt, hat es seine Bildungseinrichtungen ständig erweitert, und mit der *Mitchell Library* besitzt die Stadt die größte öffentliche Handbibliothek Europas mit über 1 Mio. Bänden. Das große, in einer ehemaligen Markthalle untergebrachte *Museum of Transport* bildet einen Kontrast zum gegenüberliegenden Kunstmuseum *(The Kelvingrove Art Gallery & Museum)*, das in einem viktorianischen Prunkbau eingerichtet wurde. Dort wie in allen anderen Museen Glasgows, z. B. *People's Palace, Burrell Collection* und *Hunterian Art Gallery*, ist der Eintritt frei.

Der Clyde ist mittlerweile mindestens so sauber wie der Rhein, eine bemerkenswerte Innenstadtsanierung beschränkt sich nicht nur auf Gebäude von öffentlichem Interesse, sondern hat Glasgow zu einer Stadt gemacht, in der es sich gut wohnen läßt. Mit dem großen kulturellen Angebot und einer gelungenen Verschönerung – auch wenn Edinburgh fotogener bleibt – hat Glasgow seine Ernennung zur Kulturhauptstadt Europas 1990 entgegen der anfänglichen Kritik durchaus verdient.

33 Wo mit Felsbrocken für die schottische Unabhängigkeit gekämpft wurde

Im Glen Trool

Die Wanderung beginnt im Glen Trool Forest, der seit 1943 von der Forstbehörde verwaltet und mit importierten Nadelbäumen aufgeforstet wird. Im offenen Gelände wird die Kargheit dieses Teils von Schottland sichtbar. Vom höchsten Punkt der Wanderung, dem Rig of the Jarkness, der mit riesigen Felsen übersät ist, die fast wie Skulpturen wirken, sieht man auf die umliegenden Seen und Wälder, eine frappierende Mischung von schroffen und weichen Konturen, von karger Natur und fruchtbarem Waldgrün.

WEGVERLAUF: Parkplatz – asphaltierte Straße (30 Min.) – Bruce's Stone (30 Min.) – *stile* mit Hinweisschild (10 Min.) – Flußüberquerung (50 Min.) – Round Loch (1 Std.) – Flußüberquerung vor dem Wald (25 Min.) – Schauplatz der Schlacht von 1307 (30 Min.) – Campingplatz (40 Min.) – Parkplatz (5 Min.)

DAUER: 4.40 Std.

LÄNGE: 14,5 km (ca. 300 m Höhenunterschied)

SCHWIERIGKEITSGRAD: Insgesamt keine zu schwierige Wanderung, doch ist am Ende wegen des abschüssigen Untergrunds Vorsicht geboten.

KARTE: OS 77

EINKEHRMÖGLICHKEITEN: keine

ANFAHRT: Von Newton Stewart geht es auf der A 714 nordwestlich nach Bargrennan und dort rechts auf die kleine Straße nach Glen Trool Village (ca. 16 km). Dort fährt man wieder rechts und dann über die Stroan Bridge. Nach knapp 3 km biegt man rechts ab und hält kurz danach am Parkplatz links vor einer Brücke, über die es zum Campingplatz geht.

Wanderung 33: Im Glen Trool

DER WANDERWEG

Links am Fluß führt der Weg in den Wald hinein. An einigen Stellen wurde der matschige Untergrund mit Holzbohlen befestigt, die jedoch oft rutschiger sind als der Pfad rechts und links davon, besonders wenn die Bohlen in Laufrichtung verlegt sind. Nach der dritten Befestigung führt der Weg leicht bergauf in einer Rechtskurve und dann auf eine Schneise zu. Man hält sich links, geht über die Schneise hinweg auf der anderen Seite wieder in den Wald hinein. Rechts sieht man den Fluß wieder, der an dieser Stelle recht breit ist.

Am Schild ›Forest Walk‹, das in Richtung Hinweg zeigt, muß man links gehen. Kurz danach führt der Weg rechts steil bergauf, dann wieder über ebenes Gelände. Nach einem weiteren, in die entgegengesetzte Richtung zeigenden Schild und einer langen Holzbohlenbefestigung verläßt man den Wald gegenüber von einem Wasserfall und geht auf der asphaltierten Straße nach rechts (30 Min.).

Nach einem ca. 1,5 km langen, z. T. auch steileren Anstieg erreicht man einen großen Parkplatz mit guter Aussicht auf Loch Trool. In Laufrichtung links liegt eine kleine Hütte, die während der Saison ein Kunsthandwerksgeschäft beherbergt. Rechts an der Hütte vorbei erreicht man **Bruce's Stone** (1 Std.), der an die 1307 gewonnene Schlacht gegen die Engländer am gegenüberliegenden Ufer erinnern soll. Hinter dem Denkmal führt eine Schotterstraße rechts hinab auf eine Steinbrücke über einen von links kommenden Wasserfall. Man geht links die Straße hinauf auf einen markierten Weg Richtung Loch Valley. An einem leichten Rechtsknick muß man links über einen *stile*, an dem u. a. auch ein Hinweisschild auf Loch Valley steht (1.10 Std.).

Loch Trool, Bruce's Stone

Das erste Stück geht relativ steil bergauf. Man hält sich rechts der Mauer, der man sich nach einem weiteren steilen Anstieg wieder nähert. Durch ein Tor hindurch und über ein Flüßchen führt der Weg noch näher an die Mauer. Man geht aber nicht durch das nächste

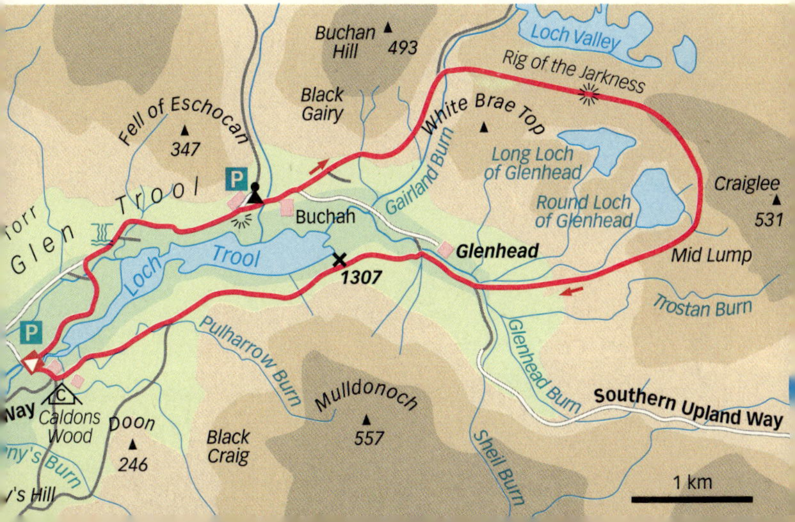

Tor, sondern halb links den Berg hinauf. Der Weg verläuft kurze Zeit recht nah am Gairland Burn entlang. Auf der anderen Flußseite liegt White Brae Top, ein mit Schottergestein bedeckter Hügel. Dort, wo von links oben ein kleiner Seitenarm herabfließt und der Gairland Burn sich nach einer S-Kurve um eine kleine Insel gabelt, sollte man nach einer geeigneten Stelle suchen, an der man ihn überqueren kann (2 Std.). Gegenüber dem kleinen Seitenfluß liegt auf der anderen Flußseite eine Einbuchtung zwischen zwei Hügeln, von der man den linken der beiden bis auf eine Art Plateau **(Rig of the Jarkness)** hinaufsteigt. Von oben sieht man links (Norden) auf Loch Valley, auf der anderen Seite (Süden) auf zwei Seen: das nähergelegene Long Loch of Glenhead und das Round Loch of Glenhead. Auf den Bergen liegen und stehen riesige Felsbrocken. Das Gelände ist sehr naß und uneben.

Man geht links an den Seen vorbei, über zwei Zuflüsse zum **Round Loch** und auf einen querverlaufenden Hügel (3 Std.). Von der Anhöhe erblickt man in einiger Entfernung Loch Trool. Man läuft durch unebenes Moorgebiet mit großen Felsbrocken zwischen zwei Flüßchen bergab, die Richtung Wald auf dem gegenüberliegenden Hügel fließen. Rechts unten liegt das Bauernhaus Glenhead, auf dem Hügel schräg dahinter die Straße durch den Glen Trool Forest. Man überquert einen Fluß, der über riesige Steinplatten nach unten fließt. Vor dem Wald verläuft ein weiterer Fluß, der sehr breit und im Frühjahr wegen der großen Wassermenge schwer zu überqueren ist. Eine geeignete Stelle

liegt flußauf an einer Gabelung, an der über den rechten Flußarm ein Zaun/ Gatter gespannt ist (3.25 Std.).

Man erreicht einen Zaun mit *stile*, hinter dem die Markierung für den ›Southern Upland Way‹ auftaucht. Man bleibt aber diesseits des Zaunes bis zum nächsten *stile*, den man überquert. Zwischen Zaun und Mauer, links am Fluß entlang, geht man auf einem sehr matschigen Weg, der z. T. mit Holzbrettern bedeckt ist. Am nächsten *stile* wendet man sich nicht nach rechts zum Fluß mit den Brücken, sondern steigt, der Markierung folgend, rechts vom Zaun bergan. Der Weg führt z. T. sehr nah links an einem steilen Abgrund vorbei. Die Strecke ist, obwohl deutlich markiert, nicht leicht zu bewältigen, da sie rutschig ist und über Felsbrocken und Baumwurzeln führt.

Gairland Burn

Auf dieser Anhöhe (3.55 Std.), den Hängen des **Mulldonoch**, lagen die schottischen Truppen 1307 im Hinterhalt. Als die englischen Soldaten unter ihnen vorbeizogen, wurden sie mit Felsbrocken bombardiert. Dieser Sieg brachte die Wende im Kampf um die schottische Unabhängigkeit, die sieben Jahre später in der Schlacht bei Bannockburn bekräftigt wurde.

Man folgt einer Schotterstraße (Forest Road), bis man rechts am Fluß entlang Richtung Wald geht, erst bergab, dann wieder bergauf. Der Weg gabelt sich vorübergehend und führt zum Campingplatz (4.35 Std.). Auf einer asphaltierten Straße durchquert man ihn und gelangt über die Brücke am anderen Ende zum Parkplatz zurück (4.40 Std.).

Rig of the Jarkness mit Loch Long (rechts) und Round Loch (links)

Die Candida Casa oder die Wiege des Christentums

The Marchars, das Dreieck zwischen Glenluce, Newton Stewart und Burrow Head, gilt als Wiege des schottischen Christentums. In Whithorn baute St Ninian im 4. oder 5. Jh. die erste christliche Kapelle, die Candida Casa (Weißes Haus). Nach der Unterwerfung durch die Angelsachsen aus Northumbria entstand dort im 8. Jh. ein Bischofssitz nach katholischem Vorbild, wahrscheinlich auch ein Kloster. Es gibt keine Aufzeichnungen darüber, wie es den Priestern und Mönchen nach 900 erging, als die Dänen in Northumbria und die Wikinger in West-Galloway Fuß gefaßt hatten.

Nach der normannischen Eroberung Englands zu Beginn des 11. Jh. wurden die Zeiten allmählich ruhiger. Feudalsystem und Katholizismus führten zum Bau zahlreicher Festungen und Abteien. Loch Doon Castle und Castle Stewart, Glenluce Abbey und Dundrennan Abbey stammen aus dieser Zeit. Im 12. Jh. erhielt auch Whithorn eine neue Kirche an der Stelle der alten Kapelle.

Unweit der Ruinen der Abtei wurde 1986 ein bis dahin unbekannter Handelsplatz der Wikinger entdeckt. Auf einer der größten Grabungsstätten Europas kann man von einer Plattform aus den Archäologen bei der Arbeit zusehen.

Die religiösen Unruhen waren nach der Reformation nicht vorbei. *The Killing Time* hieß die Zeit Ende des 17. Jh. nach der Restauration der Stuart-Könige auf dem englischen Thron. Karl II. wollte wieder die alte Bischofskirche in Schottland etablieren, an deren Spitze der Monarch selbst stand. Dagegen schlossen sich zahlreiche Presbyterianer, kalvinistisch geprägte schottische Protestanten, zusammen. Sie wandten sich sowohl gegen die Idee des Gottesgnadentums, das dem König absolute Macht verlieh, als auch gegen eine Vermischung weltlicher und kirchlicher Belange.

Nach diesem Bündnis (*covenant*), in dem sie sich zu ihrem Glauben bekannten, erhielten sie den Namen *Covenanters.* 1685 wurden allein in Wigtown 93 von ihnen hingerichtet. Sogar eine Söldnerarmee von Hochländern bekämpfte die Abtrünnigen. Es ist daher nicht verwunderlich, daß Bonnie Prince Charlie, der Liebling der Hochland-Schotten, 60 Jahre später dort wenig Unterstützung fand.

34 Vom Ort mit dem ältesten Postamt zum höchstgelegenen Dorf Schottlands

Von Sanquhar nach Wanlockhead

Zwischen beiden Orten erstreckt sich kilometerweit überwiegend baumloses, hügeliges Moorland. Im Nebel kann diese Wanderung schwierig werden, da dann ein Hügel fast wie der andere aussieht. Neue Aufforstungen schaffen jedoch auch hier neue Markierungspunkte und Forstwege. Nach dem Weg über die Lowther Hills erscheint der Anblick der Geröllhalden und alten Bergwerke bei Wanlockhead recht eigentümlich.

WEGVERLAUF: Parkplatz – Brücke (5 Min.) – Überquerung des Fingland Burn (1 Std.) – Cogshead ($1^1/_2$ Std.) – Holzbrücke über Wanlock Water (1.10 Std.) – Bleischmelzanlage (15 Min.) – Rückweg auf derselben Route (4 Std.), Variante (4.50 Std.)

DAUER: 8 Std., Variante ca. 9 Std.

LÄNGE: 28 km, Variante 32 km

SCHWIERIGKEITSGRAD: Die Wanderung erfordert wegen der Länge einen gewissen Fitnessgrad und sollte auf keinen Fall bei Nebel in Angriff genommen werden.

KARTE: OS 78

EINKEHRMÖGLICHKEITEN: keine

ANFAHRT: Von Dumfries fährt man ca. 40 km auf der A 76 bis Sanquhar und durch den Ort hindurch bis zum Parkplatz hinter dem Tolbooth, wo man das Auto abstellt.

WANDERWEG

Man geht auf der Straße zurück vorbei am Tolbooth, dem alten Rathaus aus dem Jahr 1735, und dem nicht besonders auffälligen Postamt, das ein Schild als das älteste Schottlands rühmt, bis zur Leven Road auf der linken Seite und biegt dort ein. Hinter der Garage fängt der mit einem blauen Schild markierte Weg an. Unter einer Brücke hindurch geht man rechts ein erstes Stück bergan (5 Min.). An der Kreuzung mit einem Feldweg wendet man sich nach rechts hinauf. Rückwärts richtet sich der Blick auf die Hügel mit Wäldern und dunklen Mauern, welche die einzelnen Felder abgrenzen. Auf dem gut markierten Feldweg geht man – stetig an Höhe gewinnend – am Public Water Supply vorbei. Wo der Feldweg an einer Mauer rechts abbiegt, läuft man geradeaus weiter zwischen zwei Steinmauern hindurch auf ein Tor zu. Kurz hinter einer Gabelung steht rechts ein Holzpfahl, mit gelben Pfeilen, der den ›Southern Upland Way‹ (SUW) markiert.

Auf diesem zweiten Stück des Anstiegs verhindern zunächst hohe Mauern die Aussicht auf die Landschaft. Durch ein Tor geht es weiter geradeaus mit Blick auf eine Schneise zwischen den Aufforstungen. Hinter einem Gatter blickt man rechts und links auf eine typische Borders-Landschaft: sanft gerundete, grasbewachsene Hügel. In Laufrichtung erhebt sich Conrig Hill, links der langgezogene Hügel Knockenhair. Rechts in der Moorlandschaft liegt ein nicht sichtbarer See, von dem Vogelgeschrei zu hören ist. Man läuft auf eine Mauer zu, über die ein *stile* führt, und durch die Waldschneise.

Nach einem weiteren *stile* erreicht man offenes Gelände an einem Holzpfahl mit Pfeilen in zwei Richtungen. Man kann geradeaus weitergehen. Bei feuchter Witterung ist es jedoch sicherer, dem offiziellen Weg zu folgen, also zunächst ein Stück geradeaus und dann im Linksknick auf die Straße zu. Man läuft im Bogen um ein tiefes Tal in der Mitte herum und über einen *stile* auf die Straße. Nach ca. 150 m biegt man rechts ab. An beiden Stellen stehen Hinweisschilder auf den Southern Upland Way.

An der Weggabelung folgt man dem Schild ›SUW‹ über den Fluß **Fingland Burn** (1.05 Std.). Man sieht zwei Cottages, Brandleys und Bog. Es geht weiter den breiten Feldweg entlang mit einem gelben Haus auf der rechten Seite. An einem Rechtsknick, an dem die Aufforstung (Tannenwäldchen) von einer abknickenden Mauer umgeben ist, wendet man sich nach links über die Felder in Richtung der dort verlaufenden Hochspannungsleitung. Dort steht ein Pfahl mit einer Markierung, den man leicht übersehen kann. Kurz hinter einem *stile* taucht wieder ein markierter Pfahl auf. Von rechts unten verläuft ein elektrischer Zaun, an dem man links vorbeigeht auf eine dunkle Mauer auf dem gegenüberliegenden Hügel zu. Der Anstieg ist steil. Etwas unterhalb des Gipfels klettert man an einem *stile* über einen querverlaufenden Zaun, auf der Höhe über einen weiteren. Dann geht es auf sehr feuchtem Moorgrund hinab ins Tal und dann wieder etwas ansteigend aus dem Tal hinaus. Unten im Tal liegt **Cogshead,** ein verlassener Kleinbauernhof am Cog Burn (2.35 Std.). Links führt ein Feldweg auf den Hügel hinauf, den man aber nicht hinaufgeht.

Über einen *stile* gelangt man auf einen Feldweg, dem man nach rechts über den Cog Burn folgt. An dieser Stelle weist ein Schild auf die Alternativroute des ›SUW‹ hin, die zur Lamm- und Brutzeit sowie während der Jagd auf Moorhühner von April bis Anfang Juni und vom 12. 8. bis 1. 11. dringend

Wanderung 34: Von Sanquhar nach Wanlockhead

empfohlen wird. Außerhalb dieser Jagdzeiten kann man den Weg über den Glengaber Hill auf dem Hinweg und den anderen auf dem Rückweg wählen.

Der Pfad über den **Glengaber Hill** ist durch Pfosten mit weißen Zeichen gut markiert. Über Vertiefungen führen Holzplanken bzw. kleine Brücken. Auf der anderen Seite des Hügels geht es wieder bergab. Der Weg, der den Blick freigibt auf tiefe Täler mit Flüßchen, verläuft nicht immer geradlinig, sondern ist der Landschaft angepaßt. An einer Weggabelung mit einem Feldweg weist der Pfosten nach rechts. Man nähert sich **Wanlockhead.** Auf dem gegenüberliegenden Hügel steht, nicht sehr harmonisch in die Landschaft eingepaßt, ein altes Bergwerk, Zeuge einer blühenden industriellen Vergangenheit, in der die reichen Vorkommen von Blei, Silber, Gold und Edelsteinen dem Ort den Namen *God's Treasure House in Scotland* (Gottes Schatzkammer in Schottland) eintrug. Jetzt sieht die Landschaft öde und zerstört aus. Überall liegt Geröll und dunkles Gestein herum.

In der Talsohle führt eine Holztreppe über das **Wanlock Water** ($3^3/_4$ Std.). Rechts sieht man im Tal einige Häuser. Am Ende einer kleinen Holzbrücke kann man entweder geradeaus hinauf und dann nach rechts gehen oder zunächst links und dann rechts am Wegweiser, der die Alternativroute (s. S. 212) erklärt, die hier wieder mit dem anderen Weg zusammenläuft. Man folgt dem Feldweg nach rechts und geht über Schottergestein links am Fluß entlang. Rechts vom Fluß liegen

Loch Trool

graue Hügel, wohl Reste alter Bergwerke und Geröllhalden.

Der Weg führt weiter zum Museum des Orts und einem kleinen Postamt, wo man auch Vorräte wieder auffrischen kann. Links die Straße hinauf geht es zur Bücherei, die aus einem 1756 gegründeten Lesezirkel zur Bildung der Minenarbeiter entstand und die zweitälteste in Schottland ist (nach der des Nachbarorts Leadhill).

Der Rückweg folgt entweder auf derselben Route oder der gut ausgeschilderten Alternativstrecke, die teilweise durch Aufforstungen verläuft.

AM WEGE

Schon die Römer dürften in den Bergen nach wertvollen Mineralien gegraben haben, doch die kommerzielle Ausbeutung der Bodenschätze begann erst im Jahr 1680. Zu den ersten Betreibern der Minen zählten reiche Quäkerfamilien, die Wanlockhead Anfang des 18. Jh. neu erbauen ließen. Wenn man kurz hinter den Häusern und dem Friedhof von Meadowfoot am SUW-Wegweiser nach rechts hinunter, dann links und wieder links geht, gelangt man unten an die ausgegrabenen und restaurierten Reste der Bleischmelzanlage Pates Knowes Wanlockhead (1764–1845). Schautafeln zeigen, wie die Anlage früher ausgesehen hat und erläutern ihre Funktionsweise, die Zerkleinerung und Säuberung des Rohmaterials sowie den Schmelzvorgang. An einem befestigten Weg steht links die berühmte *Beam Engine*, das Original einer Wasserpumpmaschine, wie sie damals betrieben wurde. Ebenfalls links liegt der Eingang zu der Bleimine, die von Ostern bis September tägl. 11–16 Uhr besichtigt werden kann. Die Bleivorräte in den Minen sind noch nicht erschöpft, doch heute rechnet sich der Abbau nicht mehr.

Southern Upland Way

Am 27. 4. 1984 wurde dieser Fernwanderweg als dritter und längster in Schottland nach dem West Highland Way und dem Speyside Way am Tibbie Shiels Inn bei St Mary's Loch in den Borders eröffnet. Über 340 km erstreckt er sich von Portpatrick an der Westküste bis Cockburnspath an der Ostküste. Für die gesamte Strecke benötigt man 10 bis 20 Tage, je nach Fitness und Wetterbedingungen. Anders als bei den nördlicheren Wanderstrecken folgt die Route selten Tälern, Flüssen und Hügelketten, sondern quert sie, so daß etliche Höhenunterschiede bewältigt werden müssen. Besonders im Westen führen einige lange Etappen in recht einsame ungeschützte Regionen, weit entfernt von öffentlichen Verkehrsmitteln und Unterkunftsmöglichkeiten.

Die beste Wanderzeit liegt zwischen April und Juni, wenn Luft und Sicht klar und die Tage nicht zu kurz sind. Um Wind und Regen im Rücken zu haben, empfiehlt sich der Start in Portpatrick an der Westküste. Die Atlantikwinde aus dem Südwesten bringen oft Feuchtigkeit und Nebel, so daß die richtige Ausrüstung und die Fähigkeit, mit Karte und Kompaß umzugehen, unerläßlich sind.

Über alte Viehtreiber- und Postkutschenstrecken, auf Trampelpfaden durchs Moor und über Hügelkämme, auf Militärstraßen und stillgelegten Eisenbahnlinien, auf den Wegen, die früher von den Römern, von Kirchgängern oder Sargträgern benutzt wurden, gelangt man von der West- zur Ostküste Schottlands, durch sehr unterschiedliche Natur- und Zivilisationsräume.

Die ersten knapp 50 km hinter den Küstenklippen bei Portpatrick sind leicht zu bewältigen und führen auf breiten Feldwegen und z. T. asphaltierten Straßen in zunehmend dünner besiedelte Gebiete, durch Gras, Heideland und Nadelwald. New Luce ist Ausgangspunkt eines schwierigen 28 km langen Wegstücks mit z. T. nur schmalen Pfaden durch Moor und Wald. In Glenluce Abbey soll der Zauberer Michael Scott im 13. Jh. gelebt haben, dem die Eildon Hills (s. S. 40ff.) angeblich ihre drei Hügel verdanken.

Hinter Bargrennan beginnt das eigentliche südwestliche Hügelland. Die folgenden gut 100 km bis zum 710 m hohen Lowther Hill, dem höchsten Punkt der Wanderung und fast die ›Halbzeit‹, erfordern einige Kondition. Von den vereinzelten Ortschaften abgesehen ist die Landschaft kaum besiedelt. Die Wanderung durch das hügelige Gelände ist bei schlechter Sicht nicht ungefährlich. Anfangs, in den Galloway Hills, geht man überwiegend an Fluß- und Seeufern entlang, durch Waldgebiete und Weideland. Am Loch Trool erinnert Bruce's Stone an den Sieg von Robert I., The Bruce, über die Engländer im Jahr 1307 (s. S. 192).

Bei St John's Town of Dalry enden die Aufforstungen zunächst. Die zahlreichen Hügel, die man überqueren muß, sind mit Rauhweide überzogen, die kaum Schutz vor den Unbilden des Wetters bietet. Vor Sanquhar wird der Weg wieder leichter zu bewältigen, und auch das recht kurze Stück durch Schaf- und Weideland nach Wanlockhead, dem mit 425 m höchsten bewohnten Ort Schottlands, bereitet bei guter Sicht keine Probleme (s. S. 213f.). Von den Gipfeln der sich anschließenden Lowther Hills sieht man schon die Erhebungen der Borders.

Southern Upland Way

In Beattock hat man die schwierigere Hälfte des Wegs gemeistert. Die Route verläuft nun näher an Straßen, durch z. T. dicht besiedeltes Gebiet, zwar mit Steigungen, die jedoch nicht so zahlreich sind wie im westlichen Teil des Southern Upland Way. Das dichtere Netz von Ortschaften läßt die Planung von kürzeren Etappen zu, man kann auf ein Zelt verzichten.

In etwa parallel zur A 708 gelangt man auf Feldwegen und asphaltierter Straße von Beattock zum St Mary's Loch, wo an der Enge zwischen St Mary's Loch im Tibbie Shiels Inn die offizielle Eröffnung des Wegs stattfand. Bis zu diesem letzten großen See auf dem Weg nach Osten geht man ca. 30 km teilweise durch Aufforstungen eines ehemals königlichen Jagdreviers. Am Südufer des Sees, der malerisch zwischen den Bergen liegt, führt der Weg weiter durch Wald und offenes Moorland (Minchmoor; s. S. 46ff.) auf einer alten Viehtreiberstrecke, die früher auch von Räubern benutzt wurde, über Traquair nach Yair Bridge (ca. 35 km).

Man befindet sich jetzt im Herzen der Borders, kurz vor Galashiels, dessen Industriegebiet man auf dem Weg zum 12 km entfernten Melrose durchquert. Von dort geht es weiter nach Norden auf einer Straße, die der Anlage nach eine *Roman Road* sein könnte, da sie sehr gerade verläuft und ihren Ausgangspunkt bei den Eildon Hills hat, wo die Römer ein Feldlager und eine Signalstation unterhielten.

Von Lauder nach Longformacus folgt eine längere Etappe (24,5 km) über die Lammermuir Hills, die leider oft im Nebel liegen und auch recht wenig Schutz bieten. Man folgt der alten *herring road*, auf der gepökelter Fisch von Dunbar nach Lauder gebracht wurde.

Die letzten beiden Etappen bis zu den Klippen an der Ostküste in Cockburnspath führen durch weniger abwechslungsreiches Moor-, Wald- und Farmland, unterbrochen von dem malerischen Ort Abbey St Bathans. Der Weg hört auf, wie er begonnen hat – mit Blick auf Meer und dem Geschrei von Seevögeln.

35

Erhabene Ruinen in erhabener Landschaft

Von der Sweetheart Abbey auf den Criffel

In vielem erinnert diese Wanderung an die erste in diesem Buch. Bei beiden ist der Ausgangspunkt die Ruine einer Abtei. Sweetheart ist allerdings rund 150 Jahre jünger als Melrose. Zielpunkt ist auch hier der Gipfel eines Bergs, doch ist der Criffel gut 150 m höher als die Eildon Hills. Anders präsentiert sich die Landschaft, in die all dieses eingebettet ist. Der Criffel liegt viel weiter südlich und wird nur durch den Solway Firth von England getrennt. Von hier sieht man auch die Erhebungen der Borders, auf denen die Reise durch Schottland ihren Anfang nahm.

i

WEGVERLAUF: Parkplatz – Kornmühle (10 Min.) – Public Water Supply (15 Min.) – Knockendoch (1 Std.) – Criffel (30 Min.) – Parkplatz (1.40 Std.)

DAUER: knapp 4 Std.

LÄNGE: 11 km (ca. 530 m Höhenunterschied)

SCHWIERIGKEITSGRAD: Vom kurzen steilen Anstieg abgesehen handelt es sich um eine leichte Wanderung.

KARTE: OS 84; Pathfinder 542

EINKEHRMÖGLICHKEITEN: Restaurants im Ort New Abbey

ANFAHRT: Von Dumfries fährt man auf der A 710 nach New Abbey (ca. 10 km) und parkt dort auf dem Parkplatz an der Sweetheart Abbey.

DER WANDERWEG

Von der Abtei geht man zur Kornmühle (10 Min.) zurück, links daran vorbei und folgt dem Schild ›Pedestrian Walk to Waterloo Monument‹, das zu einem kleinen, mittlerweile kaum mehr sichtbaren Turm inmitten einer Aufforstung weist. Links vom Mühlteich führt der Weg auf einer kleinen asphaltierten Straße in einer Spitzkehre bis zum Public Water Supply (25 Min.). Dort geht es rechts zum Denkmal, links über eine Brücke zum Criffel. Links des Flusses führt vor dem Haus ein breiter Grasweg nach rechts, über einen *stile* und links bergan.

Man stößt auf einen breiten Wirtschaftsweg und folgt ihm nach rechts. Kurz darauf beschreibt der Weg eine S-Kurve; im spitzen Winkel der Linkskurve (in der oberen Kurve des S) liegt rechts der Aufforstung ein farnüberwachsener Weg, der an einer Mauer und einem Zaun entlang bergauf führt. Man kann auch dem Wirtschaftsweg weiter bis kurz hinter einen querverlaufenden Zaun folgen und dann steil an einer Mauer entlang nach links den Berg hinauf gehen. Dieser Weg führt auf einen *stile* über einen unterhalb des Gipfel querverlaufenden Zaun zu.

Man befindet sich nun auf dem ersten Gipfel, dem **Knockendoch** (1.25 Std.). Der Weg zum Criffel ist deutlich erkennbar und angenehm im Windschatten gelegen. Er führt links an großen abgerutschten Torfblöcken vorbei zum Vermessungspunkt auf dem Gipfel (2.55 Std.). Ein sehr feuchtes Stück mit einem kleinen Teich ist mit einer Steineinhegung abgegrenzt. Der Blick vom **Criffel** ist die Mühen des Anstiegs wert. Bei klarem Wetter sieht man den Solway Firth, je nach Tidenhub auch die schnell steigende Flut. Im Süden erstrecken sich die Berge des englischen Lake District und im Osten die der Borders. In näherer Umgebung sieht man aber auch die weniger schönen menschlichen Eingriffe in die Landschaft, vor allem die Wirtschaftswege, die wegen der zunehmenden Aufforstungen notwendig geworden sind. Manchmal hüllt auch der Nebel alles ein, in dem sich der Criffel oft recht plötzlich versteckt. Zwar ist das in der Regel nicht gefährlich, da sich der Nebel meist auf den breiten Gipfel beschränkt, aber er ist sehr störend. Der Abstieg, der keinerlei Probleme bereitet, erfolgt mit Blick auf die Abtei entweder geradeaus oder durch das Glen Burn.

Wanderung 35: Von der Sweetheart Abbey auf den Criffel

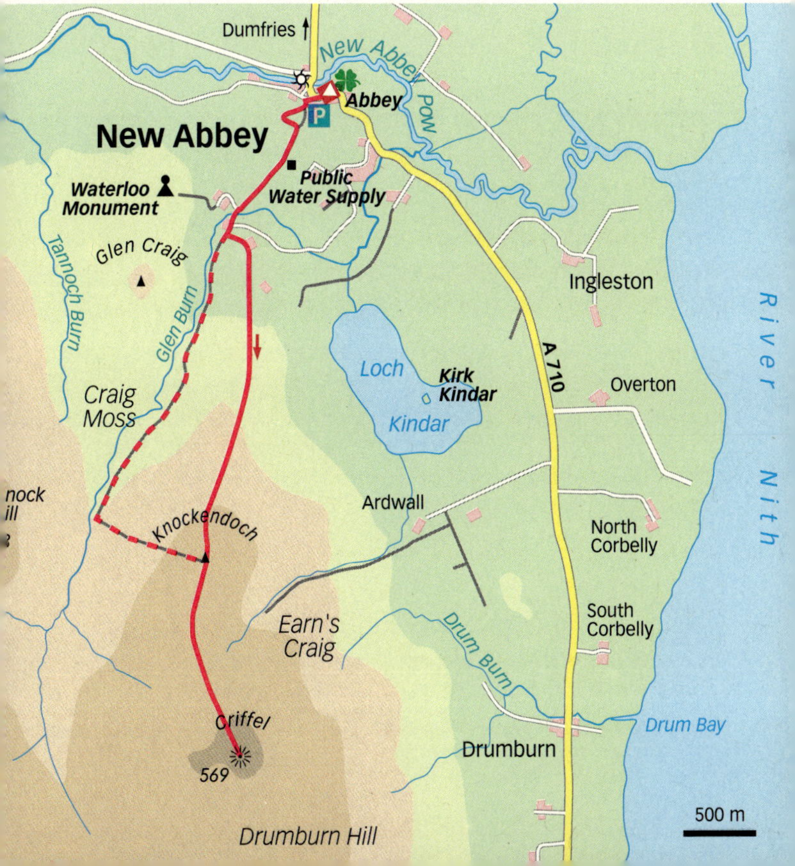

AM WEGE

Die Abtei mit dem wohlklingenden Namen **Sweetheart Abbey** wurde 1273 gegründet. Das Bauwerk aus rotem Sandstein gilt als Monument irdischer und göttlicher Liebe.

Devorgilla, die reiche Tochter des letzten Königs von Galloway, hatte im Alter von 20 Jahren den ebenso wohlhabenden wie einflußreichen John Balliol geheiratet. Offensichtlich war es nicht nur eine finanziell erfolgreiche, sondern auch auf echter Liebe beruhende Ehe. Denn nach dem Tod ihres Mannes im Jahre 1268 ließ Devorgilla sein Herz einbalsamieren, damit es als ihr »sweet silent companion« in einer reich verzierten Schatulle immer in ihrer Nähe sein konnte. Sie verfügte, daß sie nach ihrem Tod zusammen mit dem Herzen ihres Mannes in der von ihr gegründeten Abtei beerdigt werden sollte. So geschah es auch 1289. Die Zisterziensermönche wählten den Namen Dulce Cor – *Sweetheart* – zum Gedenken an diese Liebe.

An der Stelle der Kornmühle, einer restaurierten und wieder voll funktionsfähigen Anlage aus dem 18. Jh., betrieben wohl auch schon die Mönche der Abbey eine Mühle. Ihre Regeln waren sehr strikt und verboten jeglichen Umgang mit Menschen außerhalb des Klosters, und auch innerhalb der Mauern wurde nur das Nötigste gesprochen. Wirtschaftliche Notwendigkeit lockerte diese Regeln im Laufe der Zeit, und man trieb Handel mit Gutsbesitzern und Geschäftsleuten. Irgendwann nach der Reformation muß ein Feuer gewütet und verheerende Zerstörungen angerichtet haben, so daß an einen Wiederaufbau des Klosters nicht zu denken war. Einer Art Bürgerinitiative, die 1779 die Ruine aufkaufte und somit davor bewahrte, völlig zu verfallen, ist es zu verdanken, daß das Kloster in seiner heutigen Form erhalten blieb (Öffnungszeiten: Mo–Sa 9.30–19 Uhr, So 14–19 Uhr, Okt.–März bis 16 Uhr).

◀ Sweethart Abbey

Wanderinfos von A bis Z

ANREISE

Die beliebtesten Ausgangshäfen für die Überquerung des Ärmelkanals sind Vlissingen, Rotterdam sowie Hoek van Holland an der niederländischen Küste, Calais und Boulogne an der französischen und Zeebrügge sowie Ostende an der belgischen. Die günstigsten Zielhäfen für Reisende nach Schottland sind jedoch Hull (von Zeebrügge und Rotterdam aus) und Newcastle (von Hamburg und Esbjerg in Dänemark). Die Häfen Felixstowe und Harwich sind auch empfehlenswert, da man London umgehen kann. Allerdings dauern alle diese Überfahrten zwischen 5½ und 22 Stunden. Die Kanalüberquerungen von Frankreich und Belgien sind zwar schnell und preiswert, man muß jedoch anschließend eine lange Autofahrt in den Norden in Kauf nehmen (Linksverkehr!).

In der Hauptreisezeit gibt es sogenannte ›Super Flieg und Spar‹-Tarife für Linienflüge direkt oder mit Zwischenlandung nach Edinburgh und Glasgow. Eine frühzeitige Buchung ist ratsam, da es nur eine beschränkte Anzahl von Plätzen gibt.

Nicht zuletzt kann man auch mit der Bahn über Hoek van Holland und Ostende nach London und von dort nach Schottland fahren.

Nachdem im Jahr 1994 der Kanaltunnel eröffnet worden ist, kann man mit dem Zug in nur 3 Std. von Paris nach London fahren. Mit dem Auto dauert die Überfahrt von Calais nach Dover 35 Min.

AUSKUNFT

... in der Bundesrepublik Deutschland

Britische Zentrale für Fremdenverkehr
Taunusstraße 52–60
60329 Frankfurt/M.
✆ 0 69/2 38 07 11
Fax 0 69/2 38 07 17

... in der Schweiz

Britische Fremdenverkehrswerbung
Limmatquai 78
CH-8001 Zürich
✆ 01/2 61 42 77
Fax 01/2 51 44 56

Da Großbritannien in Österreich kein Fremdenverkehrsbüro unterhält, sollten sich Interessenten aus Österreich an die Zentralen in der Bundesrepublik oder der Schweiz wenden.

... in Großbritannien

Scottish Tourist Board
23 Ravelston Terrace
Edinburgh EH4 3EU
✆ 01 31/3 32 24 33

Scottish Tourist Board
19 Cockspur Street
London SW1Y 5BL
✆ 01 71/9 30 86 61
24-Stunden Scottish Tourist Board Information Line
✆ 0 18 91/66 64 65

Die folgende Auflistung enthält in alphabetischer Reihenfolge die Adressen der Fremdenverkehrsbüros in den Ausgangsorten der Wanderungen. Wenn nicht anders vermerkt, sind die *Tourist Information Centres* das ganze Jahr geöffnet. In allen genannten Büros können Unterkünfte am Ort oder an anderen Orten im voraus gebucht werden *(Book-A-Bed-Ahead)*.

Aberdeen
City of Aberdeen Tourist Board
St Nicholas House
Broad Street
Aberdeen AB9 1DE
✆ 0 12 24/63 27 27

Aviemore
Aviemore and Spey Valley Tourist Board
Grampian Road
Inverness-shire

Aviemore PH22 1PP
✆ 0 14 79/81 03 63

Braemar
Tourist Information Centre
The Mews, Mar Road
Braemar
✆ 01 33 97/4 16 00

Dumfries
Tourist Information Centre
Whitesands
Dumfries DG1 4TH
✆ 01 33 87/5 38 62

Durness
Sango Sutherland
April–Oktober; ✆ 0 19 71 81/51 12 59
Schriftliche Anfragen an:
Sutherland Tourist Board
The Square
Dornoch IV25 3SD

Edinburgh
Edinburgh and Scotland Information Centre
Waverley Market
3 Princes Street
Edinburgh EH2 2QP
✆ 01 31/5 57 17 00

Fort William
Fort William and Lochaber Tourist Board
Cameron Centre, Cameron Square
Fort William PH33 6AJ
✆ 0 13 97/70 37 81

Glasgow
Greater Glasgow Tourist Board and Convention Bureau
35 St Vincent Place
Glasgow G1 2ER
✆ 01 41/2 04 44 00

Inverness
Tourist Information
23 Church Street
Inverness IV2 3BJ
✆ 0 14 63/23 43 53

Kinlochewe
Ross & Cromarty Tourist Board
Information Office
Auchtercairn
Gairloch IV21 2DN
✆ 0 14 45/21 30

Kyle of Lochalsh
Tourist Information Centre
Ostern–September; ✆ 0 15 99/42 76
Schriftliche Anfragen an:
The Isle of Skye and South West Ross Tourist Board
Tourist Information Centre
Portree IV51 9BZ

Melrose
Tourist Information Centre
Priorwood Gardens
near Melrose Abbey
Melrose
April–Oktober; ✆ 0 18 96 82/25 55

Scottish Borders Tourist Board
Municipal Buildings
High Street
Selkirk TD7 4JX
✆ 0 17 50/2 00 54

Newton Stewart
Dumfries and Galloway Tourist Board
Douglas House
Newton Stewart DG8 6DQ
✆ 0 16 71/25 49-34 01
Information Centre
Dashwood Square
Newton Stewart DG8 6DQ
Ostern–Oktober; ✆ 0 16 71/24 31

Perth
Perth Tourist Association
45 High Street
Perth PH1 5TJ
✆ 0 17 38/3 83 53

Stirling
Stirling Information Centre
41 Dumbarton Road
Stirling FK8 2LQ
✆ 01 47 86/47 50 19

Loch Lomond, Stirling and Trossachs Tourist Board
Beechwood House
St Ninian's Road
Stirling FK8 2HU
✆ 0 17 86/7 09 45

Ullapool
Ross & Cromarty Tourist Board
Ostern–September; ✆ 0 18 54/61 21 35
Schriftliche Anfragen an:
Ross & Cromarty Tourist Board
Gairloch IV21 2DN

AUTOFAHREN

Das schottische Straßennetz ist gut ausgebaut, selbst auf Landstraßen ist zügiges Fahren möglich. Generell gilt in Großbritannien Linksverkehr. Wer sich im Kreisverkehr befindet, hat Vorfahrt. Geschwindigkeitsbegrenzungen: innerhalb geschlossener Ortschaften 30 Meilen/Std. (48 km/h), auf zweispurigen Straßen 60 Meilen/Std. (96 km/h), auf mehrspurigen Straßen 70 Meilen/Std. (112 km/h). Bleifreies Benzin ist überall erhältlich. Bei Fahrten durch entlegenere Regionen sollte man einen Reservekanister mitnehmen, denn dort ist das Tankstellennetz nicht sehr dicht.

ELEKTRISCHE GERÄTE

Von den Steckdosen für Rasierapparate abgesehen, sind in Großbritannien Dreipolstecker im Gegensatz zu den deutschen Zweipolsteckern gebräuchlich. Für Haartrockner, Radios und elektrische Wecker muß man also einen entsprechenden Adapter benutzen.

EINREISE- UND ZOLLBESTIMMUNGEN

Bei der Ankunft in Großbritannien muß man einen gültigen Reisepaß oder Personalausweis vorzeigen. Bürger aus EU-Staaten, aus Österreich und der Schweiz benötigen kein Visum.

Bei einem Aufenthalt bis zu 12 Monaten ist zum Autofahren in Großbritannien ein gültiger nationaler oder internationaler Führerschein erforderlich.

Die Mitnahme von Haustieren unterliegt sehr strengen Bestimmungen (lange Quarantänezeit), deren Übertretung hart bestraft wird.

Verboten ist die Einfuhr von Waffen, Pornographie, Drogen, Molkerei- und Geflügelprodukten sowie von Fleisch und Wurstwaren.

FÄHREN

Zu den westschottischen Inseln:
Caledonian MacBrayne, Hebridean and Clyde Ferries
The Ferry Terminal
Gourock PA19 1QP
✆ 0 14 75/3 37 55

Nach Orkney und Shetland:
P & O betreiben einen Fährdienst von Scrabster auf dem Festland nach Stromness auf Orkney sowie von Aberdeen nach Lerwick auf Shetland.
P & O Scottish Ferries
PO Box 5 Jamieson's Quay
Aberdeen AB9 8DL
✆ 0 12 24/57 26 15

Es ist ratsam, zunächst die Überfahrt zu den Inseln zu buchen und dann erst die Unterkunft dort zu sichern, da ein unerreichbares Bett wenig nützt. Für die Überfahrt auf die Isle of Skye von Kyle of Lochalsh aus wird sich dieses Problem bald nicht mehr stellen, da zur Zeit an einer Brücke gebaut wird.

GELD

Die in Großbritannien verbreiteten Münzen gelten selbstverständlich auch in

Schottland. Allerdings drucken drei schottische Banken (Clydesdale, Bank of Scotland, Royal Bank of Scotland) noch ihre eigenen Banknoten, darunter auch die 1-£-Note, die in England schon abgeschafft ist und als Zahlungsmittel nicht mehr akzeptiert wird. Sie wurde durch eine 1-£-Münze ersetzt, an die sich viele Schotten noch nicht recht gewöhnt haben. Ein Rücktausch der 1-£-Scheine bei englischen Banken ist unproblematisch. Die übrigen schottischen Banknoten haben weiterhin Gültigkeit außerhalb Schottlands. Wechselkurs Stand Herbst 1994: 1 £ = DM 2,39.

JAGD

»Jagdsaison für Rotwild: 1.8.–15.10., bitte von den Hügeln fernbleiben.« Für viele Landbesitzer im Hochland ist die Jagd eine wichtige Einnahmequelle, ohne die sie die hohen Grundsteuern nicht aufbringen könnten. Jagdrechte werden auf Zeit verkauft, Jagdgruppen organisiert und von ortsansässigen Treibern unterstützt. Wanderer sollten die Jagdzeiten respektieren, was nicht bedeutet, daß alle Hügel gesperrt wären. Am sogenannten *Glorious Twelfth* (12.8.) beginnt mit meist großem Zeremoniell die Jagd auf das Moorhuhn.

KARTEN

Es liegt ausgezeichnetes Kartenmaterial zu Großbritannien vor, so z. B. die *Ordnance Survey Landranger*-Serie im Maßstab 1:50 000 und die *Ordnance Survey Pathfinder*-Serie im Maßstab 1:25 000. Während die *Landranger*-Serie in den meisten größeren Buchläden erhältlich ist, kann es bei der Beschaffung der *Pathfinder*-Karten gelegentlich Schwierigkeiten geben. Kaum ein Geschäft hat alle 203 *Landranger*-Karten von Großbritannien vorrätig. Die Karten können bestellt werden bei dem Hauptvertreter der *Ordnance Survey*-Karten für Schottland:

Thomas Nelson & Sons Ltd.
51 York Place
Edinburgh EH1 3JD
✆ 01 31/5 57 30 11

KIRCHE

Schottland ist ein protestantisches, stark von den kalvinistischen Lehren des John Knox beeinflußtes Land. Die wenigen katholischen Gemeinden wurden meist von irischen Einwanderern gegründet. Einige Adlige sind katholisch, ein Vermächtnis aus der Zeit Maria Stuarts.

Die meisten Konfessionen geben – z. T. speziell für Touristen – ein Faltblatt heraus, aus dem die Kirchen und Zeiten für die Sonntagsgottesdienste, aber auch die Adressen und Telefonnummern der amtierenden Geistlichen zu entnehmen sind.

KONSULATE

... der Bundesrepublik Deutschland
16 Eglinton Crescent
Edinburgh EH12 5DG
✆ 01 31/3 37 23 23

... Österreichs
33/34 Charlotte Square
Edinburgh EH 2
✆ 01 31/2 25 15 16

... der Schweiz
6 Moston Terrace
Edinburgh EH9
✆ 01 31/6 67 23 86

MOUNTAIN-BIKING

Für längere Radtouren setzen sich geländegängige Fahrräder gegenüber

Rennversionen immer stärker durch. *Mountain Bikes* können für ca. £ 10 – £ 15 pro Tag u.a. in Peebles, Fort William, Braemar oder Pitlochry geliehen werden (nähere Informationen vom jeweiligen *Tourist Information Centre*). Weitere Informationen erteilen:

Scottish Mountain Bike Club
26 Howe Street
Edinburgh EH3 6TG

Glasgow Mountain Bike Club
18 Kidston Drive
Helensburgh G84 8QB
✆ 0 14 36/72 82 99

Scottish Sports Council
Caledonia House South Gyle
Edinburgh EH12 9DQ
✆ 01 31/2 25 84 11

The Edinburgh Bicycle Co-op
5/6 Alvanley Terrace
Edinburgh
✆ 01 31/2 28 13 68

Spokes
53 George IV Bridge
Edinburgh EH1 1EJ
✆ 01 31/2 25 69 06

In letzter Zeit häufen sich die Klagen von Wanderern, die von Radfahrern von den Wegen vertrieben und in z. T. lebensbedrohliche Situationen gebracht worden sind. Deshalb sei hier darauf aufmerksam gemacht, daß nicht alle Wanderwege, die zum Radfahren geeignet erscheinen, auch rechtmäßig Radfahrern offenstehen. Neben der eindeutigen Rechtslage, die lediglich Saumpfade (›bridlepaths‹) zum Radfahren freigibt, sollte auch die mögliche Gefährdung der Natur durch zunehmende Erosion beachtet werden. Oftmals versuchen Radfahrer (auch Wanderer!) matschigen Wegstrecken durch Umwege auf dem angrenzenden Land auszuweichen. Dadurch wird der Weg nicht nur beständig breiter und ausgetretener, es findet auch oft ungewollt ein Betreten fremden Grunds, und damit ein Gesetzesbruch, statt. Eine nicht seltene Folge war in der Vergangenheit das Einzäunen der Wege bzw. die Totalsperrung des gesamten Privatbesitzes einschließlich Wanderweg. Auskunft darüber, welche Strecken für Radfahrer geeignet sind, bei den o. g. Adressen.

Der erste Fernradweg, The Great Glen Cycle Route, führt am Caledonian Canal entlang von Fort William bis Bark Sheds. Das Reststück bis Inverness ist nur im letzten Teil fertiggestellt. Davor muß man theoretisch über die A82 (T), die sich für Radfahrer nicht eignet.

NATIONALHYMNE

Offiziell ist »God Save The Queen« die einzige Nationalhymne Großbritanniens. Wegen jahrhundertelanger politischer Auseinandersetzungen und sozialer Benachteiligung halten sich vor allem Schottland und Wales, zumindest vom Gefühl her, für autonom und drücken dies in eigenen Hymnen aus. »Scots Wa Hae«, eine kriegerisch klingende Robert-Burns-Komposition, »Scotland The Brave« oder sogar »Mull of Kintyre« dienen als Ausdruck unverminderten Nationalstolzes, allerdings nicht bei hochoffiziellen Anlässen.

NATIONAL TRUST FOR SCOTLAND

Der *National Trust for Scotland* wacht über mehr als 100 historisch bedeutsame Stätten und Landstriche mit einer Gesamtfläche von knapp 45 000 ha. Burgen, Gärten, Naturschutzgebiete und sogar Berge stehen unter der Obhut des Trust. Sie alle sind in einem bebilderten Führer erfaßt, der gegen eine geringe Gebühr über folgende Adresse zu beziehen ist:

The National Trust for Scotland
5 Charlotte Square
Edinburgh EH2 4DU
✆ 01 31/2 26 59 22

ÖFFENTLICHE VERKEHRSMITTEL

Es ist durchaus möglich, wenn auch in entlegenen Regionen manchmal schwierig, Schottland mit öffentlichen Verkehrsmitteln zu bereisen. Ermäßigungen für Bahnreisende bietet der nur im Ausland erhältliche BritRail Pass, mit dem Sie in unterschiedlichen Zeiträumen beliebig lange Wegstrecken zurücklegen können.

Speziell für Schottland-Reisende gibt es den Freedom of Scotland Travelpass (ebenfalls außerhalb von Großbritannien erhältlich), der für das gesamte schottische Bahnnetz und einige Fähren gilt, außerdem ca. 30 % Ermäßigung auf einigen Buslinien bietet.

Größere Städte verbinden Bahnlinien und Expressbusse, in den unterschiedlichen Regionen verkehren zumeist private Buslinien. Postbusse frequentieren, wenn auch selten und nicht immer zu Zeiten, die für Wanderer günstig sind, fast jeden Ort auch in ländlichen Regionen. Informationen und Fahrpläne: Post Office Public Relations Unit, West Port House, 102 West Port, Edinburgh EH3 9HS, ✆ 01 31/2 28 74 07.

ÖFFNUNGSZEITEN

Feiertage sind der 1. und 2. Januar, Karfreitag, Ostermontag, der erste Montag im Mai, der erste Weihnachtstag und der 31.12.

Die meisten Banken in Schottland (TSB, Clydesday, Bank of Scotland, Royal Bank of Scotland) sind Mo bis Fr von 9.30 bis 15.30 Uhr, Do bis 18 Uhr geöffnet. Bankfeiertage *(bank holidays)* sind neben den offiziellen Feiertagen der erste Montag im August und der letzte Montag im Mai, darüber hinaus gibt es jeweils noch lokale Feiertage.

Die Geschäfte in Schottland öffnen allgemein um 9 Uhr und schließen auch samstags meistens nicht vor 17.30 Uhr. In den Städten kann man für gewöhnlich am Donnerstag bis 19.30 oder 20 Uhr einkaufen. Einkaufszentren außerhalb der Innenstädte haben längere Öffnungszeiten, die auch den Sonntag einschließen. In kleineren Orten können Geschäfte an einem Nachmittag in der Woche *(early closing day)* geschlossen sein.

Postämter sind Mo bis Fr von 9 bis 17.30, Sa bis 12.30 Uhr geöffnet und wie die Geschäfte in kleineren Ortschaften oft an einem Nachmittag in der Woche geschlossen.

REISEVERANSTALTER

Mehrere Reiseveranstalter führen seit einiger Zeit Wanderferien durch, u. a.

HF Holidays
142–144 Great North Way
London NW4 1EG
✆ 01 71/2 03 64 11

C-n-Do Scotland Limited
77/78 John Player Building
Springbank Road
Stirling FK7 7RP
✆ und Fax 0 17 86/44 57 03 und
0 17 86/81 23 55 (abends)

SONNTAGE

Sonntage werden in Schottland recht unterschiedlich begangen. In kleineren Gemeinden ist es der Tag für den Kirchgang und zum Ausruhen, das Leben scheint dann im Schlummer zu versinken. Die kalvinistischen Vorschriften, die sogar das Lesen verboten, wenn es sich nicht um die Bibel handelte, finden jedoch zunehmend weniger Beachtung, außer vielleicht auf den Inseln. Inzwischen wird der Sonntag auf dem Festland für alle Arten von Freizeitaktivitäten genutzt, u. a. auch zum Einkaufen in den zahlreichen Zentren und Märkten.

SPRACHE

Im Gegensatz zur landläufigen Meinung sprechen die meisten Schotten Englisch, wenn auch häufig mit einem ausgeprägten Akzent, nicht selten mit eigenen Wörtern und gelegentlich auch mit grammatischen Abweichungen. Gälisch, die Sprache der Highlands und der Inseln, wird heute nur noch von wenigen tausend Leuten gesprochen, hauptsächlich weil die Kinder an den Schulen Englisch sprechen müssen. Es werden jedoch verstärkte Anstrengungen unternommen, vor allem von Schriftstellern, Dichtern, Lehrern, privaten Verlegern und Lexikographen, die aussterbenden Sprachen und Dialekte zu beleben. An vielen Schulen der Hochlandregion wird Gälisch als zweite Fremdsprache statt Französisch oder Deutsch angeboten.

Gälisch/Alt-nordisch	**Deutsch**
aber, abha, abhair	Flußmündung, manchmal auch ein Zusammenfluß
aird, ard	Höhe, hoher Punkt
allt	Bach, Fluß
beag	klein
bealach	Paß, Spalte
ben, benn, beinn	Hügel, Berg, Gipfel
bidean, bidein	Gipfel
buachaille	Schäfer, Hirte
clach	Stein
clachan	Weiler, Dörfchen
cleuch, cleugh	Felsspalte, Kluft
coire, corrie	Kesselloch
col	Joch, Gebirgspaß
creachan	Felsen
creag	Felsen, Klippe
cruach, chruach	Hügel, Buckel
cul	Rücken
dearg	rot
dobhar	Fluß, Bach
dorus	Enge, Tor
drochaid	Brücke
drum, druim	(Gebirgs)Kamm, Grat
dubh	dunkel, schwarz
dun	Festung
eag	Kerbe
eighe	eingekerbt
eilean, eilein	Insel
fada	lang
glas, ghlas	grau, grün
gleann, glen	Tal
glomach	Kluft, Schlucht

gorm	blau
inbhir, inver	Zusammenfluß
innis, inch	Insel, Wiese
kin	Kopf, Spitze
knock	kleiner Hügel
kyle	(Meer)Enge
lairig	Paß
liath	grau
loch	See
lochan	kleiner See
meall	runder Hügel, Klumpen
monadh	Moor, Heide, Berg
mor, more	groß, hoch
mullach	Höhe, Gipfel
ness	Punkt, Landspitze
ob	Bucht
ros, ross	Vorgebirge, Moor
ruadh	rot
scuir	Gipfel
sgurr, sgor	Gipfel, meist felsig
spidean	Gipfel
stac	steiler Felsen, Felssäule
stob	Gipfel
strath	Tal
stuc	steiler Felsen, Gipfel
uamh	Höhle
uig	Bucht
uisge	Wasser

TELEFON

Vorwahl für Anrufe von Deutschland, Österreich und der Schweiz nach Großbritannien: 00 44.

Am 16.4. 1995 werden die britischen Telefonnummern umgestellt. Die jeweiligen Vorwahlen erhalten nach der 0 eine 1, z. B. Edinburgh 0 31 wird dann zu 01 31. Gleichzeitig fällt die 1 in den Auslandsvorwahlen weg – Deutschland erreicht man unter 00 49, Österreich unter 00 43 und die Schweiz unter 00 41. Danach folgt die jeweilige Ortskennzahl ohne die erste 0, dann die Rufnummer des gewünschten Teilnehmers. In diesem Buch finden Sie bereits die neuen Telefonnummern.

Die Gebühren sind besonders günstig den ganzen Samstag und Sonntag, auch montags bis freitags zwischen 20.00 und 8.00 Uhr Ortszeit. Das gilt auch für Inlandsgespräche in GB, dann allerdings wochentags schon ab 18.00 Uhr Ortszeit. Bequemer als mit Münzen (Mindestbetrag für Auslandsgespräche £1) ist das Telefonieren mit einer Plastik-Telefonkarte *(Phonecard)* mit 200, 400, 1000 oder 2000 Einheiten, die Einheit zu 10 *pence*. Die Telefonkarten gibt es bei Postämtern sowie zahlreichen Zeitungs- und Zeitschriftenhändlern.

Sollte man weder über Kleingeld noch eine Telefonkarte verfügen, kann man auch ein Rückgespräch beantragen, bei dem der Angerufene die Gebühren übernehmen muß. Unter der Nummer 0800-89-0049 erreicht man den Vermittlungsdienst für Deutschland (08 00-89-0 06) für Österreich, 1 55 für die Schweiz, für die es noch keine Direktwahlnummer gibt), der einem in der eigenen Sprache weiterhilft.

UMWELT

In einem Land, das von jeher mit wirtschaftlichen Problemen zu kämpfen hatte, sind Umweltschutzmaßnahmen angesichts drängender Fragen der Existenzsicherung häufig weniger bedeutend. Um so erstaunlicher ist es, daß eine Anzahl privater und staatlicher Institutionen sich den Belangen des Naturschutzes verschrieben hat:

Friends of the Earth (Scotland)
53 George IV Bridge
Edinburgh EH1 1ES
✆ 01 31/2 25 69 06

National Conservancy Council
(schottische Zentrale)
12 Hope Terrace
Edinburgh EH9 2AS
Diese staatliche Einrichtung fördert den Naturschutz in Großbritannien. Sie verwaltet eine Reihe von nationalen Naturschutzgebieten, von denen es in Schottland 68 mit einer Gesamtfläche von 12 000 ha gibt.

Scottish Wildlife Trust
25 Johnston Terrace
Edinburgh EH1 2NH
✆ 01 31/2 26 40 62

Scottish Conservation Projects
70 Main Street
Doune FK16 6BW
Perthshire
✆ 0 17 86/84 14 79

Heftig diskutiert wird augenblicklich die Einrichtung von Nationalparks, die in den vier besonders gefährdeten Gebieten Cairngorms, Loch Lomond/Trossachs, Ben Nevis/Glencoe/Black Mount und Wester Ross eingerichtet werden sollen. Ziel ist der Schutz und die Erhaltung dieser Regionen, die zu allen Jahreszeiten für unterschiedliche Freizeitbeschäftigungen genutzt werden und dementsprechend erhöhter Regenerationsbemühungen bedürfen. Es wird jedoch von kompetenter Seite ins Feld geführt, ob nicht gerade eine Umwandlung in Nationalparks zu einer stärkeren Kanalisierung der Touristenströme in diese Gebiete führen könnte, die überdies durch die notwendige Einrichtung von Park- und Picknickplätzen nicht an Schönheit gewännen. Andererseits könnte die Existenz solcher Nationalparks Grundbesitzern als willkommene Entschuldigung dienen, die restlichen Gebiete einzuzäunen und den Wanderern vorzuenthalten. Eine weitere Gefahr besteht darin, daß das Geld für solche Einrichtungen u. U. nur durch eine naturfremde Nutzung aufgebracht werden kann (Kioske, Verkauf von Grund für Ferienwohnungen und Campingplätze).

UNTERKUNFT

Hotels sind in Schottland nicht nur überwiegend recht teuer – kaum unter £ 20 pro Person und Nacht –, sondern für Bergwanderer auch nicht immer günstig gelegen.

Bed and Breakfast (Übernachtung mit Frühstück in Privathäusern oder Pensionen) ist die preisgünstige, überdies weit verbreitete Alternative. Für durchschnittlich £ 13–17 (Stand 1994) kann man nicht nur das richtige englische Frühstück erwarten, sondern bei der abendlichen Tasse Tee auch allerhand Informationen über lokale Persönlichkeiten, Vorfälle und Sehenswürdigkeiten erhalten. Sollte man sich im Gespräch mit der *landlady* darüber freuen, daß man sich an den schottischen Akzent so überraschend schnell gewöhnt hat und es keine Verständigungsprobleme gibt, hier ein kleiner Dämpfer: Zahlreiche *landladies* sind eingewanderte ›Aussteiger‹ aus dem sprachverwandten England.

Gegen eine kleine Gebühr kann man in jedem *Tourist Information Centre,* das dem *Book-A-Bed-Ahead*-Dienst angehört, die Unterkunft in einem anderen Ort im voraus bestellen.

Die acht schottischen Universitäten bieten während der Semesterferien zu Ostern und im Sommer ihre Campus-Zimmer und -Apartments an; Auskunft:
The Scottish Universities Accommodation Consortium
PO Box 808
Edinburgh EH14 4AS
✆ 01 31/4 49 40 43

Daneben gibt es ein gut ausgebautes Jugendherbergsnetz mit ca. 80 Häusern; Verzeichnis und Auskunft:

Scottish Youth Hostels Association
7 Glebe Crescent
Stirling FK8 2JA
✆ 0 17 86/7 28 21

Deutsches Jugendherbergswerk
Bismarckstr. 8
Postfach 220
32756 Detmold
✆ 0 53 21/7 40 10

Für das Hochland und die Inseln bietet *Hi-Line* einen besonderen Informations- und Buchungsservice. Per Telefon erhält man Auskunft über noch verfügbare freie Zimmer:

Holiday Lodge
Bridgend Road
Dingwall IV15 9SL
✆ 0 13 49/6 34 34

Speziell für Rucksackwanderer, die nicht Mitglied einer Organisation sind, ist folgende Adresse interessant:
The Independent Backpacker Hostels – Scotland
c/o The Loch Ness Backpacker's Lodge
Lewiston, Drumnadrochit
Inverness-shire
IV3 6UT
✆ 01 45 62/8 07

WALD

Vom ausgedehnten Wald, der einst fast ganz Schottland bis zur Baumgrenze bedeckte, haben klimatische Veränderungen und menschliche Eingriffe kaum etwas übriggelassen. Aufforstungsprogramme gibt es seit dem 18. Jh. In den letzten Jahren begann auch aus kommerziellen Gründen ein Pflanzboom, so daß der Lebensraum zahlreicher Pflanzen und Tiere gefährdet, an einigen Stellen sogar schon zerstört ist.

Der Anbau von schnellwachsenden Nadelbäumen wurde bis vor einiger Zeit von der Regierung mit Steuernachlässen unterstützt, weil der Holzbedarf der Industrie nicht mehr gedeckt werden konnte und ein großer Bedarf an Nutzholz bestand. Bei den Investoren rangierten finanzkräftige Engländer an erster Stelle, die nur selten von ökologischen Skrupeln geplagt wurden.

WANDERN

Folgende Organisationen bemühen sich u. a. um die Schaffung und Erhaltung von Wanderwegen:

Mountaineering Council of Scotland
c/o The Scottish Sports Council
Caledonia House
South Gyle
Edinburgh EH12 9DQ

Ramblers' Association
1/5 Wandsworth Road
London SW8 2XX
✆ 01 91/5 82 68 78
Ramblers' Association (Scotland)
3 Coats Place
Dundonald
Kilmarnock KA2 9DJ

Scottish Rights of Way Society
1 Lutton Place
Edinburgh EH8 9OPD
✆ 01 31/4 47 92 42

Eine Unterorganisation des *Mountaineering Council* ist die *Association of British Mountain Guides,* Firth View, Jemimaville, Poyntzfield, Dingwall, ✆ 01 38/1 83 21

Ähnlich wie die *Rangers* bietet auch diese Gruppe organisierte Wanderungen unter der Leitung geschulter Führer an. Die *Ranger*-Dienstleistungen werden von der *Countryside Commission for Scotland* koordiniert, Battleby, Redgorton, Perth PH1 3EW, ✆ 0 17 38/2 79 21

Wer sich aktiv oder finanziell an der Erhaltung und Instandsetzung von Wanderwegen einsetzen möchte, erfährt Einzelheiten bei einer der folgenden Adressen:

Scottish Conservation Projects
Balallan House
24 Allan Park
Stirling FK8 2QG
✆ 0 17 86/7 96 97

National Trust for Scotland
Conservation Volunteers
5 Charlotte Square
Edinburgh EH2 4DU
✆ 01 31/2 26 59 22

Countryside Commission for Scotland
Footpath Management Project
11 West Craigs Crescent
Edinburgh EH12 8NB
✆ 01 31/3 39 70 41

Gute Anregungen für Wanderungen gibt die Zeitschrift »The Great Outdoors. The Walkers' Magazine« (ca. 70 Seiten für £ 1,70). Wer abseits der ausgeschilderten Wege wandern möchte, kann aus einem vervollständigten Verzeichnis aller Besitzungen und Kontaktadressen entnehmen, wo man sich über Jagdzeiten erkundigen soll: »Heading for the Scottish Hills«. Scottish Mountaineering Trust, 1988.

Diese Publikation ist auf z. T. heftige Kritik gestoßen, da sie mehr die Rechte der Grundbesitzer als die seit Generationen angestammten Rechte der Wanderer zu berücksichtigen scheint. Zu oft taucht den Freunden des uneingeschränkten Wanderns der Eintrag auf, daß Besitzungen nur auf den vorgegebenen Pfaden in den Tälern betreten werden dürfen, ohne daß es dafür einen ersichtlichen Grund gäbe. Diese unnötigen Einengungen wiegen besonders schwer, wenn man bedenkt, wie viele Wege durch private und staatliche Aufforstungen, Einzäunungen für militärische Zwecke und Bebauung unpassierbar geworden sind oder durch die unterschiedlichen Jagd- und Brutzeiten nur eingeschränkt benutzt werden können.

Die wohl führenden Adressen für die geeignete Wanderausrüstung sind Tiso mit Niederlassungen in Aberdeen, Dundee, Edinburgh, Glasgow und Stirling sowie Nevisport mit Geschäften in Edinburgh, Fort William und Glasgow.

WETTER

If it rains in the west, go east;
if it rains in the east, go west.

Viele zitieren Chopin (»o dieser Nebel«) oder den englischen Dichter Dr. Johnson (»Ihr Wetter ist nicht angenehm. Das halbe Jahr ist überflutet mit Regen.«), wenn sie sich über das schlechte Wetter in Schottland beklagen. Dabei handelt es sich um ›schamlose‹ Übertreibungen, die sich unauslöschbar halten, obwohl die klimatischen Bedingungen wesentlich freundlicher wurden. Wer es genau wissen will, kann folgendes Buch zu Rate ziehen: »The Climate of Scotland – Some Facts and Figures«, HMSO (Preis £ 3.60). Dennoch – manchmal regnet es, mitunter auch heftig.

Wanderer und Bergsteiger im schottischen Hochland erhalten einen genauen Wetterbericht unter ✆ 01 8 98/5 00-4 42. Eine 6-Tage-Vorausschau für die einzelnen Regionen erhält man unter der gemeinsamen Vorwahlnummer 0 18 98/6 54 plus folgenden dreistelligen Zusätzen: 6 01 für Highlands; 6 02 für Grampian; 6 03 für Borders, Lothian, Tayside und Fife; 6 04 für Argyll, Strathclyde und Südwest-Schottland.

Weitere Informationen gibt die *Scottish Summer Weatherline* unter ✆ 0 18 98/5 67-5 98 und die *Climbing Line* – speziell für Bergwanderer und Kletterer – unter ✆ 0 18 91/2 00-8 19.

ZEIT

In Großbritannien gilt die *Greenwich Mean Time* (GMT), die gegenüber der MEZ eine Stunde Differenz aufweist. Wenn es auf dem Kontinent 10 Uhr ist, hat es in Schottland erst 9 Uhr geschlagen. Die Umstellung auf Sommer- bzw. Winterzeit erfolgt in einem anderen Rhythmus als in Zentraleuropa. Die Uhrzeit wird im 12-Stunden-Takt angegeben, a. m. bedeutet morgens, p. m. bedeutet nach 12 Uhr mittags.

ZEITUNGEN

Schottlands bekannteste seriöse Tageszeitungen sind »The Scotsman«, der in Edinburgh erscheint, und »The Glasgow Herald« mit nicht ganz so weiter nationaler Verbreitung. Das einzige Boulevardblatt, das in Schottland verlegt wird, ist der »Daily Record«.

Schottlands beliebtestes Sonntagsblatt, »The Sunday Post«, besteht aus einer Mischung von Klatsch, Nostalgie, Rezepten, Hausmitteln, Sportnachrichten und Cartoons. Im August 1988 brachte die Scotsman-Gruppe die erste seriöse schottische Sonntagszeitung heraus, »Scotland on Sunday«. Daneben existieren zahlreiche lokale Wochenzeitungen, die sich speziell mit den politischen, sozialen und kulturellen Ereignissen einer engbegrenzten Region befassen, wie z. B. den »Stirling Observer« oder den »Falkirk Herald«.

ZUGEXKURSIONEN

Außer den normalen Zugverbindungen von *British Rail/Scotrail* mit zahlreichen Sonderangeboten für Familien- und Urlaubstickets gibt es einige malerische Strecken, die nach ihrer offiziellen Stillegung jetzt für Ausflugsfahrten genutzt werden, z. T. verkehren noch die malerischen alten Dampfloks. Die *West Highland Line* führt über 265 km von Glasgow über Fort William nach Mallaig, von wo regelmäßig Fähren nach Skye übersetzen; von Glasgow nach Oban (163 km) und von Inverness nach Kyle of Lochalsh (132 km), ebenfalls mit Fährverbindungen nach Skye. Die Railway Development Society informiert in der anschaulichen Publikation »Scotland by Rail« über weitere interessante Routen.

LITERATURHINWEISE

AA Illustrated Guide to Britain. Basingstoke 1977

Aspects of Britain: Scotland, HMSO Books. London 1993

Atkinson, T.: The Empty Lands. A Guidebook to the West of Scotland from Fort William to Cape Wrath. Barr, Ayrshire 1987

Atkinson, T.: South-West Scotland. Rev. ed. Barr, Ayrshire 1986

Atkinson, T.: Roads to the Isles. Rev. ed. Barr, Ayrshire 1986

Atkinson, T.: The Lonely Lands. A Guidebook to Argyll. 2nd ed. Barr, Ayrshire 1986

Baxter, C.: Scotland. The Nature of the Land. Photographs of National Nature Reserves in Scotland. Lamington, Biggar, Lanarkshire 1987

Bennet, D. (ed.): The Munros. The Scottish Mountaineering Club Hillwalkers' Guide. Glasgow 1987

Craig, David: On the Crofters' Trail. In Search of the Clearance Highlanders. Repr. London 1993

Defoe, D.: A Tour Through The Whole Island of Great Britain. (1724–1726) 2 vols London 1962

Exploring Scotland's Heritage: 8 vols: Argyll & The Western Isles. Lothian & The Borders. Clyde Estuary & Central Region. Orkney & Shetland. Dumfries & Galloway. The Highlands. Grampian. Fife & Tayside. Edinburgh 1985–1987

Fontane, Th.: Jenseits des Tweed. Werke in vier Bänden. Bd. 1, Dortmund 1982

Gray, Alasdair: Why Scots should rule Scotland. Edinburgh 1992

Haldane, A. R. B.: The Drove Roads of Scotland. (1952) Newton Abbot, Devon 1973

Hensel, P.: Die Familie Mendelssohn 1729 bis 1847. Bd. 1, Berlin 1911

Johnson, S. and Boswell J.: A Journey to the Western Islands of Scotland and The Journal of a Tour to the Hebrides. (1775 and 1786) Harmondsworth 1985

Mackenzie, A.: The Prophecies of the Brahan Seer. (1877) London 1987

Mackie, J. D.: A History of Scotland. (1964) Harmondsworth 1973

Merian Schottland. Hamburg 1993

Morton, H.V.: In Search of Scotland. (1929) London 1984

Muir, E.: Scottish Journey. (1935) London 1985

Murray, W.H.: Scotland's Mountains. Glasgow 1987

Prebble, J.: Glencoe. The Story of the Massacre. (1966) Harmondsworth 1977

Prebble, J.: The Highland Clearances. (1963) Harmondsworth 1976

Prebble, J.: Culloden. (1961) Harmondsworth 1976

Prebble, J.: The Lion in the North. A personal view of Scotland's history. (1971) Harmondsworth 1981

Ruetz, M.: Scottish Symphony. (Photoband) Boston 1985

Sager, P.: Schottland. Geschichte und Literatur, Architektur und Landschaft. Köln 121993

Semsek, Hans-Günter: Schottland. Köln 31994

Scott, Paul H.: Towards Independence. Essays on Scotland. Edinburgh 1992

Stevenson, R.L.: Picturesque Old Edinburgh. (1878) Edinburgh 1983

Wainwright, A.: Wainwright in Scotland. With photographs by Derry Brabbs. London 1988

ABBILDUNGSNACHWEIS

Archiv für Kunst und Geschichte, Berlin: S. 23/1, 23/2
Franz Marc Frei, München: Titelvignette oben, Titelvignetten obere Reihe, S. 10, 30/1, 31/2, 51, 56, 57/2, 68/2, 88, 113/2
David Lyons, Ambleside, U. K.: S. 9, 12, 15, 16, 18, 26, 29, 39, 42/43, 99, 139, 172/173, 198/199, 224/225
Erika van der Meulen, Hürth: S. 14, 17, 19/1, 22, 28, 30/2, 31/1, 36/37, 45, 48/49, 66, 112/1, 112/2, 113/1, 133, 153, 164, 201, 204/205, 207
Stegers, K. W., Lünen: Titelbild, Titelvignette untere Reihe, S. 11, 19/2, 32, 34, 48, 58, 63, 67, 71, 72, 78, 79, 85, 91, 94, 102, 105, 110/111, 119, 121, 122, 126/127, 129, 130, 136/137, 148/149, 158, 160/161, 165, 168/169, 175, 178, 180, 183, 185, 188, 190/191, 196/197, 211, 212/213, 213, 218, 221
Susanne Tschirner, Niederkassel: S. 54, 55, 57/1, 59, 68/1, 75, 82/83, 98, 107, 142/143, 145

Wander- und Übersichtskarten: © Berndtson & Berndtson, Fürstenfeldbruck

Bitte schreiben Sie uns, wenn sich etwas geändert hat!

Alle in diesem Buch enthaltenen Angaben wurden von den Autoren nach bestem Wissen erstellt und von ihnen und dem Verlag mit größtmöglicher Sorgfalt überprüft. Gleichwohl sind – wie wir im Sinne des Produkthaftungsrechts betonen müssen – inhaltliche Fehler nicht vollständig auszuschließen. Daher erfolgen die Angaben ohne jegliche Verpflichtung oder Garantie des Verlags oder der Autoren. Beide übernehmen keinerlei Verantwortung und Haftung für etwaige inhaltliche Unstimmigkeiten. Wir bitten dafür um Verständnis und werden Korrekturhinweise gerne aufgreifen.

DUMONT Buchverlag GmbH & Co., Mittelstraße 12–14, 50672 Köln.

PERSONENREGISTER

ORTSREGISTER

Richtig Reisen / Richtig Wandern

Ägypten
- Kairo
- Sinai und Rotes Meer
- Afrikas Süden (Frühj. '95)
- Arabische Halbinsel
- Australien
- Baltikum (Frühj. '95)

Bundesrepublik Deutschland
- Richtig Wandern: Allgäuer und Ammergauer Alpen
- Berlin
- Richtig Wandern: Bodensee und Oberschwaben
- Deutsche Ostseeküste
- Richtig Wandern: Eifel
- Richtig Wandern: Franken
- München
- Richtig Wandern: Ostfriesland
- Richtig Wandern: Sächsische Schweiz
- Richtig Wandern: Thüringer Wald
- China
- Cuba
- Dänemark
- Bornholm
- Finnland

Frankreich
- Richtig Wandern: Bretagne
- Richtig Wandern: Burgund
- Richtig Wandern: Cevennen und Languedoc
- Elsaß
- Korsika
- Richtig Wandern: Korsika
- Languedoc und Roussillon
- Paris
- Richtig Wandern: Provence
- Richtig Wandern: Pyrenäen
- Griechenland
- Die griechischen Inseln
- Kreta
- Richtig Wandern: Peloponnes

Großbritannien
- London
- Nord- und Mittelengland (Frühj. '95)
- Richtig Wandern: Nord-England
- Richtig Wandern: Schottland
- Richtig Wandern: Englands Süden
- Süd-England
- Guadeloupe – Martinique
- Holland
- Amsterdam

Indien
- Nord-Indien
- Süd-Indien
- Indonesien
- Irland
- Richtig Wandern: Island (Frühj. '95)
- Italien
- Ischia, Capri, Procida
- Mittelitalien
- Neapel
- Oberitalien
- Rom
- Sardinien
- Richtig Wandern: Sardinien
- Sizilien
- Süditalien
- Richtig Wandern: Süditalien (Frühj. '95)
- Richtig Wandern: Südtirol
- Toscana (Frühj. '95)

Richtig Reisen / Richtig Wandern

- Richtig Wandern: Toscana und Latium
- Venedig

Kanada und Alaska
- Ost-Kanada
- West-Kanada und Alaska
- Lappland
- Richtig Wandern: Lappland
- Madagaskar – Komoren
- Malediven
- Marokko
- Mauritius
- Mexiko
- Nepal
- Neuseeland
- Richtig Wandern: Neuseeland
- Norwegen

Österreich
- Graz und die Steiermark
- Richtig Wandern: Kärnten
- Richtig Wandern: Steiermark (Frühj. '95)
- Richtig Wandern: Tirol
- Wien
- Ostafrika
- Philippinen
- Portugal
- Azoren
- Réunion
- Schweden

Schweiz
- Richtig Wandern: Tessin
- Seychellen

Slowakei
- Richtig Wandern: Hohe Tatra (Frühj. '95)
- Spanien
- Andalusien (Frühj. '95)
- Richtig Wandern: Andalusien
- Barcelona
- Extremadura
- Gran Canaria
- Ibiza/Formentera
- Richtig Wandern: Der spanische Jakobsweg
- Katalonien
- Lanzarote
- Madrid und Kastilien
- Richtig Wandern: Mallorca
- Richtig Wandern: Der Osten Spaniens
- Richtig Wandern: Pyrenäen
- Teneriffa

Südamerika
- Argentinien – Chile – Paraguay – Uruguay
- Peru und Bolivien
- Venezuela, Kolumbien und Ecuador
- Südsee

Tschechische Republik
- Prag
- Türkei
- Istanbul
- Tunesien

Ungarn
- Budapest

USA
- Florida
- Hawaii und Südsee
- Kalifornien
- Los Angeles
- Neu-England (Frühj. '95)
- USA – Der Osten (Frühj. '95)
- Südwesten – USA
- Texas
- USA – Der Westen
- Washington D.C.
- Zentralamerika
- Zypern
- Richtig Wandern: Zypern – Der Süden (Frühj. '95)

Bitte beachten Sie auch folgende Veröffentlichungen aus unserem Verlag:

SCHOTTLAND

Von Hans Günter Semsek. 270 Seiten mit 9 farbigen und 98 einfarbigen Abbildungen, 16 Karten und Plänen, 20 Seiten praktischen Reisehinweisen, Register, kartoniert
(DUMONT Reise-Taschenbücher, Band 2058)

»Infos aller Art zur Geschichte und Kultur Schottlands sowie praktische Hinweise und zahlreiche Tips für Routen kreuz und quer durch das Land werden in diesem handlichen Reiseführer durch eine Vielzahl von Karten und interessanten Erzählungen zu einer unterhaltsamen und sehr informativen Mischung ergänzt. Für den Reisenden, der seinen ersten Ausflug in den Norden Großbritanniens plant, wird das Buch zu einem nützlichen Helfer bei der Vorbereitung und unterwegs. Wer bereits einmal in dem Land des Malzwhiskys und des Dudelsacks war, bekommt beim Durchblättern und Schmökern Lust auf eine Wiederholung der Reise.« *Mittelbayerische Zeitung*

»Das Buch ist ein idealer Ratgeber für Individualreisende.« *Camp*